哈佛大学费正清中心50年史
THE FAIRBANK CENTER FOR EAST ASIAN RESEARCH AT HARVARD UNIVERSITY
A FIFTY YEAR HISTORY, 1955~2005

［美］薛龙 著　［美］欧立德 审　路克利 译　陈松 校

新星出版社 NEW STAR PRESS

致　谢

感谢哈佛大学费正清中国研究中心同意我翻译此书。

感谢在翻译和出版过程中，给予我指导、鼓励和支持的各位师长。哈佛大学：欧立德（Mark Elliott）、马若德（Roderick MacFarquhar）、柯伟林（William C. Kirby）、陈蒙惠（Lydia Chen）。北京大学：孙熙国、郭建宁、陈占安、黄南平、刘志光、黄小寒、夏文斌、李少军、程美东、隋灵灵（访问学者）。中共中央党校：程连升、王海光、韩钢、谢春涛、柳建辉、郭德宏、李君如。清华大学：唐少杰。中央党史研究室：石仲泉。萨福克大学：薛龙（Ronald Suleski）。中国外文局：黄友义。新星出版社：高微茗。

感谢哈佛大学陈松博士的精心校阅。

路克利
2011 年 7 月 20 日

内容概要

本书是一部有关哈佛大学费正清东亚研究中心的历史。1954年，哈佛大学中国学教授费正清（John King Fairbank）与著名经济学家艾克斯坦（Alexander Eckstein）等学者提出了一项有关中国的研究和出版计划，该项目集聚了现代中国研究领域的专家。1955年，"中国经济和政治研究项目"启动，费正清中心即肇始于此。

此后二十年，费正清培养了他能找到的最有才华的学生，指导他们出版学术专著，并帮助他们在美国的一流大学找到职位。1977年，从哈佛大学荣休的时候，人们公认费正清以一己之力开创了美国的现代中国研究领域，并使他的众多学生成为该研究领域的学术骨干。

自1955年成立以来，众多学者为费正清中心的成长作出了贡献。其中最重要的是曾担任该中心主任的哈佛大学的学者们。自1973年费正清卸任以来，已经有九位学者担任过中心主任，其中每一位都做出了独特的贡献，推动了中心的发展。本书对费正清中心五十年学术史的研究即以各位主任的任期为线索，以把握费正清中心在不同时期的特点和学术事件。

几十年来，费正清中心一直是美国最令人兴奋的、最活跃的、最有创造力的现代中国研究中心。来自世界各地的学者经常访问该中心，发表他们最新的研究结果。在中心享有研究工作室的博士后研究人员和研究生也积极加入他们的学术活动。中心面向整个哈佛大学举办了大量的研讨会和专题讨论会。与较为正式的学术研讨会相比，费正清中心特聘研究员（associates）之间非正式的学术交流也同样重要。多年来，每到午餐时间，费正清中心的学者们就会聚集在柯立芝楼（Coolidge Hall）咖啡厅的一张长桌周围，围绕中国话题，展开广泛的、非正式的讨论。难以数计的学生和学者受到邀请，带上午餐，围在长桌旁加入讨论。经常变换的话题丰富了他们的思想，也激发了他们的研究热情。

2005年夏天，费正清中心搬到新建成的哈佛大学政府和国际研究中心（CGIS）南楼。该楼位于剑桥街的南侧，就在曾经作为中心办公场所四十多年之久的原柯立芝楼对面，此举标志着中心的发展揭开了新的篇章。现在，中心的学者们可以到中国旅行和研究，而直到上个世纪八十年代早期这还是不可能的。有关中国的英文研究成果在立论的严谨性、对史料的运用和分析的力度等方面都已达到了新的高度。这些成果很多都是由哈佛以及波士顿地区各高校中与费正清中心关系密切的教授们取得的。今天，哈佛费正清中心可以说已经成为整个美国乃至全世界最为卓著的现代中国研究机构。

哈佛大学档案馆保存的关于提议设立哈佛大学东亚研究中心的第一份正式信函

发信人：威廉·L.兰格（William L. Langer），哈佛大学东亚、中东、苏联地区研究委员会主席

收信人：麦乔治·邦迪（McGeorge Bundy），哈佛大学文理学院院长

时间：1956年11月28日

敬爱的麦[1]：

我曾经几次与您讨论过改革您管理之下的几个地区研究和培训项目的管理体制的可行性。三年前，我们只有俄罗斯研究中心以及在地区研究委员会之下的苏联研究、东亚研究

---

[1] 麦克（Mac）为麦乔治·邦迪的昵称。——译者注　本书注解除注明外均为作者原注。——编者注

两个地区研究招生项目。最近，我们又增加了：

（1）中东研究中心（它将科研和地区研究招生项目整合在同一个领导体制下）；

（2）现代中国经济和政治研究；

（3）以色列研究；

（4）比较研究和地区研究项目；

（5）即将启动的邀请杰出亚洲研究学者来哈佛访学的项目。

这些有着不同资金来源的研究项目给管理带来了切实的问题。我知道，您迫切需要简化现有的机构，同时为成功管理将来可能启动的其他地区研究项目作准备。为此，经与从事地区研究的教授及相关委员会讨论，并征得他们的同意，我提出以下建议：

……

（2）在现有的东亚研究学术委员会的领导下，建立一个东亚研究中心。这个中心将负责管理东亚地区研究的科研项目（现在称为中国经济和政治研究）、东亚地区研究招生项目(Regional Study Program—East Asia)以及有关东亚研究的各种博士学位项目。

……

此致

威廉·L.兰格

目　录

哈佛大学费正清中心五十年史中文版序言（柯伟林）　1
中文版自序　4
哈佛大学费正清中心五十年史英文版序言（马若德）　5
英文版自序　7
缩略语　14
引言　17
第一章　**费正清（中心创立者和第一任主任）时期 (1955～1973)**　1
　　中国经济和政治研究项目（1955～1957）
　　东亚中心（1957～1961）　1
　　敦斯特街16号的办公室　9
　　东亚研究中心（1961～1977）　18
　　培养学生和师资　20

	迁入柯立芝楼	33
	越战风云中的哈佛	45
第二章	**傅高义主任时期（1973～1975，第一任期）**	55
	费正清中心图书馆	61
	赖世和日本研究所	67
	珀金斯代理主任时期（1975～1976）	69
第三章	**霍夫亨兹主任时期（1976～1979）**	75
	费正清东亚研究中心（1977至今）	75
第四章	**孔飞力主任时期（1980～1986）**	81
	韩国研究所	82
	费正清中心的博士后项目	88
	哈佛当代中国书系	91
	费正清中心的资金保障	93
	史华慈代理主任时期（1983～1984）	103

第五章　**马若德主任时期（1986~1992，第一任期）**　104
　　筹资达到新高　106
　　为当代中国研究招兵买马　112
　　赖世和与纽豪瑟年度讲座系列　118

第六章　**华琛主任时期（1992~1995）**　121
　　重组中心执委会　125
　　支持研究生参与中心学术活动　128

第七章　**傅高义主任时期（1995~1999，第二任期）**　132
　　1996年庆祝中心四十周年　137
　　中华人民共和国主席江泽民访问哈佛　139
　　新的出版项目合约　143
　　哈佛大学亚洲中心　148

第八章　**裴宜理主任时期（1999~2002）**　156
　　拓展博士后项目　160
　　迁出柯立芝楼　163

第九章　伊维德主任时期（2002～2005）　　165
　　　　位于中央广场的费正清中心　　168

费正清中心举办的主要研讨会　　171

哈佛大学的越南研究　　185

费正清中心执行委员会　　187

费正清中心的职员　　191

结束语　　193

附录A．费正清的学生　　196
附录B．哈佛当代中国书系　　202
附录C．赖世和系列讲座　　205
附录D．哈佛大学出版社赖世和讲座系列出版物　　209
附录E．纽豪瑟纪念系列讲座　　211
附录F．费正清中心执行委员会成员（2005年）　　215
附录G．哈佛东亚专著丛书　　219
附录H．费正清中心的博士后　　258

哈佛大学费正清中心五十年史中文版序言

柯伟林[①]

中国是当今世界上最具活力、变化最快的国家。哈佛大学费正清中国研究中心致力于推动有关中国各个方面的研究。它探讨这个不断演进中的伟大文明的文学、艺术与历史，考察这个正在崛起的国家的社会、政治和大众文化。它探索中国的当代地理与历史地理，不论是利用地图还是通过卫星，不论是透过北京、重庆还是香港或台北的视角。它研究中国的私人财富和公共卫生，也研究中国的经济与环境。

一个研究中心显然不能胜任所有这些研究工作，但它可以让从事这些研究的学者们共聚一堂。自 1955 年成立以来，

---

①柯伟林：哈佛大学历史系讲座教授、哈佛商学院讲座教授、哈佛大学资深杰出成就讲座教授、哈佛中国基金会主席、费正清中国研究中心主任。

费正清中心一直将此作为自己的使命。从那时起，几十年来，哈佛大学有幸招揽了众多的中国研究专家，他们的学术专长遍及人文、社会科学和自然科学领域。今天，哈佛法学院、政府学院、医学院、公共卫生学院、设计学院、神学院和商学院的中国研究专家让我们的师资更壮大。从波士顿到伯克利的众多院校的学术同行也进一步扩充了我们的实力。最重要的也许是我们在世界范围内建立起的学术合作关系：从北京、南京、上海、广州，到台北、香港、东京、首尔，再到柏林、伦敦、隆德和莫斯科，我们的朋友遍天下。

通过将哈佛与全球各地的一流学者汇聚一堂，共享学术资源、交流研究方法和学术观点，费正清中心致力于全面分析和理解大中华世界。为此，中心每年都会举办大量的研讨会、工作坊和学术会议，为热烈的学术讨论和辩论提供平台。今天，参加这些学术活动的不仅包括费正清中心的二百多位学术联系人（其中有老师，也有研究生），也包括本中心的数十位应邀来访的贵宾、博士后研究员和访问学者——他们有的来自美国，有的来自其他国家，尤其是中国和大东亚地区。

在这本书中，薛龙教授以娴熟的文笔讲述了费正清中心的历史。这段历史中折射出美国和世界范围内中国研究领域的学术发展史。它反映了美国国内有关冷战的争论、由越战激发出的情绪、早年与台湾的紧密的学术联系、1972年以后与中国大陆的学术合作的逐步恢复，以及过去五十多年费正清中心在大中华研究领域的学术盛况。费正清中心在哈佛大学冯汉柱图书馆中的馆藏文献便是这段历史的结晶,其中包括了数目众多的有关中国1949年以来政治、经济和社会发展的特色文献。

费正清先生建立这个研究中心的目的有很多。他希望推动基础研究,从而帮助我们美国更好地理解中国过去和现在发展过程中面临的主要议题,他也希望促进相关的教学和出版工作,将这些研究成果与公众分享。费正清自己是一位学者、一位老师,同时也是一个热衷公共服务的人。对中国研究领域的师生来说,费正清中心是哈佛大学内独一无二的学术活动中心,它的学生和学术联系人都已成为美国乃至世界范围内的一流学者和教师。自1956年启动以来,我们的"哈佛东亚专著丛书"已经出版了三百多种,"哈佛当代中国书系"也已经发行了二十多部。从费正清中心涌现出来的学术思想和学术观点已经在国际学界、政界、商界和艺术界产生了广泛的影响。

我非常感激薛龙教授编写这部历史,非常感谢费正清中心访问研究员路克利把本书介绍给广大的中国读者,也非常感谢陈松教授对本书中译本的精心校阅。我要特别感谢自费正清以来本中心的历任主任,他们为中心的发展奠定了坚实的基础,在此基础上我们将继续努力。

2011年8月
于麻省剑桥

中文版自序

薛龙[①]

路克利先生是费正清中心的访问学者,我很荣幸能在他翻译本书的工作中与他合作。他的翻译精确妥帖,我很高兴能与中国及整个汉语世界中的学术同仁共同分享这一成果。我要感谢费正清中心的学者,谢谢他们首肯本书中译本的出版。我同样感谢新星出版社承担本书中译本的出版发行。

中国历史内容丰富、充满活力,对人类文明贡献良多。我的中国同仁满怀热情地从事着这方面的研究。现在,我也欢迎他们来了解一下费正清中心的历史。

2011 年 6 月

---

①薛龙(Ronald Suleski):在密歇根大学获得博士学位,当代中国史研究专家,主要从事对中国东北(满洲)的研究。曾旅居东京多年,并在亚洲各地旅行,曾担任费正清中心助理主任,现为波士顿萨福克大学罗森伯格东亚研究所主任。

哈佛大学费正清中心五十年史英文版序言

马若德[1]

在哈佛大学费正清中心的同仁庆祝中心五十华诞之际担任中心主任，我感到非常荣幸。作为纪念活动之一，我的前任——杰出的伊维德教授——请中心的助理主任薛龙博士为中心撰写一部历史。这部历史将中心的起源追溯到1955年，尽管那时中心还很不起眼，仅仅是一个有关中国政治经济的研究项目。本书正是薛龙博士艰辛劳动的结晶。包括世界上好几百位学者在内的每个与费正清中心有联系的人都将和我一起感谢伊维德的这个倡议，更要感谢薛龙博士的辛苦工作。我也要代表中心感谢史密斯·理查德森基金会的支持。

薛龙博士在他的引言中提出，中心的各位主任是中心发

---

[1] 马若德为Roderick MacFarquhar中文名，或译作"麦克法夸尔"。2005年马若德任费正清中心主任。——译者注

展的催化剂,他们让中心的思想资源充满活力。因此,除了在哈佛档案馆爬梳资料外,他的研究方法主要是通过采访我们这些主任来了解我们当年的目标和努力。这样做是否让本书充满了自卖自夸的调子,我请读者自己判断。或许这看起来也没什么好惊讶的——毕竟,这本书写的是哈佛大学的一个项目。

继承先辈开创的事业并发扬光大,这在美国是一个传统。但是,薛龙的研究技巧展现了前后相继的几位主任如何以自己的方式理解他们肩负的使命,而不仅仅是在前人的足迹上亦步亦趋。尽管如此,我们这些主任都许身于费正清教授定下的目标,力图打造一个思想活跃、学术多元的研究社群,致力于研究世界伟大文明的一部分,以及她面向二十一世纪的当代转型。这份承诺乃是贯穿本书的一个主题。我希望,本书的读者会同意,费正清中心不但走过了辉煌的半个世纪,而且只要我们继续坚守这份承诺,费正清中心必能满怀信心迎接她的未来五十年。

2005 年 9 月

英文版自序

在写作费正清中心历史的过程中,我遵循了两个关键的研究路线:文本研究和人物访谈。

为了编写中心年表和活动记录,我收集了所有的年度报告。其中包括费正清写给文理学院院长邦迪的备忘录:《中国经济和政治研究:第一年工作总结》。这份长达四页的备忘录写于1956年10月16日,讲述了费正清于1955年设立的一个新的研究项目,以便更好地使用他所获得的卡内基基金会和福特基金会的资助。利用这个机会,费正清在备忘录中介绍了美国对现代中国的研究现状。他将其视为一个"领域",并写道,这个领域非常宽广,有很多能被研究的课题;同时,这一领域也需要多方面的开拓,比如建立相关文献的图书馆以及编辑基本书目。其次,他指出该领域缺乏具备必要技能的研究人员。他认为必须具备的研究素养包括汉语娴熟、专业基本功扎实、思想成熟。他注意到的第三个问题是该领域的研究中缺乏像样的领军人物，因为当时在美国的大学里只有很少几位成功奠定了自己学术地位的现代中国研究专家。这些方面都是费正清在此后二十年里竭尽心力去改善的。

继第一封信之后，从1956年起，正式的年度报告每年都编纂出来并报给文理学院院长。直到1999年，年度报告仅仅用打字机打出很少的几份，并且只在小范围传阅。报告的格式和信息汇总的方式每个主任都有所不同。一些主任倾向于记述中心的活动和中心遇到的问题，而另一些主任则倾向于用较为简短的叙述配上附录，在附录中列出例如各种会议的日程表之类的信息。许多报告列出了中心最近的出版物，这是中心活动的一个重要方面，而且费正清本人似乎也颇为自豪。虽然有的报告只有四五页的长度，有的则长达三十页。尽管这些年度报告总会提及研究基金和财政状况，但从未附上一份完整的年度预算表。从1999~2000年度裴宜理担任主任的时候开始，年度报告开始使用彩色的封面和封底，很像美国公司的年报。这些报告用打印机打印出来，有机会阅读报告的读者范围也进一步扩大了。信息的种类和主要关注点与前期的打字机打出的报告一样，不过措辞更为审慎而且明显是针对更广泛的读者群的。从那时起，打印出来的年度报告被放在中心的接待处供公众阅览，邮寄给中心的特聘研究员，送给访问学者和来访的团体。同样的报告也呈送给文理学院院长。

为了编辑一份完整的年度报告集，我去了哈佛档案馆。除了早期的年度报告的复印件，档案馆还保留了费正清中心的前身——东亚中心（CEAS，Center for East Asian Studies）和东亚研究中心（EARC，East Asian Research Center）这两个时期遗留下来的很多历史记录、行政文件、备忘录等。此外，档案馆还存有来自各种上级机构如地区研究委员会和东亚研究委员会（Committee on East Asian Studies）的文件。东亚研究委员会是东亚研究理事会（Council on East Asian Studies）的前身。费正清和傅高义的文件非常有用，包括了大量的私人信件、中心执行委员会（executive committee）的会议记录，以及中心发布的宣传册和手册，还有有关这两位主任所关注的差不多所有议题的信息等等。我还获准有限度地阅览文理学院院长有关中心早期的文件。除学校档案馆的文件外，我也利用了费正清中心的文件档案作为补充。费正清中心的文件档案在2002年搬出柯立芝楼前被清理了一部分，在2005年迁入政府和国际研究中心楼前又被清理了一部分，但是中心仍然还有很多文献，包括过去和现在中心的特聘研究员简历以及他们写给中心的信函。这些文献展现了多年来不同学者为中心发展作出的贡献。哈佛学生的报纸《哈佛红》（*Harvard Crimson*）在网上公布了他们过去的期刊，有一些在线历史问题研究资源可以用，这些为研究某些事件发生的背景和氛围提供了好材料。我采访过的一些个人也从他们的档案中提供了额外的书面材料。

遵循文本路线在学术上令人兴奋，对印证中心历史的相关事实也很有必要。采访相关当事人则让人非常愉快。

费正清中心非常幸运，在过去近五十年的时间里始终有一些学者一直和中心保持紧密的联系，积极参与中心举办的活动。我采访的人中，可归于此类的有珀金斯和傅高义，他们在二十世纪六十年代早期就是哈佛的教授。此外还有柯文（Paul Cohen）和戈德曼（Merle Goldman，或译"谷梅"），尽管他们在附近的大学教书，但都和中心保持了长久而紧密的联系，并在中心的执行委员会任职。上述四位都是费正清执教哈佛时期的哈佛研究生。他们都从哈佛获得了博士学位并担任了2005年的中心执委会委员。他们的回忆非常具体而完整，提供了大量信息。

我还采访了其他不少学者，其中一些已经退休，一些仍在哈佛或其他学校任教。他们与费正清中心的渊源可以追溯到二十世纪六十年代，他们为我提供了中心前一二十年的学术生活信息。这些人包括孔杰荣（Jerome A. Cohen）、克雷格（Albert Craig）、费维恺（Albert Feuerwerker）、希伯特（Howard Hibbett）、蒲地典子（Noriko Kamachi）、克莱因（Donald Klein）、罗索斯基（Henry Rosovsky）、石约翰（John Schrecker）和吴秀良（Silas Wu）。我采访到的各位中心主任也提供了他们个人的见解，让我受益良多，他们是傅高义、孔飞力、马若德、华琛、裴宜理、伊维德。

在本书课题的研究过程中，我也采访了另外一些学者。他们都非常热情，也乐意回忆费正清中心的往事。他们有：阿尔巴尼（Michele Albanese）、安格尔（Holly Angell）、贝克（Edward J. Baker）、包筠雅（Cynthia Brokaw）、汤姆森（James C. Thomson Jr.）的两位继女安·巴特勒（Anne Butler）和劳伦斯·巴特勒（Lawrence Butler）、夏滴翠（Deirdre Chetham）、朱暑南（Samuel Chu）、德切尔（Martina Deuchler）、戴安娜（Anne Denna）、埃克特（Carter Eckert）、伊文思（Paul Evans）、菲尔德（Maury Feld，学生袭击哈佛燕京图书馆所在建筑物时哈佛国际事务中心的图书管理员）、柯临清（Christina Gilmartin）、高鹏程（Thomas Gottschang）、海弗德（Charles Hayford）、哈里特（Harriet Hofheinz）、霍尔（Christopher Howe）、南希（Nancy Hearst）、赫斯特（Mary Ann Hurst）、克努姆（Katherine Keenum）、柯伟林、李苏珊（Susan Lee）、李南央（Li Nanyang，李锐的女儿）、杜博妮（Bonnie McDougall）、米尔斯（Jon Mills）、莫斯克维茨（Karl Moskowitz）、慕容杰（Robert Murowchick）、罗浦洛（Paul Ropp）、罗叟（Anna Laura Rosow）、陆伯彬（Robert Ross）、邦妮（Bunny Schwartz）、所罗门（Richard Solomon）、斯图尔特（Gwendolyn Stewart）、特里尔（Ross Terrill）、崔福森（Florence Trefethen）、田文浩（Tien Wenhao）、斯塔德（Melissa von Stade）、魏根深（Endymion Wilkinson）、

瓦特（John Watt）、怀特（Merry White）、泽默（John Ziemer）和崔大伟（David Zweig）。

在本书的初稿写就之后，我抄送给十五位学者审阅，他们在内容和编排方面给了很多反馈意见。他们是夏滴翠、柯文、伊文思、戈德曼、南希、伊维德、柯伟林、孔飞力、马若德、麦克霍恩（Susan McHone）、珀金斯、裴宜理、傅高义、华琛、吴秀良。此外，部分内容也曾送给阿尔巴尼、欧立德、濮德培（Peter Perdue）、石约翰、王德威（David Der-wei Wang）、怀特、怀默霆（Martin Whyte）、泽默审阅。

我还从哈佛大学档案馆的朋友们那里得到了帮助和建议。他们是盖斯顿（Michelle Gachette）、古尔斯顿（Andrea Goldstein）、莫劳尼（Barbara Meloni）。我也要对哈佛法学院档案馆的老师格兰特（Linda Grant）和沃灵顿（David Warrington）以及哈佛新闻处的埃德斯（Justin Ides）表示感谢。我还要感谢弗兰里（Kelly Flannery）、豪尔（Judy Hoer）、斯科特（Victoria Scott）、王梅琳（Melanie Wang），他们在本书的研究、编排和技术事务上都提供了帮助。还要感谢费正清中心的职员克里斯托弗（Karen Christopher）、方关娴（Fang Guanxian）、田文浩，他们总是乐于帮助我从事这项研究。上述所有为我提供帮助的人们都充满了善意和热情。

费正清中心在此感谢史密斯·理查德森基金会为哈佛费正清中心历史研究项目提供的支持。

今天我们所知的美国中国学研究领域和1956年费正清给文理学院主任写信时的情形大不相同了，已经取得了长足的发展，研究更为缜密精深。

这本历史书中提到的所有学者的名字，尤其我在上面特别致谢的，都对这一领域的发展作出了贡献。过去五十年里，费正清中心在这个领域的发展中发挥了领军作用。本书要讲述的就是哈佛大学费正清东亚研究中心的历史。

缩略语

关心亚洲问题学者委员会（CCAS Committee of Concerned Asian Scholars）

中国共产党（CCP Chinese Communist Party）

蒋经国国际学术基金会（CCKF Chiang Ching-kuo Foundation for International Scholarly Exchange）

东亚中心（1957-1961）（CEAS Center for East Asian Studies）

国际事务研究中心（CFIA Center for International Affairs）

政府和国际研究中心（CGIS Center for Government and International Studies）

中国季刊（CQ China Quarterly）

东亚法律研究项目（EALSP East Asian Legal Studies program）

东亚语言与文明系（EALC Department of East Asian

Languages and Civilizations)

东亚研究中心（1961~1977）(EARC East Asian Research Center)

文理学院（FAS Faculty of Arts and Sciences）

费正清东亚研究中心（1977至今）(FCEAR Fairbank Center for East Asian Research)

文理研究生院（GSAS Graduate School of Arts and Sciences）

哈佛当代中国书系（HCCS Harvard Contemporary China Series）

历史和东亚语言项目（HEAL History and East Asian Languages）

哈佛东亚专著丛书（HEAM Harvard East Asian Monograph series）

哈佛国际发展中心（HIID Harvard Institute for International Development）

哈佛法学院（HLS Harvard Law School）

哈佛医学院（HMS Harvard Medical School）

哈佛大学亚洲中心（HUAC Harvard University Asia Center）

哈佛大学出版社（HUP Harvard University Press）

哈佛燕京学社（HYI Harvard-Yenching Institute）

肯尼迪学院政治研究所（IOP Institute of Politics at

the Kennedy School)

美国政府联合出版研究服务项目 (JPRS US government Joint Publications Research Services)

肯尼迪政府学院 (KSG Kennedy School of Government)

韩国研究所 (KI Korea Institute)

麻省理工学院 (MIT Massachusetts Institute of Technology)

国防教育法案 (NDEA National Defense Education Act)

全国人文学科捐赠基金会 (NEH National Endowment for the Humanities)

非政府组织 (NGOs nongovernmental organizations)

哈佛国家东亚文献中心，由美国教育部资助 (NRC Harvard's National Resource Center for East Asia, funded by the US Department of Education)

人民解放军 (PLA People's Liberation Army)

中华人民共和国 (PRC People's Republic of China)

东亚地区研究硕士项目 (RSEA Regional Studies-East Asia MA program)

南亚研究项目 (SAI South Asia Initiative)

争取民主社会学生联盟 (SDS Students for a Democratic Society)

伦敦东方和非洲研究院 (SOAS School of Oriental and African Studies in London)

引　言

在中国历史上，有一个关于盘古的传说。他是宇宙的创造者。根据这个传说，宇宙之初是混沌状态，就像一个鸡蛋一样，盘古沉睡其中。盘古打破了这个鸡蛋，把轻的物质和重的物质分开了，轻的变成了天，重的则变成了地。他的呼吸成为风云，他的声音成为滚雷。一只眼睛成为太阳，另一只成为月亮。无数的星辰来自他的头发和胡须，花草树木来自他的皮肤。费正清东亚研究中心在哈佛亚洲研究领域的开拓过程中就承担了盘古开天辟地一样的角色。

今天，费正清中心已经成为美国乃至国际上现代中国研究的领军机构。它是美国最早成立的现代中国研究机构之一。它诞生于二战结束后。当时，美国已经成为无争议的大国，但意识到自己的知识界及其专家对东亚知之甚少。从1955年成立以来，中心一直是美国最活跃的科研机构。在学界，中心激励和引导了美国的中国研究，它培养的学者每每在他们的专业领域出类拔萃。它也像磁铁一样，吸引了世界各地的中国学研究专家学者，欢迎他们的到来，并为他们提供一个论坛，让他们讨论自己感兴趣的问题、发表自己的学术见解。曾在哈佛任教的中国研究专家素来欢迎来自其他机构的学者。与波士顿和新英格兰地区的其他专家一道，他们形成了一个学术社群，这个社群中的每个人都对中国有着深厚的、多学科的兴趣。

成功的研究中心需要很多条件。足够的办公空间是一个研究中心开展日常事务的前提。在过去五十年的大部分时间里，中心位于柯立芝楼的第三层，有主任办公室、副主任办公室，有负责行政、财务和出版工作的管理人员办公室，还有为哈佛教授、中心的特聘研究员（他们是来自附近地区其他机构的教授，但在中心有正式职务）以及临时挂靠在中心的学者（研究生、博士后研究员、访问学者）提供的办公空间。中心还为荣休教员提供了办公场所，供他们继续研究和写作，也鼓励他们和其他学者一道继续在费正清中心的学术圈子里展现身影。

在最初的四十年里，费正清中心的主任为了维持中心运营，不得不花费大量精力保障中心的资金需求。哈佛大学向来的政策是研究中心要自给自足。校方只提供有限的——尽管是非常关键的——帮助。学校提供帮助的主要形式是在校园内或校园附近提供办公场所，并给予中心员工以哈佛雇员待遇。这包括提供标准的哈佛员工福利、发放职工工资，尽管校方通常不用哈佛的基金支付他们的工资。哈佛大学最终还同意通过中心主任所在的院系，减少中心主任的教学任务（早年间没有这种优待）。迄今为止，所有的中心主任都来自哈佛文理学院。

在最初的四十年里，困扰中心主任的问题是如何获得足够的资金以支付员工工资并支付各种会议、讲座、出版等主要的日常事务所需的经费。中心是在卡内基、福特、梅隆、洛克菲勒几大基金会的资助下才得以成立的。从二十世纪五十年代晚期到二十世纪七十年代，中心从美国政府得到资助，用于研究不甚为外界所知的共产党控制下的中华人民共和国。在二十世纪七十年代，中心主任和执行委员会认定保障中心长期稳定发展的最佳途径是获得充足的捐赠基金。基金每年的利息收入可以抽出来支付中心的大部分日常开支，本金则存在银行里或者——像现在这样——与数额巨大的哈佛大学捐赠基金混在一起都通过哈佛管理公司进入投资运作。筹集这些基金是二十世纪八十年代的主要任务，这方面的努力最终在二十世纪九十年代结出硕果。在二十世纪九十年代由于美国经济泡沫和金融市场的丰厚回报使得中心的基金达到了令人称道的 1700 万美元，再加上其他的资助和收入，年度开支预算可以达到 100 万美元了。

办公场所和充足的资金支持是打造一个杰出的研究中心

必不可少的，但仅仅有了这两者也还是不够。要动员各种可用资源指导中心组织运作，以创造充满活力的学术生活来吸引一流学者，还需要一个催化剂——那就是中心的主任。费正清——中心现在的名字包含了他的姓氏——无疑是中心创立与成长过程中首屈一指的人物，是他缔造了这个在美国最受尊重的中国研究机构。作为创始人，他在1955年至1973年担任了十八年的主任。尽管从原则上讲，费正清中心及其前身涵盖了有关中华文化圈的方方面面的研究，但事实上，因为费正清个人的学术兴趣，中心的活动侧重于从历史和社会科学视角研究现代中国（所谓现代中国，在费正清生前被定义为从1800年到现在这一时段的中国）并以此闻名。从人文视角出发的中国研究，包括文学、诗歌、哲学、艺术，仍然隶属于东亚语言与文明系，该系的前身是1937年成立的远东语言系。成立于1928年的哈佛燕京学社也强调从人文学科的角度开展中国研究。对比起来，费正清中心主要研究现代中国的社会、外交、经济和政治变化。尽管研究古代中国的学者一直都有机会参加费正清中心的活动，但是在过去的十年里，中心同仁多多少少更加齐心协力地扩展研究课题，让研究古代中国的学者和人文领域的专家参与到中心的活动中来。正如他早期的作品所展示的，费正清做研究时强调对档案材料和官方政府文件的使用，由此确定了一个在扎实的文献基础上进行学术分析的高标准。另外，费正清还强调了日语文献在研究现代中国中的重要性。这些都是费正清中心学术圈一直以来所坚持的标准。

自1973年费正清从主任位置上退下来以后，中心非常幸运地又有了多位思想深刻、精力充沛、敢于担当的主任，他们中的每一位都在中心的发展历程中打下了自己独特的烙印。通常，中心主任的任期是三到五年，由文理学院的院长根据中心执行委员会的建议选定，而执行委员会的委员则选自哈佛文理学院中的资深中国问题研究专家。有些主任干了两个任期。除了解决日新月异的中国研究领域中时常出现的问题，每位中心主任还得应对波澜起伏的美国政治和经济形势对中国研究的影响，因为私人和官方对中国研究的态度往往随之变化。从1955年至今，每一次美国外交政策和在国际社会中的地位被挑战及重新定位都影响到私人和官方对中国研究的态度。

中心主任也有责任让中心尽可能充满活力。通过自己的学术研究和出版的著作，每位主任都对保持中国研究领域的活力、推动其向前发展贡献了一份力量，每位主任也都是各自研究领域的领军人物。本书的研究按照每位主任的任期分时期研究。本书试图理出每位主任任期内的特点，记述他们各自任期内的最重要的活动，并突出他们各自的特殊成就以及所面对的挑战。

纵观费正清中心的历史，其始终保持了自己研究项目和政策的延续性，保持了在中国研究领域的领军地位。鉴于参与中心决策的执委会成员人数众多，而参加过中心活动、在中心挂名的学者为数更多，多年来，意见上的分歧在所难免。可以想见，费正清中心也经历过一些不愉快的事情，尤其是在研究中国的学者得不到学校的终身教职之时。终身教职的授予要由各自的院系推荐，再经由哈佛大学校长批准。这从来不在费正清中心的职权范围之内。但是由于在中心挂名的学者之间存在着相当的亲密感，中国研究领域中是否授予终身教职的决定影响了中心学术圈的所有成员。

但是，无论中国研究的队伍怎么变化，中心一直保有旺盛的学术活力和动力。争论从未将中心分裂为彼此之间无法沟通、矛盾无法调和的派系。即便在意见相左的时候，合作共事的精神和共同的使命感仍旧保持了下来。强烈的学术群体感和相互支持将不同意见限制在了适当的范围。

尽管今天的费正清中心尤以其现代中国研究闻名，然而早年当中心还是校园里唯一一个有关亚洲的区域研究中心时，它促进了对整个东亚的研究。正如 1957 年至 1961 年它的名字所反映的那样，它当时被称为东亚中心；今天它正式的名称仍是费正清东亚研究中心[①]。这些年来，中心多次分配资金，用于资助日本、朝鲜、韩国、越南等领域的研究、研讨会和成果出版。在中心工作的这些领域的专家也曾担任中心执委会的委员。后来，正如盘古开天辟地那样，赖世和研究所（1973）、韩国研究所（1981）在费正清中心奠定的基础上建立

[①] 2007 年夏费正清中心已经更名为"费正清中国研究中心"（The John King Fairbank Center for Chinese Studies）。——译者注

起来。与此类似，费正清中心的教员在哈佛亚洲中心（1998）的建立过程中也发挥了举足轻重的作用，确保了它在哈佛作为凝聚所有亚洲研究资源的地位。

今天，与二十世纪六十年代相比，美国的中国研究已经大大改观。那个时候，只有为数不多的几所研究型大学有品质过硬的中国研究项目，人们可以很容易地说出这些大学的名字。那时候人们可以读遍美国出版的所有关于中国的英文书。现在这些已经不可能了。众多优秀的东亚研究中心遍及全国的大学。很多以本科生教学为主的学院也都有专擅中国研究的学者执教。他们中有很多人曾在哈佛读书或做过博士后。从各地研究机构毕业的学者们和哈佛大学教授一道，通过他们的研究和讲座共同推进这一研究领域向前发展。新一代中国学学者出版的著作表明他们运用了大量的新披露的中文文献，也在基层做了大量的研究和访谈。大量以英文出版的中国研究成果，让我们无法追踪每一个学科的研究。如果考虑到以中文或日文出版的研究成果的话，显然，没有任何一个学者能完全总揽整个中国研究领域，而在五十年前这在理论上是可能的。美国学者现在可以接触到中国的档案。二十世纪七十年代末以来，由于中国国内学术研究政策的变化，中国学术界现在在写作、出版、旅行等方面也享有了较多的自由。美国学者可以利用中国学者的丰富成果甚至与他们联合开展项目研究。费正清培养的第一代美国的中国研究学者没有这个便利。当时，两国之间没有正式的外交关系，美国学者不能到中国从事研究,中国学者也不能到美国学习。

一直以来,费正清中心努力把握中国研究领域的变化和新机会。从二十世纪五十年代到二十世纪七十年代,台湾和香港是美国的中国研究学者常去的地方。在那里中美学者结成了友谊,那里也有大量的藏书和档案材料,这都促进了战后美国的中国研究。

二十世纪八十年代中国国内的学术研究事隔多年后重振旗鼓之时,中心就开始积极为自己的图书馆搜罗中文出版物。费正清中心图书馆设立于1961年,主要收集1949年后的有关中国的社会科学的资料。世界各地的研究者来到费正清中心利用这里有关当代中国的文献收藏。

1997年,费正清中心参与了恢复出版东亚研究文献的项目。今天,由哈佛亚洲中心发起、哈佛大学出版社发行的哈佛中国研究丛书,是最为专业的、全面的、设计最好的关于东亚的英文出版物之一,其中的好几种已经获得了这一领域的主要奖项。在这个项目下出版的有关现代中国的专著得到了费正清中心的资助。

从二十世纪八十年代早期开始,中心始终竭诚欢迎越来越多的来自中国的访问团。与此同时,费正清中心已经成为美国第一批派遣特聘研究员、教员和学生去中国从事学术活动的研究中心之一。过去二十年中,无数的中国代表团和个人来访者以及访问学者来到了中心。同时,费正清中心执委会中的每一位中国研究专家也都曾到中国访问过。1997年11月江泽民主席到访哈佛大学，2003年12月温家宝总理来访，这两次历史性的访问标志着中心在通过官方和学术两条渠道与中国开展人员交流方面取得了巨大的成功。今天，费正清中心的名字在中国学术界已经广为人知。

二十世纪二十年代到二十世纪八十年代，费正清的名字也为很多美国人熟知。他不知疲倦地促进公众对中国的兴趣，向美国大众介绍中国的现代历程。中心的第二位主任，傅高义，在美国和亚洲的知识界也很知名。今天，美国已经不像过去那样需要费正清式的教育家，因为通过新闻媒体对中国的大量报道、通过与中国的商业联系以及到中国的大量观光旅行，公众已对中国颇有所知。继费正清之后的几代美国的中国研究学者有了更加专门化的研究方向，他们演讲和写作的对象主要是自己的同事，尽管他们仍不时受邀出现在电视上、收音机节目中，或为报纸写文章、为大众演讲。

在它的历史上，中心曾经从敦斯特街16号（1955～1963）搬到柯立芝楼。过去五十年中，中心大部分时间（1963～2002）都是在柯立芝楼度过的。2002年至2005年，当中心的现址正在修建时，中心临时性地搬入了位于剑桥中心广场的马萨诸塞大道625号。中心在2005年夏天又搬入位于剑桥街1730号的新政府和国际研究中心大楼南楼。新落成的大楼为教授们提供了很不错的办公室，其设计提供了充裕的自然光。这栋楼在底层还有很多讲演厅。费正清中心的图书馆位于北楼地下一层，与赖世和研究所的文献中心以及戴维斯俄国和欧亚研究中心的图书馆相邻。北楼还有一个咖啡厅，为设立已久的费正清中心学者和来访者非正式的午餐学术讨论会和临时聚会提供了场所，延续了中心行之有年的传统。

通过几十年的执著与努力，哈佛已经建成了美国最好的中国研究队伍之一。几乎在哈佛的每个学院都有中国研究学者任教，他们覆盖了几乎所有与中国研究相关的主要学科。在数量上，他们是西方世界的大学中最大的中国研究学术群体之一。他们的很多研究著作都被翻译成了汉语。其出版物的数量和质量确保了中国的优秀学生会持续不断地到这里师从这些学者并利用哈佛图书馆系统中的有关中国的丰富文献资料。费正清中心的教职员工对中心迄今为止的成就相当满意，面对未来他们更决心要让中心继续在中国研究领域发挥领军作用。

第一章
费正清（中心创立者和第一任主任）时期
（1955～1973）

中国经济和政治研究项目（1955～1957）
东亚中心（1957～1961）

  费正清中心肇始于哈佛的中国经济和政治研究项目。该项目设立于1955年，它获得了两笔巨额资助，一笔来自福特基金会，37.7万美元，用于研究现代中国经济；另一笔来自卡内基基金会，20.92万美元，用于研究中国政治。还有一些资金来自哈佛文理研究生院，其中一笔6.1164万美元，用于东亚地区研究的硕士项目，1955年支付；另一笔1.1461万美元，用于历史和远东语言博士项目（现称历史与东亚语言博士项目），1957年支付。这意味着支持研究生教育项目、举办研讨会、资助研究和出版等事项，都是由同一个机构承担的。

正式设立一个有关东亚的研究中心是水到渠成的事情。积极的筹备工作从1956年的夏秋开始，目的是确定中心的组织结构。经济学家艾克斯坦（他受费正清之邀来到哈佛）写了一些经过深思熟虑的信给费正清，讨论关于这个未来的中心要如何组织。他所建议的主要内容，比如专注于现代中国和社会科学学科，成为中心最初一二十年的基本目标。远东语言系的一些教授担心新成立的研究中心会弱化他们研究项目的地位，因此费正清答复他们，请他们放心。

1956年11月，威廉·兰格写了关于成立一个新的研究中心的第一封正式建议信。他当时是地区研究委员会的主席，也是俄国研究中心、中东研究中心两个研究机构的主任。在费正清和艾克斯坦拟出的建议的基础上，兰格给文理学院院长邦迪写信建议创立一个新的东亚研究中心。1957年春天，当中心就要诞生的时候，出现了谁应该被任命为中心主任的问题。兰格和邦迪一致同意主任应该是赖世和，而费正清和海陶玮（James Hightower）则应担任副主任。可能是因为赖世和刚被任命为哈佛燕京学社的社长，而海陶玮感觉离不开远东语言系，领导新中心的重担就落在了费正清肩上。费正清当时已经在主持中国经济和政治研究项目，是一位现代中国专家，他的研究领域也契合要成立的研究中心将要侧重的领域。[①]

东亚中心的创立者和在它诞生之前的推动者实际上是费正清，他1957年至1973间担任了中心的主任。那个年代，费正清几乎单枪匹马开创了美国的现代中国研究领域。他

[①] 这一系列事件的基本情况以及当时所获捐资的数目见1965年12月《哈佛大学东亚研究中心十年主任报告》(Harvard University East Asian Research Center Ten-Year Report of the Director) 的附录A和《哈佛大学东亚研究中心二十年报告，1955~1975》[Harvard University East Asian Research Center Twenty-Year Report, 1955~1975, 费正清、布里格斯 (Virginia Briggs) 撰写，傅高义修订] 第7页有关财务状况的记述。例如，艾克斯坦写给"中国经济和政治研究项目"执行委员会 (executive committee of the Chinese Economic and Political Studies project) 的有关"未来东亚中心规划"(Future Plans for a Center of East Asian Studies) 的备忘录；艾克斯坦1956年7月19日写给费正清的关于如何组建一个中心的信；以及1957年10月24日，他写给费正清的有关同一问题的备忘录。1956年年底时对这个问题的考虑程度可见1956年12月12日准备的《关于设立东亚研究中心的建议（草案）》(Draft Proposal for a Center of East Asian Studies)。1956年12月初有三位远东语言系的学者对成立新中心的提案表示不太感兴趣，他们是：维格里诺 (V. H. Viglieno)、柯立夫 (Frances Cleaves) 和系主任叶理绥 (Serge Eliseeff)。为此，费正清1956年12月10日专门给他们写了一封动员信。这些材料被归档在哈佛档案馆东亚研究中心主任杂项档案 (1955~1957) 里。兰格和邦迪之间有关建议赖世和担任东亚中心主任的通信，可见哈佛档案馆文理学院院长档案中有关地区研究委员会 (Committee on Regional Studies) 的那一个文件夹。

中国经济和政治研究项目 (1955~1960) 由东亚研究教师委员会 (Faculty Committee on East Asian Studies) 领导，当时委员会的主席是赖世和，下文中将谈到他。这个项目的执行委员会(executive committee)1958年1月更名为东亚中心研究委员会(research committee of the Center for East Asian Studies)。参见哈佛档案馆东亚研究中心1956年至1983年行政档案中的会议记录。1957年东亚中心成立时，由地区研究教师委员会 (Faculty Committee on Regional Studies) 统筹管理，这个委员会的主席是兰格。中心的行政事务由东亚研究教师委员会负责，这个委员会的主任是赖世和，海陶玮和费正清也是委员。这样，尽管不是一个正式的院系，东亚中心的所有事务也都在哈佛教师的指导之下。东亚中心正式启动后，1960年从福特基金会得到了一大笔为期十年总数达90万美元的资助；随后，1963年与美国国防部签约，得到了7.3664万美元的资助；1964年又从美国空军得到17.55万美元的资助。这些资助使得中心有了一个很好的起点。这些资助都列在了本条注解前引的《哈佛大学东亚研究中心十年主任报告》第37页。

坚持不懈，怀着不倦的使命感，招收和培养了一批日后成为北美一流大学教授的学者，壮大了这一领域的队伍。他对哈佛和整个美国的影响是巨大的。很多人认为，那些年里，费正清本人在优秀的学者中间创造了亲密友好、兼容并包的气氛。这个气氛直到今天仍然洋溢在哈佛的中国研究学者中间。

创立东亚中心时，费正清已经是一个知名度极高的哈佛教授，他个人对中国及中国人民的兴趣促使他向美国主流社会介绍中国的情况。在哈佛读完本科后，费正清以罗德学者(Rhodes Scholar)身份前往牛津大学，专门研究英帝国经济史。这时，他听说与他的研究可能相关的档案在中国开放了，于是他就去了北平（北京）。正是在那里，他和费慰梅（Wilma Cannon）结婚了。二十五岁的费正清和新婚妻子在中国居住了将近三年（1932~1935），并于1932年至1933年得到了哈佛燕京学社的资助。这是费正清第一次深入二十世纪三十年代的中国。中国有着令人骄傲的传统，但是，那时她也正经历着军阀混战，经济凋敝。

那时的北京厚重的老城墙和气派的城门依然耸立着。费正清徜徉于北京的街道和市场中，学会了基本的汉语会话。1936年，他获得了牛津大学的博士学位，同年他来到哈佛大学历史系执教。1941年8月，就在美国参加二战前，费正清被征召参加政府工作。1941年至1946年，他曾被安排到华盛顿战争信息办公室等机关工作，他也曾被派驻中国，担任设在重庆的美国大使馆情报处主任。

返回哈佛任教后,费正清被牵扯进席卷美国的反共恐慌。他被叫到政治味浓厚的麦卡锡委员会接受质询。这个委员会要调查为什么共产党能够夺取中国政权,还要调查哪些为美国政府工作过的官员应当对"失去中国"负责。1952年3月10日至11日,费正清作了听证。他在战争期间,曾与很多中国的知识分子和政治人物对话,当时没有考虑可能的政治后果。尽管他的职位在华盛顿的官僚链条里一度相当重要,但没有担任过高级决策职位,因此不是参议院调查的主要目标。但是,去华盛顿在麦肯锡委员会前作证的经历让他很不愉快,使得他在此后十年里尽量淡出公众视野,而把精力用于哈佛年复一年的课程教学。①

---

① 费正清的自传(Chinabound: A Fifty-Year Memoir)1982年由夏普罗出版社(Harper & Row Publishers)在纽约出版。在这本书的第四部分第173页至312页,他谈到了自己战时的服役;在331页至351页他描述了在华盛顿的听证会。对费正清的职业生涯最为彻底的研究请见伊文思的《费正清与美国对现代中国的理解》(John Fairbank and the American Understanding of Modern China)一书。这本书1988年由布莱克威尔出版社(Basil Blackwell)在纽约出版。费正清和傅高义的文件在哈佛档案馆可以找到。许多关于东亚研究中心、费正清中心和东亚研究理事会(Council on East Asian Studies)的文件也可在哈佛档案馆找到。本书大量使用了哈佛大学档案和费正清中心的材料。费正清本人认为,他能逃过那一次反共抓巫(anti-communist witch-hunt)是因为他还不是一个足够大的目标;参见费正清自传第157页。【译者按:"反共抓巫"指的是二十世纪四十至五十年代美国的第二次红色恐慌。当时美国部分政治人物大肆渲染共产主义对美国政界和文艺界的渗透,在缺乏充分证据的情况下质疑相关人士对美国的忠诚度,令很多知名人士遭到审查起诉。这场利用公众恐惧发起的捕风捉影的反共政治迫害常常被比作"塞勒姆的猎巫"。"塞勒姆的猎巫"指的是1692年至1693年在美国麻省塞勒姆市发生的逮捕审判"女巫"的行动。】据伊文思说,经过这一次磨难,其后十几年里,费正清在公开演讲和评论外交政策时都比以前低调多了;参见

当费正清决定僻居哈佛校园专心任教的时候，他那部很有影响的著作《美国与中国》在1948年首次出版。1951年至1979年，这部书又由哈佛大学出版社重印了六次，出了4个修订版，成为当时最为畅销的关于现代中国的著作。这部书一气呵成、简明扼要，提纲挈领地介绍古代中国政府、社会和历史的主要特征，不过其重心仍在中国步入现代社会前的一两百年。它围绕着帝国主义和民族主义、十九世纪末中国人改革政府的尝试、中国对西方影响的反应等宽泛的主题展开，重点讲述了中国与西方帝国主义列强的互动。这本书涉猎宽广、条理清晰，为帮助各个层次的美国人在战后更好地理解中国做出了独到的贡献。它帮助他们认真地思考中国，而不是以论战的方式来对待她。费正清开始成为为美国公众解说中国的首席专家。[②]

费正清是得到公众认可的中国研究专家，在哈佛的工作，

伊文思著《费正清与对中国的理解》第161页。这一时期，西雅图华盛顿大学远东研究所的一些中国问题专家公开批评费正清的"亲共"倾向。这些学者以及他们的东亚研究中心被认为是支持蒋介石和国民党的保守派。这样，二十世纪六十年代以及七十年代早期，在哈佛大学东亚研究中心和西雅图华盛顿大学东亚研究中心（1964年成立）之间形成了对立。哈佛大学一派被认为是左翼的、反对越南战争的，和西雅图派截然不同。伊文思在《费正清与美国对现代中国的理解》第159页中对此事有一番评论。1954年费正清在哈佛国际研究委员会（Committee on International Studies）之下设立了哈佛大学中国项目（Harvard University China Program），差不多从那时起他就已经下定决心要开展明确界定的中国研究。这个项目当时设在利陶尔中心（Littauer Center）127室。
② 费正清在他的自传中常谈到他写的《美国和中国》（*The United States and China*）这本书，他还提到尼克松总统、毛泽东、周恩来可能也读过此书；参见费正清自传第389页。伊文思详细评述了这本书及费正清在每个新版本中所作的修订，参见伊文思《费正清与美国对现代中国的理解》第172页至179页和第281页至282页等。

又与华盛顿有着紧密的联系，这些使他得以调动创设东亚中心所需的各种资源并引领亚洲中心走过她最早的岁月。他所调动的资源包括：得到文理学院主任的许可，建立一个新的研究中心（同时于1957年3月，从卡内基基金会得到一笔2万美元的资助），以及为中心支持下的研究项目募集到其他的资金。和那时其他的美国知识分子一样，费正清意识到在二战结束后美国惊奇地发现自己正成为有重大国际影响力的全球强国。然而，政界和学界的领袖人物都清楚，美国才刚刚开始积累作为一个有力的国际领导者所必需的语言技巧、文化知识和历史理解力。讲授世界不同地区情势的学者们——例如那些研究苏联、中东、亚洲的学者——发现他们讲授的内容尚未被很好地整合进学术课程中，于是他们开始组织各种学术性的区域研究中心（area centers），以便将关于世界一个特定的地理区域或文化区域的所有相关学科的信息汇集在一起。

在理想状况下，区域研究中心的学者们聚集起来讨论具体的问题，可以超出单个学者的学科训练视野，可能会产生更为宽广的学术成果，这对政府的政策决策者、商界管理层和掌握信息的公共舆论引导者都颇有裨益。创建区域中心的想法源自二战期间情报收集和情报分析的观念。作为战后最早出炉的若干举措之一，它旨在培养能够引导美国成为国际舞台领导者的新一代领导人。人们期待区域中心能够培养出具有文化敏感性的毕业生，而他们将会成为政界、新闻界、商界的领导者。但是,费正清想超越战争年代的研究方法,在文化和历史方面深入挖掘。他希望新一代将会是具有全球眼光、掌握世界形势、能够理解外国文化和人民并能在此基础上提供有效政策的人才。

他成立东亚中心的时候,有几个可供参考的开拓性模式。西雅图华盛顿大学可能是建立区域中心的最早的学校。它的远东研究所作为一个跨系的单位正式成立于1945年,并于1949年更名为远东和俄罗斯研究所。哥伦比亚大学的俄罗斯研究所成立于1947年,它的东亚研究所则开创于1949年。身边的模式是1948年成立的哈佛俄罗斯研究中心和1954年成立的中东中心。所有三个亚洲中心的创始基金都来自卡内基基金、福特基金和美国政府。三个中心都积极努力地通过举办研讨会和讲座在来自不同系别的哈佛教员中营造一个共同的使命感。费正清关于区域研究的思考及其关于如何组织和筹资的想法,主要来自哈佛俄罗斯研究中心和中东中心的经验。这三个区域中心在二十世纪六十年代以前的早期历史,无论在理念还是运作方式上都惊人地相似。甚至费正清的大作《美国与中国》也是哈佛俄罗斯研究中心(现名为戴维斯俄国和欧亚中心)发起的系列出版物的一部分。迪恩(Vera Micheles Dean)的著作《美国与俄罗斯》早其一年于1947年也由哈佛大学出版社出版,赖世和的著作《美国与日本》(1950)也是这一书系的一部分。①

敦斯特街 16 号的办公室

新的东亚中心被安置在敦斯特街（Dunster Street）16 号没什么奇怪的。俄罗斯中心和中东研究中心也在那里。敦斯特 16 号的这栋楼〔哈佛雇员信用联合会（Harvard Employees Credit Union）现在此办公〕建于 1897 年，曾是商业地产，具有坚固的砖石结构，还有一个中央天窗。二十世纪初，是

---

① 普遍的观点认为区域研究（area studies）的概念起源于二战期间。1955 年 12 月 9 日《哈佛红》上的《地区研究：在战争中成长起来》(Regional Studies: A War Baby Grows Up) 记述了哈佛参与"军事特训项目"(Army Special Training Program, ASTP) 和由此引人区域研究的情况。1996 年，康明斯（Bruce Cumings）的文章《边界失位：冷战期间和其后的区域研究和国际研究》(Boundary Displacement: Area Studies and International Studies during and after the Cold War) 谈到了从二十世纪六十年代开始，区域研究中心的学术人员与美国政府的秘密行动之间有着令人忧虑的联系，见《关心亚洲问题学者委员会通讯》(Bulletin of Concerned Asian Scholars, www.mtholyoke.edu/acad/intrel/cumings2.htm)。有关西雅图华盛顿大学远东研究所的简史，参见赫克（Felicia J. Hecker）著《华盛顿大学的国际研究：最初九十年》(International Studies at the University of Washington: The First Ninety Years)（西雅图：杰克逊国际研究院，1999）。关于哥伦比亚大学东亚研究项目的设立和早期发展情况，参见朱昌峻（Samuel C. Chu）撰写的《傅路德与哥伦比亚大学东亚项目的创立》(Carrington Goodrich and the Establishment of Columbia's East Asian Studies Program)；此文（经作者同意使用）是作者为 2004 年 9 月 10 日至 11 日召开的"哥伦比亚大学中国研究"(Proceedings of Columbia's Chinese Community) 大会的会议论文集准备的草稿。有关哈佛大学戴维斯中心最为翔实的研究，参见菲尔德（Mark G. Field）撰写的《创世亲历：俄国研究中心的早年岁月及有关回忆》(Present at the Creation: Early Days of the Russian Research Center and Other Reminiscence，哈佛大学戴维斯俄罗斯和欧亚研究中心，2003 年 3 月)（此书 2005 年尚未出版，经作者同意引用）。这里提到的迪恩、费正清和赖世和的书都属于哈佛大学出版社推出的"美国外交政策"丛书。1957 年 3 月 6 日邦迪写给兰格的信中提到从文理学院拿到的二万美元资助。参见哈佛大学档案文理学院院长档案。

不愿意住宿舍、能付得起此处房租的家境较好的学生的一个去处。1918年，哈佛大学购买了靠近哈佛广场的马萨诸塞大道和奥本山街（Mt. Auburn Street）之间各条小路的沿街地产，同时买下了这栋楼。1935年，这里是不住在哈佛宿舍的学生的通勤中心。在这里，通勤的学生们休息、吃饭、聊天。1955年，经常光顾此楼的是那些为哈佛学生电台工作的学生，该电台于1940年由《哈佛红》报社的学生们创立，1945年开始便以此楼的地下室作为播音室。各种各样的学生出入此楼，既有朝气蓬勃的电台本科生，也有形容疲惫的通勤生在这里的休息室小憩；既有对区域研究感兴趣的研究生，又有像费正清这样领导着三个新区域中心的世界知名教授。

楼的中心是一个华丽的室内庭院，有五层高，以大理石装饰。镶嵌木板的办公室里还有维多利亚时代的古董壁炉，曾用于学生套房的取暖。这些办公室的门开向室内阳台，透过漂亮的铁艺装饰往下看，便是吸引人的内庭了。这栋楼甚至还有一个未曾使用的游泳池。因为堂皇的外观和一流的设施，它被认为是哈佛"金海岸"的一景，和那些一度在此安居的富有的学生非常般配。二十世纪五十年代这里的气氛相当好，不但大楼里的人们都对此心怀谢意，而且这样的氛围也是三个区域中心的主任所要努力营造的。哈佛东亚研究中心位于五层，颇受益于这栋楼内的亲切气氛。大楼正式的名字是达德利楼（Dudley Hall），但费正清总是称其为敦斯特街16号。从学校的角度看，集中在这里的三个区域研究中心是一个试验，它们将来能否继续运作下去成为大学中的正式机构仍是未定之数。一些在传统学科中受过完整的专业训练的哈佛专家，对松散的区域研究侧目以视，他们随时准备在这些新中心一出现问题时就赶紧将它们关闭。那时的人们觉得"中心"（center）这个词表明这些机构只是暂时性的、试验性的；而研究所（institute）则正好相反，它标志着这个机构是遵循更为传统的科班路线设立的，其地位已经奠定并且广为认可。把三个区域研究中心放在各色学生和老师混杂在一起的敦斯特街16号，可能是因为学校不知道把它们安置到哪里才好。当然，这也反映了无论在现在还是当年，哈佛一贯努力为其所有的项目提供办公场所，尤其是那些超出传统院系结构的新项目。①

从东亚中心成立开始，布里格斯（Virginia Briggs）就是费正清勤恳的秘书兼行政助理。中心成立之初，他们两人

---

① 关于哈佛大学中东研究中心的早期情况，参见 1954 年 4 月 14 日《哈佛红》上《兰格将担任中东研究中心主任》（*Langer to Head Center for Middle Eastem Studies*）一文。该中心成立五十周年专辑是巴白（Don Babai）编写的《哈佛大学中东研究中心：反思过去，展望未来》（*Center for Middle Eastern Studies Harvard University: Reflections on the Past, Visions for the Future*，哈佛大学中东研究中心，2004）。1918 年 12 月 13 日的《哈佛红》上《大学购得宿舍》（*Dormitories Bought by University*）一文记述了哈佛大学购买敦斯特街 16 号的情况。据报道，价格是 13.87 万美元。1919 年 2 月 25 日的《哈佛红》上《学校购得麻州大道南面房地产》（*University Acquires Property South of Massachusetts Ave*）一文记述了学校购买这一地区其他房产的情况。1941 年 9 月 25 日《哈佛红》上《达德利楼全面整修：为通勤生服务》（*Dudley Hall is Completely Refurnished for Commuters*）一文报道了该楼命名为达德利楼并被指定为通勤生服务的情况。关于区域研究中心被视为试验性单位的观点，请见菲尔德《创世亲历》第 11 页（第 9 页注解①中曾引用该书）；并见《中东研究中心》书稿（本条注解前引）第 6 页，该页中的一条注释把敦斯特街 16 号誉为金海岸。

共同管理中心的所有项目。基尼①（Ginny）认识所有具有中心特聘研究员身份的教授和所有来到这里的研究生。费正清筹划研究课题；基尼负责支票的按时发出、中心活动日程落实、来往重要信函的及时处理等等。当有不好的消息要告知学生时——可能是没有获得奖学金的消息，或是不鼓励该生继续待在哈佛等——费正清不愿意自己告知学生，他就会让布里格斯代为转达。后来，当中心的工作人员日渐增多，甚至还有编辑人员在此办公，布里格斯安排大家聚在一起喝咖啡以培养亲切友好、合作共事的精神。她有时会把她的宠物小狗约克什放在她桌上的发件箱里。她能力强而富有效率，从1956年至1973年退休，一直与费正清共事。继布里格斯之后担任行政主管的是德图拉（Nancy Deptula），她为中心日常工作作出了巨大贡献。从1954年起，她作为哈佛员工工作了四十一年，直至1995年退休。她见证了哈佛的亚洲研究项目从初创到跻身全国一流的成长过程。她管理各区域中心的预算和行政事务，善于和大学楼（University Hall，哈佛文理学院的行政管理中心）打交道。开始，她还去上汉语口语课，表示效力于中心的决心。她退休的时候已经做到了赖世和研究所的执行主任。②

---

①基尼：布里格斯的昵称。——译者注
②费正清在自传第356页简短提及了布里格斯对中心的贡献以及他们两个人共同主持中心事务的事实。有关德图拉在中心工作的大致情况，见她和汉斯（Michael M. Hess）编写的《赖世和日本研究所：二十年史》（*The Edwin O. Reischauer Institute of Japanese Studies: A Twenty-Year Chronicle*；赖世和研究所，哈佛大学，1996）第

1959年,费正清请来林德贝克(John Lindbeck,1948年获耶鲁大学博士学位)担任中心的副主任。1933年,费正清在中国洛阳见过他,当时他还是一个与担任传教士的父母亲生活在一起的小孩。费正清考虑到了很多因素。林德贝克有耶鲁大学的学位、中国背景、在政府任职的经验,这些会对新的中心有所帮助。费正清觉得应该由两个人一起管理中心的活动。理论上看,主任费正清确定中心的目标规划、大政方针和对外交流;副主任负责撰写中心的基金申请书和筹资活动,以保障中心的持续发展。费正清自己的研究兴趣主要是1949年前的现代中国,林德贝克主要利用政府资助促进对1949年以后中国的研究。因为费正清和中心的创立与发展的所有方面密切相关,还是哈佛的终身教授,他在中心的各个方面都发挥了主导作用。林德贝克则与基金会和学界有着广泛的联系,在工作过程中他创建了以下机构:(1)在香港设立大学服务中心(1963),该机构使得美国学者能够通过采访难民来研究中国大陆;(2)总部位于首都华盛顿的中国研究资料中心(1968年开始运作),这个中心搜罗和再版了很多通常难以取得的中文材料;(3)对华学术交流委员会全国研

75页。傅高义谈到了布里格斯:"当其他人都引起公众关注的时候,她仍然默默无闻、勤勤恳恳、数十年如一日地管理着中心的行政工作人员,料理着中心琐碎的行政和财政事务。她对保障中心日常工作顺利开展肩负着比任何人都重要的责任。"德图拉接替布里格斯的工作时,傅高义写道,德图拉"看上去就很适合这个工作,因为她有长时间在文理学院院长办公室工作的卓越经验,有在区域研究中心工作的经验,最后几年中她还学习了汉语,这表现出了她对东亚研究的特殊兴趣。"参见哈佛大学档案中心1972~1973年度报告第1页至第2页。

究理事会（1966年初创），该机构在当时为很多研究中国的年轻学者提供了资助。林德贝克1967年离开了哈佛，到哥伦比亚大学担任东亚研究所主任。他离开时有些留恋，但是，哥伦比亚大学的教授职位难以拒绝。他对美国二十世纪六十年代正处于上升期的中国研究领域的综述，题为《理解中国：美国学术资源评介》(Understanding China: An Assessment of American Scholarly Resources，纽约：普雷格出版社，1971)，是关于基金会和美国政府如何资助战后中国研究学术发展的很好的总结。①

作为早年中心执委会的委员，费正清和他的同事们培养了一大批人才。这些人留在哈佛大学继续他们的事业，在他们的同行中赢得了高度认可和赞扬。史华慈（1950年获哈佛

---

① 费正清对林德贝克的评论，见费正清自传第370页至377页。林德贝克对离开哈佛可能也很犹豫，但他在哥伦比亚大学发展得也很好。关于他的职业生涯，见1971年1月11日《纽约时报》刊载的《中国研究专家林德贝克逝世》(John Lindbeck, Expert on China, Dies) 一文。《中国研究中心文献通讯》(Center for Chinese Research Materials Newsletter) 第7期（1971年3月）第1页发表达了对林德贝克的悼念。1971年，林德贝克在铲雪时，突发心脏病去世。1966年，文中所提及的委员会自称"与中国大陆学术交流委员会" (Committee on Scholarly Communication with Mainland China)，1971年更名为"与中华人民共和国学术交流委员会全国研究理事会" (National Research Council of the Committee on Scholarly Communication with the PRC)。中国研究文献中心 (Center for Chinese Research Materials, CCRM) 的历史可追溯到1963年，当时代表美国学术团体协会 (American Council of Learned Societies, ACLS) 和社会科学研究理事会 (Social Science Research Council, SSRC) 两个组织的当代中国联合委员会 (Joint Committee on Contemporary China) 感觉到有关中国的研究文献匮乏。1966年，这个联合委员会向福特基金会募资为中国研究文献中心筹建了一座图书馆。该馆的早期馆藏包括对中国新闻报道、会议论文集和红卫兵校报的翻译版。有关这段历史，见1970年12月《中国研究文献中心通讯》(Center for Chinese Research Materials Newsletter) 第6期第1页至第2页。

大学博士学位）于1955年加入执委会，他是一位思想深刻、哲学家似的学者，喜欢深入的学术讨论和理性的辩论，就像一位拉比。他权衡问题，注重实证，旁征博引来证明或者加强自己的论点。在这一点上，史华慈不是很像费正清。费正清倾向于制度史和经济史研究。费正清评述问题时，头脑清晰、逻辑清楚，擅长组织信息，然后很快得出明快的结论。但费正清仍然欣赏史华慈的博学，给了他最为有力的支持，使他获得了哈佛的教职。这一职位同时挂在历史和政府两个专业下。

二战期间，史华慈曾在美军服役，并学习了日语。他也曾被派驻华盛顿特区，破译截取到的日本电码。1945年8月当一份日文的电码交给他翻译的时候，他抱怨所有惊天动地的行动都发生在很远的地方，而他却被分配做文案工作。这份电码的内容就是日本天皇决定投降。

战争结束后，史华慈在美军官方报纸《星条旗》上得知哈佛的费正清正在筹办一个远东地区研究硕士项目。被录取为这个项目的学生后，他学习了中文，这使他既能利用中文文献也能利用日文文献。史华慈通晓十种语言，包括俄语、德语和法语。他掌握了西方文学和哲学的渊博知识，并运用于他对中国思想的研究。他的第一本书《中国的共产主义和毛泽东的崛起》(*Chinese Communism and the Rise of Mao*，哈佛大学出版社，1951）表明，毛泽东的革命政策并非像当时很多人认为的那样，仅仅是马克思列宁主义理论的简单延伸，而是与马克思主义和苏联模式相矛盾的，因为毛泽东的革命政策强调农民而不是城市工人,并没有把城市工人作为革命的先锋。在后来获奖的一本著作《古代中国的思想世界》(*The World of Thought in Ancient China*,哈佛大学出版社,1985)中,史华慈探讨了构成中国传统思想基石的那些价值观念,并常常把它们拿来与西方思想中的价值观念做对比。再后来,史华慈成为一个在哈佛和其他地方的中国研究者中都深受爱戴的慈父般的人物。他的办公室总是开着门,他总是乐意与经过那里的任何人讨论思想,不论他们是朋友还是陌生人。智慧占据了他的思想。史华慈七十岁退休,1999年去世,享年八十二岁。2006年12月,在上海的华东师范大学将举办一个大型会议,纪念他的90华诞以及他在哈佛费正清中心的生活和工作。[①]

杨联陞(Yang Lien-sheng,1946年获哈佛大学博士学位)也是第一届执委会的委员。他毕业于中国清华大学,是中国古代经济史的专家。1965年,他被任命为第一位哈佛燕京远东研究教授。早年同在执委会的还有东亚中心的副主任林德贝克,以及后来成为密西根大学教授的亚历山大·艾克斯

[①] 史华慈本是费正清的学生,是在东亚中心成立之前就接受过费正清教育的年轻学者之一。多年后,人们越来越清楚史华慈对日常生活不拘小节,生活靠他的夫人邦妮(Bunny)料理,帮他选衣服、为他安排行程、陪他出去参加学术活动以确保他安全到达。对他职业生涯的简短回顾,可见1999年11月18日《纽约时报》刊载的包德甫(Fox Butterfield)撰写的《毛泽东革命研究专家史华慈逝世,享年八十二岁》(*Benjamin Schwartz, 82, Dies: Expert on Mao's Revolution*)一文。费正清东亚研究中心1999~2000年度报告第100页至111页也发文悼念。2001年1月25日的《哈佛公报》(*Harvard University Gazette*)第17页也有悼念他的文字。这里谈的一些轶事来源于2005年5月我与史华慈的妻子邦妮的谈话。韩文版的史华慈著作《中国古代的思想世界》于2004年出版【译者按:同年本书中文版也由江苏人民出版社出版】。华东师范大学的朱政惠教授正在与费正清中心的裴宜理教授共同组织2006年纪念史华慈的会议。

16

坦和费维恺。亚历山大·艾克斯坦（1952年获伯克利加州大学博士学位）在1955年至1959年间任执委会委员。他是一个热心的经济学家，主要研究现代中国经济。他来自匈牙利，一辈子以俄国式的熊抱欢迎人。他受费正清之邀来哈佛做研究，因为当时的美国几乎没有专门研究中国的经济学家。费维恺（1957年获哈佛大学博士学位）是一位更为年轻的学者，他的研究领域是清代中晚期的历史。但他受过经济史训练，被认为有希望成为美国的中国研究领军人物。他在1958~1960年间担任中心第一届执委会委员。他后来担任了密歇根大学中国研究中心的主任，该中心也是一个重要的中国研究机构，在二十世纪七十年代一度被认为比哈佛的费正清中心还要强。

还有一点值得指出的就是，费正清意识到活跃于美国学术界的研究中国问题的中国人相对较少。因此，他邀请了一批活跃于社会科学领域的研究中国问题的中国人来哈佛，或者向他们寄语鼓励。其中有周策纵（Chou Tse-tsung），他的著作《五四运动：现代中国的思想革命》（*The May Fourth Movement: Intellectual Revolution in Modern China*，斯坦福大学出版社，1960）一直被奉为英语世界中研究五四运动的奠基之作。费正清还与在台湾工作的华人学者郭廷以（Kuo Ting-I）有密切的联系，台湾"中央研究院"近代史研究所的图书馆便以他的名字命名。①

---

① 1955年至1960年，同时任职于东亚中心执委会的还有：赖世和（1939年获哈佛大学博士学位），下文对他还有论述；海陶玮（1946年获哈佛大学博士学位），是一位古

东亚研究中心（1961-1977）

当东亚中心1957年成立的时候，它既负责管理东亚研究硕士项目也负责开展博士后层次的研究。硕士项目最初于1946年开创，当时费正清也参与了规划。这个项目主要培养那些需要掌握东亚语言、广泛地了解东亚，以便为进入政界、商界、新闻界做准备的人。它也是那些在攻读博士前希望先试试水的学生的敲门砖。它的培训则基于战争年代发展起来的那套快速培养外国文化和语言专家的方法。

那时，俄国研究中心主要从事研究和出版事宜，尽管它也管理着俄罗斯硕士项目且至今如此；中东研究中心也参与

代中国诗歌和文学专家；裴泽（John Pelzel，1950年获哈佛大学博士学位），1960年加入中心执委会，是一位人类学教授，也是日本社会结构研究专家。裴泽在讲课时会运用很多精心准备的生动事例。关于他的学术生涯，见我撰写的未刊稿《哈佛燕京学社简史：第一个七十五年（1928~2003）》〔(*A Brief History of the Harvard-Yenching Institute: The First Seventy-Five Years (1928~2003)*)〕。关于杨联陞，参见《美国中国学手册》（北京：中国社会科学出版社，1981）第492~493页。他的一些作品收录在《杨联陞论文集》（*Collected Articles of Yang Lien-sheng*，北京：中国社会科学出版社，1992）中。他被任命为哈佛燕京学社远东研究教授的经历在1965年4月27日信托人会议记录第918页有记载，参见哈佛燕京学社档案。费正清在自传第356页等处提到了艾克斯坦。有关艾克斯坦的生平，见1976年12月6日《纽约时报》上《中国经济专家艾克斯坦逝世，享年六十一岁》（*Dr. Alexander Eckstein Dead at 61; An Expert on Economics of China*）。2004年11月，密歇根大学安娜堡分校举办了一个会议，纪念现已从该校退休的费维恺和杨格（Ernest Young，下文提及）。这个会议由他们两人以前的学生（包括本书作者在内）组织。

费正清和郭廷以之间的友谊在郭廷以所著的《"中央研究院"近代史研究所之过去与前瞻》（*The Institute of Modern History at the Academia Sinica: Its Past and Its Future*，《近代中国史研究通讯》，2003年12月第36期）一文中有记述，请特别留意第83页的评论。在中央研究院近代史研究所《口述史系列》第15期《郭廷以先生访问记录》（台北："中央研究院"，1987），有一张费正清和郭廷以一起访问的照片，很可能拍摄于二十世纪六十年代早期。当费正清被台湾批评为亲中华人民共和国的时候，郭廷以因为与费正清之间的友谊也承受了一些压力。

管理它的地区研究硕士项目（这一状况迄今也仍在持续）。因此，请东亚研究中心管理教学在哈佛校方看起来自然是合适的。然而，费正清想让东亚中心成为一个纯粹的研究中心，全力支持论文撰写阶段的博士生和博士后阶段的学者，同时积极出版学者们的研究专著。来自福特基金会和美国政府的关于当代中国研究巨额资助让东亚中心得以把自己重组为一个侧重于博士和博士后研究以及学术出版的研究中心。

这个变化在1961年宣布，中心（CEAS）的新名字改为东亚研究中心（EARC）。在新的名字下，它不再管理东亚地区研究的硕士项目。中心也最终把管理历史和东亚语言联合博士项目的责任转给了东亚语言与文明系；这个项目是由一位名叫叶理绥的俄裔日本问题专家创立，尽管他所领导的哈佛燕京学社在名称上与中国有着不可分割的联系。叶理绥大部分的职业生涯都是在哈佛度过的。1936年至1956年，他曾担任哈佛燕京学社主任。然后，他于1957年离开哈佛，退休，并回到欧洲。但是他所创立的历史和东亚语言项目从1941年10月起在哈佛延续下来了。[1]

---

[1] 哈佛东亚地区研究硕士项目（RSEA）创办于1946年。参见1946年4月16日《哈佛红》刊载的《新的外交研究项目将于秋季开设》（*New Program in Foreign Affairs to Begin in Fall*）和1946年11月30日刊载的《中国研究涉及所有学科》（*China Regional Study Hits "All Disciplines"*）。詹森（Marius Jansen）记述了当年自己1946年从军队退役时，费正清如何把他引入新开创的这个地区研究硕士项目。参见詹森《德川幕府时期的中国》（麻省剑桥：哈佛大学出版社，1992）第IX页。詹森是一名研究现代日本的知名学者。他早期的工作主要是研究现代中日学者之间的互动。1957年11月26日的《哈佛红》刊载的《地区研究》（*Regional Studies*）一文记述了东亚地区研究硕士项目（RSEA）的有关情况。东亚语言与文明系于1972年启用现名，此前名为

培养学生和师资

二十世纪五十年代至六十年代，费正清面对的学术界的情况是，中国研究作为一个学术领域刚刚成型。基本没有美国学者能够讲流利的汉语，也基本没有美国学者能在研究中运用中文或日文文献。几乎没有关于中国浩如烟海的历史文献和政府文档的英文目录或介绍。在美国，只有相对较少的中文材料，在美国的大学里没有多少以汉语为母语的人能够为美国人提供汉语培训。1956年，在一封写给文理学院主任的密函中，费正清描述当时的情形，说"在这个领域严重匮乏高水平人才"。培养一个训练有素、具备从事中国研究所需的专业技能的学者群成了费正清的一个目标。

在这个过程中，费正清创造了一个培养学者的风格。这种风格成为了东亚研究中心和整个哈佛亚洲研究领域的特色。费正清的一揽子方案中包括如何选择一个可塑之才，然后将其培养成一个训练有素的研究中国的学者。他首先寻找那些对亚洲有兴趣的、最聪明的、能言善辩的学生。这些学生通常来自哈佛东亚地区研究硕士项目。自从他们上了费正清的课之后，费正清就一直留意观察他们。当发现具有潜质的聪明学生后，费正清会做工作，劝他们进入中国研究领域攻读博士学位。他确保选出来的学生能够定期得到资助

远东语言系。1972年3月，时任远东语言系代理主任的希伯特（Howard Hibbett）正式建议改名。见哈佛档案馆东亚研究理事会（Council on East Asian Studies）档案中1978年3月6日希伯特给院长邓洛普（John Dunlop）的信。

以帮助他们完成学业。1947年，他发起了名为"哈佛中国研究论文系列"（Harvard Papers on China series）的出版项目，出版哈佛东亚地区研究项目下的硕士生写作的优秀论文。费正清知道，能够出版一本好书对一个年轻学者来讲，是一个确保其得到永久教职的方式。他关心学生的事业发展，想方设法地帮助他们得到好的职位。出版著作既传播了中国研究领域的知识，也提高了哈佛大学的声誉和费正清的明星学生们的名声。在他担任东亚研究中心主任的十八年时间里，费正清设法培养了大量聪明的年轻人，这些人后来都为自己开拓出了稳定的学术事业。战后第一代研究中国历史的学者大多数都是费正清的学生。在二十世纪七十年代到八十年代，他们担任了美国大多数一流大学的教职。[①]

早在创立东亚研究中心之前，费正清就已经开始培养杰出的学生以壮大中国研究队伍。他早期的学生中有一个名叫列

[①] 1956年10月，费正清在敦斯特街16号所写的《中国经济和政治研究：第一年工作回顾（机密）》（Chinese Economic & Political Studies: A Retrospect on Our First Year's Operations (Confidential)）这一报告中论述了当时中国研究的有关情况。参见哈佛大学档案馆费正清文件。这些论述概括了当时这个研究领域的特点，也提出了费正清本人要出版学术专著以宣传相关知识、拓展这一研究领域的规划。见费正清自传第359页。博高义为我引进了一个很好的概念，他说费正清给自己的爱徒设计了"一揽子"方案（package deal）。在埃文斯所著的《费正清与美国对现代中国的理解》一书中第180页至183页提到了这件事，该书还提到了费正清发起出版"哈佛中国研究论文系列"一事。1995年，鲍德威（David D. Buck）、库珀（Gene Cooper）、范德（Edward Farmer）、傅礼门（Edward Friedman）、赫里欧（Ann Heriot）、塞尔登（Mark Selden）、杨玛丽（Marilyn Young）等学者在亚洲历史论坛网上（H-Asia）讨论了费正清对中国研究学界的影响。讨论的结果认为，尽管费正清也有一些缺点，例如急着要求学生出版学术成果，让学生患上"不出版就灭亡"综合征，但他对美国中国研究领域的贡献是不可磨灭的，与他接触过的学生、学者和其他人都从他那里受益良多。

文森（Joseph Levenson，1949 年获哈佛大学博士学位），后来任教于加州大学伯克利分校。他的第一本书《梁启超与中国近代思想》(*Liang Ch'i-ch'ao and the Mind of Modern China*，哈佛大学出版社，1953)，奠定了他作为一个启人深思的学者的地位。他在他的第二本书《儒教中国及其当代命运》*Confucian China and Its Modern Fate*（伯克利：加州大学出版社，1958）中提出，在中国，传统的儒家文化已经死了，传统的价值在中国人中已经没有什么影响，这引起了业内外广泛的争论。1969 年，他悲剧性的溺死给中国研究留下了一个巨大的空洞。詹森（Marius Jansen）是研究日本明治时期（1868～1912）的学者，他从费正清那里得到了很多鼓励和帮助。他先后在华盛顿大学和普林斯顿大学任职。1950 年，芮玛丽（Mary Clabaugh Wright）在费正清的指导下在拉德克利夫学院（Radcliffe College）获得博士学位。芮玛丽的先生是专攻中国佛教思想和儒家思想的学者芮鹤寿（Arthur Wright）（1948 年获哈佛大学博士学位）。和她先生一样，芮玛丽先后成为斯坦福和耶鲁的著名教授。她是研究同治中兴（1862～1874）和 1911 年辛亥革命的专家。在斯坦福的时候，她负责监督胡佛研究所有关中国共产主义的文献典藏的发展情况。她是一个意志坚定的人，也是一个不掩饰自己观点的实在人。莫菲（Rhoads Murphy，1950 年获哈佛大学博士学位）在攻读博士学位前，于二战期间在中国工作，担任美国友人服务委员会（American Friends Service Committee）的救护车司机。他后来撰写了一些关于亚洲的城市的作品,还写了一些有关人、地理、气候之间关系的著作。他热爱教学,喜欢和学生在一起。他二十世纪九十年代初退休后,仍然坚持在密歇根工作,直到2004年才完全退休离开学校。刘广京(Liu Kwang-Ching,1956年获哈佛大学博士学位)在美国朋友中被称为"K.C."。他在自己早年博士论文的基础上出版了《英美航运势力在华的竞争,1862~1874》(*Anglo-American Steamship Rivary in China, 1862-1874*,哈佛大学出版社,1962)。他在加州大学戴维斯分校任教多年。他最近的作品是与谢克(Richard Shek)合编的《晚清的异端邪说》(*Heterodoxy in Late Imperial China*,火奴鲁鲁:夏威夷大学出版社,2004)。

克雷格(1959年获哈佛大学博士学位)曾在阿默斯特-马萨诸塞大学(University of Massachusetts at Amherst)任教,后来回到哈佛大学,此后便一直在哈佛执教,没再离开。费正清和赖世和请他合开一门课,这门课程是关于亚洲的导论课,本科生和研究生都可以上,通常被称为稻田课程("Rice Paddies"),后来他还应邀参加费正清和赖世和正在进行的一套教科书的编纂工作。这套教科书中第一本就是《东亚:大传统》(*East Asia: The Great Tradition*),该书1960年由米福林(Houghton Mifflin)出版社在纽约出版。因为赖世和去了东京担任美国驻日大使,克雷格帮助写了第二部《东亚:现代转型》(*East Asia: The Modern Transformation*),

1965年由米福林出版社在纽约出版。克雷格还写了第三部，即第一、二部的精华版《东亚：传统与转型》(East Aisa: Tradition and Transformation)，1973年由米福林出版社在纽约出版。(此外，克雷格在1976年至1987年还被任命为哈佛燕京学社的主任。)从二十世纪六十年代到八十年代初的二十多年间，这些书是美国大学东亚教学的主要教科书，它们奠定了英语世界中亚洲研究的标准。这些教科书明白晓畅，图文并茂，反映了当时美国东亚研究的最新学术成果。这些教科书被认为是在当时称为"稻田课程"的课程讲义基础上写成的。这是费正清把中国研究融入美国主流学术的努力的一部分。此前，亚洲研究在哈佛似乎被孤立了，而费正清则成功地使亚洲研究在历史、政府、经济学、社会学等系获得了认可和接受。[①]

在东亚研究中心成立后毕业的费正清的学生中，有一些在美国的亚洲研究领域成名成家。其中之一是柯文 (Paul Cohen, 1961年获哈佛大学博士学位)，他于1965年至2000年在卫斯

---

① 克雷格编辑系列东亚教科书和他担任哈佛燕京学社主任的有关情况，见我的《哈佛燕京学社简史》(第17页注解①中曾引用该未刊稿)，并请参考费正清自传第374—375页。这些教科书在伊文思著的《费正清与美国对现代中国的理解》第239—242、319页也有讨论。2004年4月，克雷格也做了一期赖世和讲座，这是东亚中心的一个年度讲座，这一期是和赖世和日本研究所联办的。克雷格演讲的主题是"福泽谕吉：解读历史" (Fukuzawa Yukichi: Interpreting History)。为了纪念克雷格的学术成就，他的学生伯恩斯坦 (Gail Lee Bernstein)、戈登 (Andrew Gordon) 和中井 (音译，Kate Wildman Nakai) 编辑出版了《近代日本的公共领域与私人生活 (1600~1950)：克雷格纪念文集》(Public Spheres, Private Lives in Modern Japan, 1600-1950: Essays in Honor of Albert Craig, 麻省剑桥：哈佛大学亚洲中心，2004)。

理女子学院任教。他的著作《在中国发现历史：中国中心观在美国的兴起》(Discovering History in China: American Historical Writing on the Recent Chinese Past)，1984年由哥伦比亚大学在纽约出版，是他最受欢迎的作品，不但两次被译成中文，还被翻译成日文和韩文。他最近的作品《历史三调：作为事件、经历和神话的义和团》(History in Three Keys: The Boxers as Event, Experience and Myth)，1997年由哥伦比亚大学出版社在纽约出版，重新审视了二十世纪初中国的义和团运动。该书不仅是对这一历史事件的原创性研究，也包含着对历史写作的深刻沉思。由于在哈佛附近任教，柯文毕业后和费正清中心保持了紧密的联系，经常现身于他在中心的办公室里。他和中心的密切联系一直持续到今天：他是中心的特聘研究员，也是执委会成员。他是最活跃的特聘研究员之一，经常应邀在中心举办的研讨会上担任评论人。

戈德曼（1964年获哈佛大学博士学位），在波士顿大学任教多年，为费正清中心及其使命献身了四十多年。她是中心的特聘研究员，是现当代中国知识分子和异议文学的研究专家。她的第一本书《共产主义中国的文学异议》(Literary Dissent in Communist China, 哈佛大学出版社，1967)，确立了她在中国知识分子和政治的关系这一研究领域的专家地位。(她最近的书《从同志到公民：在中国争取政治权利的斗争》(From Comrade to Citizen: The Struggle for Political Rights in China)，记述了后毛泽东时代众多思想活跃的知识分子如何在行动和言论上超越他们的政治恩主而成为独立的活动人士，为争取政治权利不懈奋斗。过去的30年中，她一直帮助组织新英格兰中国系列研讨会（后有介绍）。她还是中国午餐研讨会的组织者，通常每个学年举办五十多次学术演讲，演讲人多是在波士顿地区访问的学者。她也是费正清中心非正式的女主人，为中心新来的学术联系人、即将离开的博士后以及短期到访的从事中国研究的学者举办晚餐聚会。柯文和戈德曼在中心所扮演的角色凸显了大波士顿地区各校的中国研究专家们对中心的活动所作出的巨大贡献。

费正清早期的学生还包括张馨保（Chang Hsin-pao）。他1958年获得哈佛大学博士学位，他的著作（《林钦差与鸦片战争》(*Commissioner Lin and the Opium War*，哈佛大学出版社，1964），是英语世界中研究这一问题的标准文献。可惜，他在此书出版后不久即不幸患癌去世。

小詹姆斯·汤姆森（1961年获哈佛博士学位）在中国的传教士家庭长大，研究美国对外关系。他写了很多有关美国外交政策的文章并在主要期刊杂志上大量发表。在约翰逊总统时期，他作为中国研究专家任职国家安全委员会（1964~1966），后来因为反对美国插手越战，他公开辞职抗议。他返回学界在哈佛任教，担任尼曼奖学金（Nieman Fellowship）主管，随后在波士顿大学任教。在波士顿大学新闻学院，他培训了几名报道中国的新闻记者。他也曾深入参与美国历史学会的活动，并促使学会进一步重视中国研究。芮效卫（David T. Roy）1965

年获得哈佛大学博士学位,后来在芝加哥大学任教。他在其博士论文基础上出版了专著《郭沫若的早年岁月》(*Kuo Mo-jo: The Early Years*,哈佛大学出版社,1971)。他的哥哥芮效俭(James Stapleton Roy),曾担任驻华大使(1991~1995),也曾担任驻新加坡和印尼等亚洲其他国家的大使。

贾祖麟(Jerome B. Grieder,1962年获哈佛大学博士学位)是一个研究中国知识分子兼作家胡适的专家。贾祖麟在布朗大学任教。曼考尔(Mark Mancall,1963年获哈佛大学博士学位),是一位早期现代中俄关系研究专家,后成为斯坦福大学的教授。易劳逸(Lloyd Eastman,1963年获哈佛大学博士学位)在伊利诺伊大学任教多年,是民国史和国民党研究专家。杨玛丽(Marilyn Blatt Young,1963年获哈佛大学博士学位)一开始研究的是美国外交政策,后来又出版了很多关于越南的著作,以及有关东亚和东南亚妇女问题的著作。她现在纽约大学任教。易社强(John Israel,1963年获哈佛大学博士学位)研究民国时期的学生运动,他最近的研究著作《战争与革命中的西南联大》(*Lianda: A Chinese University in War and Revolution*,斯坦福大学出版社,1998),是关于在风雨飘摇的二十世纪四十年代中国顶尖大学联合起来坚持办学的研究。他曾在弗吉尼亚大学任教。

杨格(1965年获哈佛大学博士学位)以著作《袁世凯总统时期:民国初年的自由主义和专制主义》(*The Presidency of Yuan Shih-k'ai: Liberalism and Dictatorship in Early*

Republican China，安娜堡：密歇根大学出版社，1977）而闻名。他在密歇根大学长期任教，2004年11月他以前的学生在安娜堡开会纪念他和费维恺（上文论及）的学术生涯。

兰金（Mary Rankin，1966年获哈佛大学博士学位）的作品写的是二十世纪初的激进知识分子和地方精英。她的成果在最近关于晚清和民国时期中国有没有公共领域的争论中扮演了重要角色。康无为（Harold Kahn，1966年获哈佛大学博士学位）是研究清朝乾隆皇帝的专家，在斯坦福大学任教多年。墨子刻（Thomas A. Metzger，1967年获哈佛大学博士学位）现在斯坦福大学的胡佛研究所，是一位研究清代官僚制度和中国政治思想的专家。

石约翰（John Schrecker，1968年获哈佛大学博士学位）出版了一部著名的解读现代中国历史的著作《历史视角下的中国革命》(The Chinese Revolution in Historical Perspective)，该书2004年由普雷格出版社（Praeger）在康涅狄格州西港市（Westport）出版了第二版。很多大学选用这本书作为中国导论课的教科书。这本书突出了中国历史两个对比鲜明的倾向，其一是将高度的中央集权体制与官僚制相结合的倾向（即郡县制），另一个则是通过亲属关系和个人纽带结合起来的特权精英集团所控制的半独立辖地组成的松散的封建体制。石约翰在布兰迪斯大学任教，经常访问费正清中心，也是中心的研究会员（associate in research）。罗友枝（Evelyn S. Rawski，1968年获哈佛大学博士学位）以

《华南的农业变化和农民经济》(*Agricultural Ehange and the Peasant Economy of South China*,哈佛大学出版社,1972)为题出版了她的博士论文。她在匹兹堡大学任教,但经常来到哈佛校园做学术报告、参加会议或利用图书馆。傅礼门的论文写的是民国初年的议会民主,题为《后退到革命:中华革命党》(*Backward Toward Revolution: the Chinese Revolutionary Party*,加州大学伯克利分校出版社,1974年)。他在威斯康星大学度过了学术生涯。

韦斯特(Philip West,1971年获哈佛大学博士学位)的著作《燕京大学与中西关系:1916~1952》((*Yenching Universitty and Sino-Western Retations*,1916-1952)哈佛大学出版社,1976年),研究的是一所在美国资助下创办起来的中国大学,这所大学在1928年与哈佛联手创办了哈佛燕京学社。该书是第一本用英文写成的相关著作。吴汉泉(Sarasin Viraphol)是一名来自泰国的学生,1974年获得哈佛大学博士学位。他的著作《朝贡和谋利:1652~1853中国与暹罗的贸易》(*Tribute and Profit: Sino-Siamese Trade*,1652~1853,哈佛东亚研究理事会,1977)使他成为中国与东南亚关系的研究专家。他后来成为了重量级的泰国大使之一,并于二十世纪八十年代被派驻菲律宾和日本。今天他仍是一名活跃的关于东南亚地区事务的评论员。欧达伟(R. David Arkush)研究了传奇式的中国人类学家费孝通,并出版了专著《费孝通传》(*Fei Xiaotong and Sociology in Revolutionary China*,哈佛大学出版社,1981)。

除以上这些外，费正清还有很多其他的学生。那些研究现代中国并在历史系或历史与东亚语言项目得到博士学位的学生，通常也会请费正清担任其论文指导委员会的委员。其他研究领域的学生，例如研究印度、日本或朝鲜的学生，也往往向费正清求教，从他那里受到鼓励。取得硕士或博士学位并受到费正清影响的学生为数众多，不胜枚举。笔者将这些学者的名字编成了一张尽可能完整的表，作为附录A附在本书后面。

上面提到的费正清中心早年的学生，还有后来的很多学生，通常会收到邀请在每周四下午五点到哈佛校园附近的温思罗普街（Winthrop Street）41号费正清和费慰梅家里参加茶会。现场提供英式的去皮的小黄瓜三明治。费正清往往作为主持人，确保他的研究生们见到那天来访的教授，并鼓励每个人和其他所有人都进行交谈。今天费正清中心的很多学术联系人都是当年参加那个聚会的研究生，他们常常很兴奋地回忆当年的周四下午茶会。费正清和费慰梅的这一传统并未因1977年费正清退休而中断。[①]

[①] 这个名单显然是不完整的。列出这个名单，是为了说明费正清挑选了有前途的学者，帮助他们获得博士学位，并帮助他们获得理想的教职。这些人都成了这一领域的知名学者。这里提到的大多数人都曾出现在1957~1958博士学位候选人的名单上。这个名单不仅包括研究中国的学生，也包括从事日本和朝鲜半岛研究的学生，共五十人。其中大多数获得了博士学位，很多人经过努力成为了受人尊敬的知名学者。参见哈佛档案东亚研究中心1957~1958年度报告。应当注意的是，很多费正清教过的学生转行进了其他行业，并成为那些行业中的杰出人才。上文提及的这些从事中国研究的学者中，很多在《美国中国学手册》（见17页注解①）中有生平简介，如柯文（第54页至55页）、戈德曼（第110页至111页）、易劳逸（第77页至78页）、傅礼门（第100页至101页）、易社强（John Israel，第150页至151页）、特里尔（Ross Terrill，第313页至314页）、

二十世纪六十年代和七十年代，东亚研究中心有大批关于中国的学术著作问世。其中一些是哈佛大学出版社出版的，这些通常是费正清向编辑们建议的结果。1958年，哈佛大学出版社出版了新发起的"哈佛东亚丛书"（Harvard East Asia series）的第一本书，即费维恺所著的《中国早期工业化：盛宣怀（1844~1916）和官督商办企业》（Industrial Enterprise in Modern China: Sheng Hsuan-huai and the Kuan-tu shang-pan System）。到1965年，该丛书已经出版了二十二部书；到1975年，这个丛书已经包含了七十多本著作。如前所述，一旦从研究生那里收集到足够的优秀论文，"哈佛中国研究论文系列"就会出版一次。更为专业的中国研究成果起初是通过东亚研究中心主持的"哈佛东亚专著丛书"（HEAM Harvard East Asian Monograph series）以平装本出版，后来则以省却了护封的精装本出版。这个丛书中的第一部著作是梁方仲

杨格（Ernest Young，第357页至358页）。这些人中几乎没有中国人。大多数人研究的是十九世纪和二十世纪早期的中国，这也是费正清最感兴趣的历史时期。汤姆森使人们意识到美国的中国学研究队伍正在不断壮大。有关汤姆森的生平，请见美国历史学会网站于2003年2月发表的里德（James Reed）撰写的文章，网址：www. historians.org/perspectives/issued/2003/030。

费正清教过的一个学生阿布拉莫维茨（Morton Abromowitz），从东亚地区研究项目毕业后，在政界取得了傲人的成就。他先后担任美国驻泰国大使（1978~1981）和驻土耳其大使（1989~1991），之后又担任卡内基国际和平基金会（Carnegie Endowment for International Peace）主席（1991~1997）。阿布拉莫维茨像费正清的很多博士毕业生一样，在他的一生中编辑出版了多部作品。柯文、戈德曼在其主编的《费正清的中国世界——同时代人的回忆》（Fairbank Remembered，麻省剑桥，费正清东亚研究中心，1992）多次提及了每周四下午在费正清家中举办的茶会。我采访过的很多人都提到这个茶会的重要性。

的《一条鞭法》(The Single-Whip Method of Taxation in China, 1956年英译本);到1965年该丛书已经出版了十九本专著。

从1958年开始,费正清写的每个年度报告都强调了中心主持或参与的大量学术作品出版。当出版到第三个丛书"哈佛美国与东亚关系研究丛书"(该出版项目系东亚研究中心与历史系合作进行)时,东亚研究中心的出版品清单变得很长很复杂,以至于在东亚研究中心二十年报告中用了七页篇幅、十一个门类介绍1955年至1975年间通过东亚研究中心出版的中国研究著作。费正清对出版研究成果非常重视,他认为这样可以使学术成果流传更广,也可以提高东亚研究中心和作者们的声誉。因此,在费正清的任期内,学术专著陆续出版。哈佛东亚专著丛书直到今天仍在继续出版。①

---

① 费正清在自传第357页至361页提到了学术成果的出版和哈佛大学出版社。无论是否已经完稿,在哈佛从事中国研究的年轻学者通常会把自己的成果呈交费正清,请他提出意见。数十年如一日,费正清总是会仔细地阅读他们的作品并提出细致而有益的意见。费正清努力帮助自己的学生尽早出版学术作品,将此作为研究生培养计划的一部分,这一点连哈佛校外的人也都了解和敬仰。想当初,二十世纪六十年代末七十年代初我在密歇根大学读研究生时,是多么羡慕费正清鼓励研究生出版学术成果啊! 在哈佛大学出版社出版哈佛东亚丛书的过程中,东亚研究中心帮助出版社准备这些著作的后附内容,尤其是其中的术语表(参见下文第147页注解①),这一点在中心早年的年度报告中也常有述及(如哈佛档案馆所藏中心1959~1960和1960~1961年度报告)。早年(1956~1962),正式名称为哈佛东亚专著丛书的这个书系,从1958年起曾被称为"特辑"(Special Series)。1955年起东亚研究中心和历史系联合开办了"美国—远东研究"(American-Far Eastern Studies)项目,该项目从1959年起资助出版了一套参考书。参见东亚研究中心1960~1961年度报告第4页至5页(哈佛档案)。伊文思的《费正清与美国对现代中国的理解》一书第194页记述了这一出版项目。此书第200页也记述了哈佛东亚专著丛书的出版情况。这一丛书中每一部作品的后面都附了一张完整的清单,列出了这套丛书中所有书的书名。

迁入柯立芝楼

1963年，东亚研究中心从敦斯特街16号迁入了剑桥街1737号，也就是后来的柯立芝楼。这里曾是大使宾馆。此前，为了建设被称为霍利奥克（Holyoke）中心的行政中心大楼，哈佛决定开始拆除霍利奥克地段（也就是马萨诸塞大道、霍利奥克街、奥本山街、敦斯特街围着的那一块地方）的建筑物。规划中的新建筑是一栋极具二十世纪六十年代风格的水泥建筑，它形体巨大、气势逼人、异常突兀。这和那些为了给它腾地方而被拆除的充满十九世纪风格的砖石建筑大不相同。早在1957年就已经宣布，规划中的霍利奥克中心和大学健康服务中心将建于此。因此，费正清和其他在敦斯特街16号办公的人几年前就已经知道搬迁到一个新地方仅仅是个时间问题。今天，矗立在那里的笨重的水泥建筑霍利奥克中心大楼很好地利用了室内空间，但其外部设计既陈旧也没有什么吸引力。[1]

---

[1] 霍利奥克中心（Holyoke Center）这一名称于1961年6月正式公布，是为了纪念哈佛大学的第九任校长霍利奥克（Edward Holyoke）。这栋建筑的设计风格被认为是很大胆前卫的，因为这个庞然大物在风格上与周遭建筑大不相同。1957年10月30日，《波士顿旅行家》(Boston Traveler) 刊登的《哈佛筹建卫生中心》(Harvard Plans Health Center) 一文，首次宣布了建设这个新中心的计划。1957年7月17日的《波士顿环球日报》(Boston Daily Globe) 刊登《哈佛的新计划将使老广场焕然一新》(Harvard's Plan Will Give the Old Square a New Look) 一文列出了因为该街区改造将被迁走的一些商业设施。1959年12月30日《波士顿先驱报》(Boston Herald) 刊登了《哈佛筹建新中心》(Harvard Plans New Center) 一文记述了破土动工的实际情形。1963年5月，东亚研究中心执委会会议发布了迁址的通知。参见1963年5月24日东亚研究中心第92次执委会会议记录（哈佛档案）。东亚研究中心这年夏秋迁址，1963年11月完成。肯尼迪总统遇刺也在此时。据石约翰介绍，当时他还是一个研究生，中心那时正计划举行一个乔迁庆祝会，可是肯尼迪总统遇刺的消息传来，庆祝会立即被取消了。关于这一次年中搬迁的情况，参见中心1963~1964年度报告第3页（哈佛大学档案）。

哈佛于1963年5月以137.5万美元买下了大使宾馆。这个六层的砖结构建筑基本上是个公寓式酒店，有九十套公寓和二十四个供短期入住的客房。有些退休的哈佛教授居住在大使宾馆，因为这里还算是校园，并且这里的生活情调比较文雅。客房和公共餐厅很快就被哈佛关闭，长期公寓住户也在随后几个月里被迅速迁出，以便让哈佛的学术单位迁入办公。当1963年下半年各学术单位迁入时，东亚研究中心、俄罗斯研究中心、中东研究中心占据了该楼的第二、三、四层。东亚研究中心在三层。达德利楼的通勤学生也将这里作为他们的活动中心，他们在一楼，直到1967年迁出此楼。只有学生们管理的哈佛广播台没有迁过来。他们在敦斯特街16号的地下室继续工作，直到拆迁工人到这栋古老而自豪的建筑的那一刻，他们才撤离。1967年，为了纪念1910年至1928年担任哈佛图书馆第一任主任的柯立芝（Archibald Cary Coolidge），大使宾馆被重新命名为柯立芝楼。[①]

该楼二层建起了一个餐厅，以供三个研究中心的人们和他

[①] 1963年5月2日《哈佛红》上刊登《哈佛购买大使宾馆，代替达德利和立透楼》(*Harvard Buys Ambassador Hotel, To Replace Dudley, Little Halls*) 记述了哈佛购买大使宾馆的情况及其内部设施。1963年12月20日《哈佛红》上刊《广播站、达德利楼今日搬迁》(*Radio Station, Dudley House Move Today*) 记述了迁入大使宾馆的情况。1963年5月16日《哈佛红》上刊登《哈佛广播站必须于1964年12月前搬出达德利楼》(*WHRB Must Leave Dudley By Dec., 1964* [作者按：原文如此])。1963年9月26日刊登的《达德利楼和立透楼拆迁期限确定》(*Demolition Deadline for Dudley House, Little Hall Revealed*) 记述了1964年初敦斯特街16号拆除情况。费正清在自传第356页把这个时间误记为1960年。关于学生通勤站迁入雷曼楼（Lehman Hall）的情况，参见1967年2月11日《哈佛红》刊登《达德利餐厅关闭，新生不能在此就餐》(*Kitchen Curtain Falls on Dudley: Freshmen Barred From Dining Hall*) 一文。关于1967年柯立芝楼的命名，参见1967年11月18日《哈佛红》上刊

们的客人使用。布莱克夫人是一位令人难忘的女性，她负责管理这里的餐厅，并常准备些简单而可口的饭菜，且引以为豪。这里的饭菜得到三个研究中心的补助。完整的一餐是99美分，因为超过1美元就要纳税。学者们午餐时间聚在一起，边享用美食，边交流学术，这个习惯从敦斯特街16号就开始了。在剑桥街1737号，午餐会成了东亚研究中心根深蒂固的传统。每天的午餐时间，这里的学术讨论非常活泼，可以获取很多信息，新英格兰地区的学者们都被吸引过来，于是很不正式但却令人兴奋的午餐会就在这里扎根了。那时，这里形成的仍是一个由治学严谨的学者们组成的关系亲密的小群体。到二十世纪九十年代，午餐会的规模和参加人员都变了，哈佛教授和高级访问学者主导了这里的聚会，而研究生们因为在柯立芝楼没有办公空间，到这里来的少了，没有过去那样容易见到了。午餐费用的上涨也使得学生们不再过来午餐了。尽管如此，每天中午哈佛中国研究专家在柯立芝楼餐厅里（后来搬到了一层）的午餐会形成了传统并一直延续下来，直到2002年秋这栋楼被拆除为止。

尽管费正清自己很少参加闲聊，也不常来这里参加其他学者们的午餐对话，但他很支持这个活动，因为他欣赏聚会所体现的合作共事的精神。他的幽默和微笑使得东亚研究中心的交流更为轻松，也使中心充满了好客的气氛。自我调侃是费正清人格的一个重要方面。例如，1962年10月，当他给东

登《达德利餐厅的老地址被命名为柯立芝楼》(Dudley House's Old Home Christened Coolidge Hall)。

亚研究中心提交一份备忘录的时候，就把自己称为"蒋介费"（"Chiang K'ai Fairbank"）①。二十世纪五十年代初，一些重要的公众人物被指责弄丢了中国，应该为共产主义在中国取得胜利负责。费正清喜欢开玩笑说五个约翰弄丢了中国。然后，他会面无表情地说出这五个人的名字：约翰·C.文森特（John Carter Vincent，即范宣德）、约翰·S.谢伟思（John Stewart Service）、约翰·P.戴维斯②（John Paton Davies）、约翰·K·费（John King Fairbank，即费正清）、约翰·介石③（John Kai-shek）。

费正清的冷幽默有时被同事们模仿。例如，1987年费正清八十寿辰那天，汤姆森准备了一封信给费正清夫妇，信的落款是中国学者"吴（无）其人"，说是要送两件珍贵的青铜器作为礼物。费正清的中文姓氏是费，他夫人原姓大炮（Cannon），费正清在南达科他州苏福尔斯（即信中所调侃的"那个不起眼的小国——苏国"）长大，夫人则在马萨诸塞州长大（即信中所谓的"马国"）。

敬爱的约翰和威尔玛：

我在此把从河南发掘的小贡品送给你们。由于我和同事

---

①蒋介石之"蒋"（Chiang）与费正清的英文名"约翰"（John）音近；蒋介石之"介"在英文中习惯转写为"K'ai"，与费正清的中间名缩写"K."音近。——译者注
②约翰·C.文森特、约翰·S.谢伟恩、约翰·P.戴维斯：皆为美国外交官，中国问题专家。二十世纪五十年代麦卡锡委员会曾指控他们三人为共产党奸细。——编者注
③约翰·介石：即蒋介石。——编者注

们对这些物品的年代鉴定有争议，我们不能把它们作为真品献给研究所。然而，我个人颇以为它们是真品，我认为你们会很高兴收藏它们。

如果贡品上面的铭文是真的，那么这就是苏国的费公确有其人的第一份确证。费公是公元前三世纪文字记载中几个时至今日仍让人难以置信的故事的主人公。据说，在那个不起眼的小国苏国，费公起初是皇家的一名负责销毁文书的职员。有个故事说，苏国当时正遭敌国攻打，很多人准备逃跑。然而，费公发誓"与苏国共存亡"，他的话激起了苏国人内心的羞耻感，鼓舞他们奋起保卫自己的城池。这种高尚的行为当然在中国的戏剧中保留了下来。据我所知，即便在你们国家的中西部，也有一个偏僻的城市以此命名，以示纪念。费公的英勇赢得了达官贵人的赏识。很快，他被任命为皇家银行行长。据说，他管理着一个相当公平的银行（pretty fair bank）[①]。

其后不久，据说，费公被马国一位倾城倾国的美女给迷住了。她是如此漂亮，在当地被称为"大炮女子"（"Cannon maiden"）。她拒绝了很多贵族子弟的追求，而有人听到费公大喊："没有不能攻陷的大炮。"结果，她嫁给了费公，这段婚姻被称为"费公的大炮"，这可能就是苏国能够一直延续到秦朝统一前夕才灭亡的原因。全中国人都相信，费公早在枪炮火器发明的一千五百年前，就已经预知这些了。

公元前四世纪，政局动荡，苏国的王室没落了，费公先

---

① 费正清的英文姓氏 Fairbank 拆开便是"公平的银行"（fair bank）之意。——译者注

是成为了摄政王，后来成为国君。他击败了所有的挑战者并长期执政。在位如此之久，被公认为创造了后来在世界各地的封建制度中广泛流行的终身制[①]。

我们最终能够理解司马迁迄今为止让人难以捉摸的那句评论了。司马迁说："费公之铁饭碗，是也。"当然，从来没有考古证据证实"费公的铁饭碗"真的存在，学者们相信这种说法是汉初的杜撰。我在此把最新的发现通过航空包裹寄给你，这一发现是司马迁所做评点的第一份铁证。我希望你们这些哈佛的专家能够比我们幸运，有办法将它们鉴定为真。

祝您生日快乐，身体健康！

老朋友

吴（无）其人

考古研究所可疑古物系

北京

1987 年[②]

[①]"终身制"在原文中的措辞为 tenure system，这和"终身教职制度"是同一个词。——译者注

[②]费正清非常重视通过一起用餐来增强中心的大家庭气氛。很多中心的学者回忆起午餐会都满怀喜悦之情。这个传统一直延续到 2002 年从柯立芝楼迁出之际。2002 年至 2005 年，在马萨诸塞大道 625 号时这个传统也在一定程度得以恢复。费正清在自传（Chinabound）第 357 页提到了当时的会餐区。很多人都会回忆起令人印象深刻的布莱克夫人，其中包括曾在 1970 年至 1978 年为傅高义工作的罗叟（Anna Laura Rosow）。罗叟为我清楚地讲述了当年中心勤勤恳恳、和衷共济的气氛，参见 2005 年 3 月 4 日与罗叟的访谈。有关"蒋介费"（Chiang K'ai-Fairbank）的笑谈，参见哈佛档案馆费正清档案中 1962 年 10 月 2 日《给东亚研究中心执委会的备忘录》（Memorandum To: Executive Committee of East Asian Research Center）。伊文思在他所写的费正清传记中记录了很多费正清自嘲的笑话，在第 313 页至 314 页就有一例。关于五个约翰弄丢了中国的笑谈则是 2005 年 4 月 11 日马若德告诉我的。汤姆森写的"信"在费正清东亚研究中心档案中。

1965年，三位新的教授应邀加入中心的执委会。其中一位是罗索斯基（Henry Rosovsky，1959年获哈佛大学博士学位）。他是研究日本经济和二十世纪经济发展的专家。当他还在哈佛读研究生的时候，有一天被费正清叫去。此前，他从未见过费正清，此时费正清却鼓励他转向中国研究。费正清敏锐地意识到中国研究领域缺乏训练有素的经济学家，这一点他曾在写给文理学院院长的年度报告中多次提到。但是，罗索斯基曾在日本呆过，对日本的经济生活非常着迷，因此尽管费正清再三恳求他转向，他仍然留在东亚研究中的日本研究领域。当罗索斯基1965年成为哈佛教员时，费正清立刻邀请他加入执委会。他后来成为文理学院的院长（1973～1984）。作为亲密的朋友，他对费正清发展中国研究的努力给予了大力支持，他也同样支持继任的傅高义主任和珀金斯主任在东亚研究中心创建的项目。

德怀特·珀金斯（1964年获哈佛大学博士学位），是受过经济学训练的中国研究专家，1965年被哈佛聘用时才刚刚毕业。在他的职业生涯中，他出版了很多关于中国、韩国及其他东亚、东南亚国家经济发展和经济史的著作。其中最为著名的有《中国农业发展：1368～1968》（*Agricultural Development in China, 1368～1968*），1969年由阿尔定出版社在芝加哥出版。这本书激发人们重新思考中国古代的粮食生产以何种方式促进了其人口的大规模增长；《共产主义中国的市场控制和计划》（*Market Control and Planning in Communist China*，哈佛大学出版社，1966年）研究中国从市场经济到计划经济的转型；《中国：亚洲的下一个经济巨人？》(China: Asia's Next Economic Giant, 西雅图：华盛顿大学出版社，1986）则是以他在华盛顿大学杰克森讲座的演讲为基础编写而成的。他也与他人合写了由韩国研究所参与出版的韩国经济和社会现代化丛书（详见下文）中的两部书，其中一部是综合卷《韩国经济和社会现代化》(The Economic and Social Modernization of Korea)〔与梅森（Edward Mason）、金一万（Kim Mahn Jae）、科尔（David Cole）、金光林（Kim Kwang Suk）合著〕。他后来对东南亚尤其是越南经济的研究同样赢得了人们的尊重。二十世纪七十年代初越战时期，他经常应邀做评论和分析，他是当时能够对东南亚经济做出权威发言的为数不多的美国人之一。

孔杰荣（1955年获耶鲁大学法学博士学位）当时是为数不多的几个中国法律研究专家之一，他现在仍然是这一领域的杰出学者。在费正清的敦促下，他于1964年来到哈佛任教一年。1965年，他接受挽留并在哈佛法学院设立东亚法律研究项目，这样的项目在当时的美国屈指可数。他管理这个项目达十六年之久，直至1981年他离开哈佛，加入了宝维斯律师事务所，今天他已成为该事务所的一个高级合伙人。1990年起，他在纽约大学法学院任教。在纽约大学，他的最受欢迎的课程之一是"国际法——东方与西方"。他也为被拘留于中国大陆和台湾的那些人的家属提供慈善法律服务。他经常访问费正清中心和哈佛法学院,在这里他的学术报告总能吸引很多的听众。[1]

另一位在哈佛任教的学者余英时(Ying-shih Yu),是新儒家和传统哲学思想的专家。他1962年获得哈佛大学博士学位。1968年至1977年,他在哈佛任教,并且是东亚研究中心执委会成员。他发表了大量的作品,中英文皆有。离开哈佛后,他到耶鲁大学任教,最后在普林斯顿大学落了脚。他在普林斯顿执教很久,直至2000年退休。他总是为年轻的华裔学者提供帮助,经常鼓励他们,可能是因为他对这些年轻

---

[1]罗索斯基在1991年至1992年担任哈佛文理学院代理院长。2005年2月8日,在访谈中他对我谈到了费正清。有关罗索斯基担任代理院长的论述,参见史密斯(Richard Norton Smith)所著《哈佛世纪:为国家打造一所大学》(*The Harvard Century: The Making of a University to a Nation*,麻省剑桥:哈佛大学出版社,1986)。1958年9月,珀金斯第一次见到费正清(他在2005年3月4日的访谈中回忆)。和其他人的印象一样,珀金斯记得当年的执委会会议主要是由费正清报告中心发生的事情,而不是让大家放开讨论中心的政策。2005年时,珀金斯仍然位列费正清中心执委会。1964年,孔杰荣从加州伯克利大学法学院来到哈佛大学,开办中国法律研讨会。参见中心1964~1965年度报告第2页。1978年2月7日《哈佛红》上弗劳尔斯(Christopher Flowers)在其撰写的《东亚法律研究项目获得基金会资助》(*East Asian Legal Studies Receives Foundation Grant*)一文中,记述了东亚法律研究项目获得了福特基金会37.5万美元的支持。在东亚法律研究项目之前,哈佛法学院有一些关于国际法的课程,其中最早的是1954年开设的《国际法》课程。有关情况参见哈佛法学院档案中《哈佛法学院院长给哈佛学院院长的报告,1982~1983》(*Report of the Dean of the Law School to the President of Harvard College*,1982–1983)第255页。

孔杰荣回忆了1961年他在伯克利的列文森家里与费正清第一次会面的情形。当时,费正清把费慰梅带到一个大窗户前,看看下面的闪烁的灯光,对她说:"慰梅,前面就是旧金山。"孔杰荣当时认为最好纠正一下。于是他说,"费正清教授,实际上,那是奥克兰。"他的话使得这个夜晚少了些诗意,但没有影响他们之间的关系。2005年3月3日,在访谈中孔杰荣回忆了这次最初的会面。

人为在美国发展事业而做的奋斗感同身受。他现在是蒋经国基金会的董事。①

1969年,还有三位年轻学者曾在东亚研究中心办公,他们后来返回了哈佛并成为哈佛教授。入江昭(Akira Iriye,1961年获哈佛大学博士学位),是美国对外政策,尤其是美国东亚政策方面的专家。他早年的著作题为《后帝国主义:远东新秩序探索,1921~1931》(*After Imperialism: The Search for a New Order in the Far East*, 1921~1931,哈佛大学出版社,1965)。几乎所有讲授战前美国与太平洋地区国际关系的大学课程都把该书列在了它们的书单上。他在1988年担任了美国历史学会主席,1989年应邀返回哈佛任教。他是一位著作等身的学者,他在美国外交史领域的造诣得到了同行们的公认。1991年他担任了华伦(Charles Warren)美国史讲座教授,后于2004年退休。

1969年,杜维明(Weiming Tu,1968年获哈佛大学博士学位)也在东亚研究中心修改他的关于王阳明的论文。1976年该论文以《知行合一:王阳明的青年时代,1472~1509》(*Neo-Confucian Thought in Action: Wang Yang-ming's Youth, 1472~1509*)为题由加州大学出版社在伯克利出版。

---

① 蒋经国基金会的全称是"蒋经国国际学术交流基金会"。关于余英时担任蒋经国基金会董事的情况,参见2004年9月/12月号《问题和研究》(*Issues & Studies*)杂志(编号40 2/3)第283页布朗(Deborah Brown)撰写的《资助台湾研究的机构:一份选择性的概览》(*Organizations That Support Taiwan Studies: A Select Overview*)一文。

他早在台湾时就已经开始研究儒家，在哈佛时他的研究扩展到社会科学和哲学领域。随着这部著作的出版，杜维明坚定了他一生的学术兴趣：新儒家思想与它的哲学理念应当如何调整以适应当代生活。他认为，新儒家应当扮演的角色之一就是要作为一个勇于担当的公共知识分子，对社会的责任要求他们必须就公众关心的议题仗义执言。杜维明认为，一个公共知识分子应当关心政治、积极参与社会生活、具有敏锐的文化触觉、见多识广。在伯克利任教数年后，杜维明于1981年重返哈佛，并从1996年起担任了哈佛燕京学社社长。

孔飞力（Philip Kuhn，1964年获哈佛大学博士学位），下文将论及他二十世纪八十年代担任中心主任的工作。他也是在哈佛获得博士学位，后来回到哈佛担任教职。[1]

1970年出现在中心的研究生中有黎安友（Andrew Nathan）、海弗德、蒲地典子。黎安友（1971年获哈佛大学博士学位）的论文研究了民国初年（1916年至1928年北洋军阀政府时期）的中国派系政治。这也是他的处女作《1918年至1923年的北京政治：派系纷争和宪政的失败》（Peking Politics, 1918~1923: Factionalism and the Failure of

---

[1] 入江昭1991年至1995年担任赖世和中心主任。他退休时，很多从前的学生参加了他的退休聚会。杜维明于二十世纪八十年代获得了哈佛的教职；其后不久，他加入了东亚研究中心执委会。杜维明在燕京学社任职的情况在我的《燕京学社简史》（A Brief History of the Harvard-Yenching Institute）中有论述（第17页注解①中曾引用该书）。入江昭的作品在他的日本同行中得到广泛认可，而杜维明也在中国奠定了自己的学术声望。

Constitutionalism，伯克利：加州大学出版社，1976）一书的主题。1985年克诺夫（Knopf）出版社在纽约出版的《中国民主》（Chinese Democracy）是他最著名的作品。他还编辑了《天安门文件》英文版。(此处较英文版有删节)海弗德（1973年获哈佛大学博士学位）研究的是中国教育家和社会活动家晏阳初，他的第一部著作题为《到群众中去：晏阳初和乡村中国》（*To the People: James Yen and Village China*，纽约：哥伦比亚大学出版社，1990）。他现在是美国西北大学访问教授，也曾在哈佛暑期学校任教多年。他每次回到哈佛的时候，总是会访问费正清中心。蒲地典子（1973年获哈佛大学博士学位）与费正清和市古宙三（Chuzo Ichiko）合作编纂了一部研究文献目录，题为《日本近代中国研究书目指南：1953年以来日本历史学和社会科学领域有关十九世纪与二十世纪中国的研究成果》（*Japanese Studies of Modern China Since 1953: A Bibliographical Guide to Historical and Social Science Research on the Nineteenth and Twentieth Centuries*，东亚研究中心，1975）。费正清一直强调日文研究文献对理解中国的重要性，这在这部指南中得到了反映。蒲地典子自己的研究关注的是十九世纪末日本现代化的努力在多大程度上引导了中国的改革者。在这方面，她出版了专著《中国的改革：黄遵宪与日本模式》（*Reform in China: Huang Tsunhsien and the Japanese Model*，东亚研究理事会，哈佛大学出版社，1981）。她已在迪尔伯恩密歇根大学

任教多年。[1]

越战风云中的哈佛

当二十世纪六十年代美国在越南战争的泥沼中越陷越深的时候，美国学生的反战行动也越来越激烈、越来越暴力。哈佛学生加入了那些激进分子中——例如，参与了1969年10月全国范围的罢课。身为亚洲研究专家，大部分与东亚研究中心有联系的教授——包括费正清在内——都花了大量时间与学生团体会谈。表面上，他们是要为学生们提供与时事相关的背景知识，以期引导学生们的讨论，让他们得出的结论更站得住脚。但实际上，这些亚洲研究专家们也竭尽全力将一些年轻的活跃分子鼓吹的种种具有潜在暴力性或破坏性的活动化解于无形。问题是费正清坚持对活跃分子向他提出的挑战性问题给出思想深刻和客观理性的回答，结果学生认定他实际上是当权派的一员，不能信任。很多费正清的学生批

---

[1] 这些作品主要是：由张良（Zhang Liang）收集、黎安友（Andrew Nathan）和林培瑞（Perry Link）合作编辑的《天安门文件》(The Tiananmen Papers)，2001年公共事务出版社（Public Affairs）在纽约出版；黎安友、杜林（Bruce Gilley）编《中国的新统治者：秘密文件》(China's New Rulers: The Secret Files)，2002、2003年纽约评论出版社（New York Review）出版。在这些作品出版之前，黎安友就已经是人权议题方面的积极鼓吹者。林培瑞（Perry Link，1976年获哈佛大学博士学位）是一位研究现代中国小说的专家，在普林斯顿大学任教。费正清、蒲地典子合作编辑的研究文献书目《日本近代中国研究书目指南》中还包括市古宙三。市古宙三在日本工作多年，曾担任日本东洋文库（Toyo Bunko）的负责人，事业非常成功。蒲地典子最新的英文著作是《日本的文化和习俗》(Culture and Customs of Japan)。这本书1999年由绿林出版社（Greenwood Press）在康州韦斯特波特（Westport, CT）出版。

评他是个软弱的自由派分子，没有明确的反战立场。学生们觉得，就他们提出的有关战争的种种问题，费正清做出的回答细致入微、四平八稳，这只是让政府继续其声名败坏的政策、让军事工业集团继续从战争中牟利，而置越南人和美国人的生命于不顾的一种手段。哈佛和其他地方的反战研究生组织了一个关心亚洲问题学者委员会（CCAS, Committee of Concerned Asian Scholars），呼吁以一种新的方式理解亚洲。在他的研究生韦斯特和其他人的安排下，费正清本人协助并出席了该委员会的第一次组织大会。

二十世纪七十年代初，费正清和哈佛学派受到关心亚洲问题学者委员会成员们的严厉批评。费正清是东亚研究中心曝光率最高的人物。他经常与学生们会面讨论越南问题，他打心眼里乐意这样做，也觉得自己有责任这样做。傅高义和东亚研究中心执委会的其他委员也同样尽力规劝学生中的积极分子。

越战让哈佛在 1969 和 1970 两年处境艰难。随着学生们的反战示威蔓延，所有日常活动都受到了干扰。1969 年，学生们占领了大学楼（University Hall），这里是哈佛文理学院的行政中心，也是文理学院院长办公室的所在。1970 年暴力甚至在离柯立芝楼更近的地方发生了。这年的 4 月和 5 月，热烈的讨论转变成了肢体冲突。4 月份，在哈佛广场发生了约一千五百人参加的骚乱，高峰时骚乱的人数一度达到三千人。一个名为"11 月行动联盟"（November Action Coalition）的组织从波士顿公共绿地（Boston Common）一路游行到哈佛广场，沿途焚烧了两栋楼，打劫了多家商店，还烧毁了两辆警车。剑桥市的防暴警察对广场上的人群使用了警棍并发射了催泪瓦斯，同时由二千人组成的马萨诸塞州国民卫队进入待命状态，准备增援警方。同样的情形在普罗维登斯（Providence）、伯克利、底特律都有发生。战争议题充斥了哈佛校园，气氛十分紧张。

1970年5月5日，在俄亥俄州的肯特州立大学，俄亥俄州国民卫队镇压了一次反战示威，造成4名学生遇难、11名学生受伤。残忍动用武力，镇压手无寸铁的反战学生刺激了很多美国公众，导致舆论沸腾。在大学生中尤其如此，他们在此之前就已经因首都华盛顿的政府领导人拒绝承认他们反战的合法性而备感愤怒和沮丧了。肯特州立大学射杀学生的消息一传来，波士顿地区各主要大学的学生立即开始罢课抗议。第二天的晚上，大约二百名"争取民主社会学生联盟"（SDS, Students for a Democratic Society）的成员决心攻击香农楼（Shannon Hall）。这栋楼位于哈佛校园的东北角，与梵瑟楼（Vanserg Hall）相邻，在弗朗西斯街上，夹在哈佛神学院的建筑物中间。香农楼和梵瑟楼都是美军在1943年前后建造的，二战中他们在此进行军事培训。至今这两栋楼仍在使用，也还保留了一些军事气氛。二十世纪七十年代，香农楼用于大学储备军官项目（ROTC）。当争取民主社会学生联盟的那些学生向香农楼进发，途经神学街（Divinity Avenue）时，他们遭到一群哈佛学生的阻挠。这群哈佛学生大约有三百五十人，他们反对袭击香农楼。他们主张，抗议必须保持在辩论和用语言交流思想的范围内。

这两个相互对立的队伍旗鼓相当。他们在神学街上发生了摩擦，互扔石头。当晚在场的学生中有很多人也对国际事务中心（CFIA, Center for International Affairs）持批评态度。此前，当学生们质问该中心的教授是否为美国政府提供外交政策方面的建议时，该中心的回答模棱两可、语焉不详。该中心的一些教授确实与政府签了合同，为政府提供咨询，但是，在当时那种存在代沟的情况下，很多国际事务中心的成员，以至哈佛老师都普遍认为，那些抗议学生的做法已经超出了学术讨论的适当范围。

当时，国际事务中心位于神学街4号的一栋红砖楼内，就是今天中东研究中心所在的那栋楼。民主社会学生联盟的那些学生，被阻挡在前往香农楼的路上，开始向他们认为是国际事务中心的楼投掷石块。但实际上他们袭击的是哈佛燕京学社，哈佛燕京学社也在一栋红砖楼内，位于神学街2号，与神学街4号紧邻。这些学生打碎了哈佛燕京学社所有的玻璃，使得哈佛燕京图书馆内的无价文献陷入险境。神学街2号的保安措施从此升级了，这在其后的六个月里让大家觉得这里遭到了威胁，尽管实际上这里再也没有发生任何实质性的袭击事件。不过，那年的12月，一颗炸弹在神学街4号国际事务中心的图书馆附近爆炸，炸毁了三个相邻的办公室。所幸无人受伤。就在那个时候，国际事务中心把它的简称从

CIA①改为了 CFIA，而神学街 2 号的红砖楼上也贴了一个路标，指向国际事务中心，避免有人把哈佛燕京学社的财产误认为是国际事务中心的而加以破坏。

学生们在 1970 年 5 月那天晚上的行动让东亚研究中心的教授们十分错愕，也让他们感觉受到了威胁。执委会中的大多数委员觉得尽管东亚研究中心没有遭到袭击，但它就在剑桥街上，和事发地点仅隔一个街区，很容易遭到袭击。炸弹恐慌笼罩着整个校园，东亚研究中心遭到袭击的可能性也让人感觉越来越大了。但威胁没有吓倒费正清。尽管他也会和大家一起从大楼内疏散出去，但只在路边等待十分钟后，他就会宣布大楼安然无恙，接着回到楼内继续工作。

就在学生们袭击哈佛燕京学社的第二天，傅高义给基辛格（Henry Kissinger）写了一封信。信的开头说："我写信给您表达我对我们国家前途命运的急切忧虑。我从未经历过这么严重的危机。我无法告诉您，学生们现在的情绪离彻底暴动推翻华府还有多远。"在东亚研究中心的很多人看来——事实上，对整个亚洲研究领域的很多人看来，越战给哈佛校园带来的紧张气氛直到几年后美国从越南撤军才开始缓和。

1968 年，当有关越南的混乱局面仍在持续之时，美国历史学会宣布设立一个名为"费正清奖"（John K. Fairbank Prize）的奖项。该奖项的设立是由当时在哥伦比亚大学的克

---

① CIA 也是美国中央情报局（Central Intelligence Agency）的缩写。——译者注

莱因（Donald Klein）和博格（Dorothy Borg）首先建议的。这个奖要颁发给"有关1800年以后中国本部、越南、中国中亚①、蒙古、满洲、朝鲜半岛或日本研究的最优秀的历史著作"。1969年，该奖项第一次颁发，金额是500美元；但从1985年起，该奖每年颁发一次，奖金1000美元。②

---

① "中国本部"在英语中一般是指边疆地区以外的中国国土，其范围大体相当于清代的"关内十八省"，以别于采取少数民族聚居的中国东北（满洲）、内外蒙古、西藏、新疆等中国边疆地区。"中国中亚"一般指中国在中亚地区的领土，即新疆。——译者注
② 1969年10月的大罢课在当年10月15日《哈佛红》的《结束越南战争：支持民族解放阵线》(End the War: Support the NLF)一文中有记述。1970年4月16日《哈佛红》的《暴乱破坏了哈佛广场：窗户被打碎，数十人受伤》(Rioting Devastates Harvard Square; Windows Smashed, Scores Injured)一文详细记述了发生在哈佛广场的暴乱。1970年5月5日《哈佛红》上《卫兵杀死四名肯特州立大学学生；罢课席卷全国》(Guard Kills 4 at Kent State; Strikes Sweeps Nation)一文记述了肯特州立大学流血事件和学生决定罢课的情况。国际事务中心（CFIA）拒绝否认自己的教授和美国政府有联系，其中一例参见1970年5月7日《哈佛红》的《国际事务中心的澄清声明》(The Mail; CFIA Clarification)。1970年5月6日《哈佛红》上《争取民主社会学生联盟攻击香农楼失败》(SDS March on Shannon Hall Fails)记述了那个晚上学生对哈佛燕京学社的攻击。当时东亚研究中心的办公室在邻近的梵瑟楼里。1970年12月7日的《哈佛红》上《国际事务中心爆炸损失不大》(CFIA Bombing Damages Little)一文记述了国际事务中心图书馆的爆炸事件。当时担任国际事务中心图书馆馆员的菲尔德（Maury Feld）在2004年12月的访谈中提到，当年激进组织"争取民主社会学生联盟"（SDS）的学生曾在爆炸前来图书馆附近踩点。当时，哈佛教师普遍认为这些学生就是一群"暴民"，参见我在《哈佛燕京学社简史》（第17页注解①曾引）中所引哈佛燕京学社的会议记录及1970年5月18日傅高义写给费维恺的信（见哈佛档案馆傅高义档案）。
　　关于傅高义写给基辛格的信，参见哈佛档案馆傅高义档案中1970年5月7日的信。有关对费正清的批评，参见费正清本人的自传（Chinabound）第399页。那些年里哈佛的不安和危险，在埃文斯的费正清传记中第274页至275页有记述。在傅高义给基辛格写信两天前，一些哈佛的亚洲问题研究专家给当时的尼克松总统发了一封电报，催促他把美军从东南亚撤回来。签名的专家里包括费正清、史华慈、孔杰荣和罗索斯基。参见1970年5月5日《哈佛红》上的《十一位亚洲研究专家联名发电报吁请撤军》(11 Asian Specialists Urge Withdrawal in Telegram)一文。2005年3月4日罗叟在访谈中谈到，尽管有了炸弹威胁，但费正清仍然坚持工作。
　　关于费正清图书奖（Fairbank Book Prize），请浏览网页：www.historians.org/

东亚研究中心当时正在积极推动设立一个越南研究项目，或者至少在哈佛教授越南语并开设一些关于越南的课程。越南战争期间，有人找到费正清，要他开设一些有关越南的短期培训项目。但是他觉得，哈佛的角色应该是推动长期的研究，以增强对越南的理解。一个年轻有为的加拿大学者受聘教授关于越南的课程，让学生们从学术角度认识越南。这位学者是吴才德（Alexander Woodside，1968年获哈佛大学博士学位），曾是费正清招收的研究生。他的论文以《越南和中国模式：十九世纪上半叶阮氏王朝和清王朝文官政府的比较研究》（*Vietnam and the Chinese Model: A Comparative Study of Nguyen and Ch'ing Civil Government in the First Half of the Nineteenth Century*）为题由哈佛大学出版社于

---

prizes/A WARDED/Fairbank. 美国历史学会（American Historical Association）制定的评奖规则是："任何有关现代或当代中国的未出版的首部英文专著都可以考虑。评委们希望被选作品能够将博士论文的专题研究放在更为宽广的比较分析、理论分析或历史分析框架中，能够扩展知识、引发人们思考论文主题之外的更多问题。获得学位到提交手稿之间的时间间隔没有限制。评审委员会委员由费正清中心主任任命，委员中可能包括中心的学者，也会包括不从事中国研究的其他领域的专家。哈佛大学出版社对获得费正清图书奖的作品享有优先出版权。"第一届的费正清图书奖于1969年颁给了奈地田哲夫（Tetsuo Najita）的作品《妥协政治中的原敬，1905~1915》（*Hara Kei in the Politics of Compromise, 1905-1915*）（麻省剑桥：哈佛大学出版社，1967）。哈佛师生中，曾获得费正清图书奖的有：贾祖麟（Jerome Grieder，1971年得奖）、艾恺（Guy Salvatore Alitto，1979年得奖）、杜赞奇（Prasenjit Duara，1989年得奖）、赖世和研究所的戈登（Andrew Gordon，1991年得奖）、埃克特（Carter Eckert，1992年得奖）、裴宜理（Elizabeth Perry，1993年得奖）、柯文（Paul Cohen，1997年得奖）等。桑德（Jordan Sand）2004年获得这个奖项，获奖作品是《现代日本的房屋和家庭：建筑、室内空间和资产阶级文化，1880~1930》（*House and Home in Modern Japan: Architecture, Domestic Space, and Bourgeois Culture, 1880~1930*），哈佛大学亚洲中心出版，被列为泽默主持下的出版项目中的一部作品（详后）。

1971年出版。费正清力主哈佛聘他为历史学助理教授。吴才德是个很受学生欢迎的老师。在美国公众对美国插手越南战争备感忧郁苦闷的日子里，他的课"越南现代史"每个学期都轻而易举地吸引了二百名学生。学生们的反战情绪和对他的畅快坦诚风格的欣赏使他赢得了很多学生粉丝，也赢得了费正清的坚定支持。但是，1976年，他返回了加拿大。不列颠哥伦比亚大学给了他一个职位，他在那儿任教多年，出版了很多关于越南的著作，直至退休。1969年，福特基金会承诺，只要能找到配套资金，就给哈佛30万美元设立一个关于越南的永久职位。可是，哈佛花费了整整十年时间才为这个岗位找到了充足的资金。1979年，一个越南研究项目终于正式启动了。[1]

罗斯·特里尔（1970年获哈佛大学博士学位）来自澳大利亚。二十世纪六十年代后期，他在政府系读研究生的时候

---

[1] 在不列颠哥伦比亚大学，吴才德取得了辉煌的学术成就，出版了有关大量越南历史的著作。2001年，他作为费正清中心举办的赖世和系列讲座的主讲人，应邀回到哈佛大学。他演讲的主题是《中国、越南和朝鲜与世界史的风险》。关于早期把越南研究引入哈佛大学的情况，请参阅哈佛档案中的东亚研究中心1969～1970年度报告第22页。当时有传言说，费正清对评审委员会说，如果评审委员会不给吴才德终身教职，费正清本人将会辞职。伊文思调查认为，费正清实际上说的是他不会再到历史系去（2005年4月，我与伊文思的通信）。有关这个故事的一个版本以及对吴才德与学生关系的精彩描写，参见1975年5月23日《哈佛红》上李汤姆撰写的《教室里的战争》(The War in the Classroom) 一文。费正清在自传第391页和393页提到了吴才德。费正清为启动这个项目所做的努力和从福特基金会获得的30万美元资助的情况在埃文斯《费正清与对现代中国的理解》一书第263页至264页。费正清希望在1965年开设越南语课程的愿望在1965年6月17日《给东亚文明委员会的报告（第8号）》(Report to the Committee on East Asian Civilizations) 第40页有记述（哈佛档案馆东亚中心档案）。有关东亚系预定在1971年正式启动越南语课程的记述，参见中心1970～1971年度报告第22页至23页（哈佛大学档案）。

和东亚研究中心建立了学术联系。他来的时候正赶上校园里的反战示威。他二十世纪六十年代曾去过中国，而美国公民在当时被禁止到那里去。1970年至1978年，他在哈佛任教；近年来，他则在奥斯汀得克萨斯大学任教（1998~2003）。特里尔利用他在中国研究领域的学术训练和对中国内政、外交及国际事务的广泛兴趣，为受过良好教育的普罗大众写作通俗易懂的读物。他在媒体有着很高的知名度，经常应邀评论中国时事。由于读者众多，他的很多书销量很好，让学究型的专家们很是羡慕。他最近的书《新中华帝国：它对美国意味着什么？》(*The New Chinese Empire and What It Means for the United States*) 于2003年由贝斯克出版社（Basic Books)在纽约出版，并于2004年获得了洛杉矶时报图书奖(Los Angeles Times Book Prize)。这本书探讨了中国是会以专制手段继续坚持其传统的政治理念还是会试图转型为一个更加开放、看上去更加现代的国家。直至今日，特里尔仍与中心保持着联系，担任中心的研究会员。[①]

费正清1977年七十岁时从哈佛退休。当时他的身体仍然

[①] 特里尔已经售出了成千上万本面向普通读者的书。迄今为止，他已经出版了七部这样的作品。他最畅销的书是《八亿人：真正的中国》(*800,000,000: The Real China*)，由纽约立透出版社和布朗出版社分别于1972、1973、1975年出版，并在日本、德国、中国、挪威和英国出版。1976年，他未能获得政府系终身教职，他的事情在当时的学生报纸上有报道。参见1976年9月29日《哈佛红》上塞里格曼（Nicole Seligman）撰写的《特里尔未获终身教职，或将离开哈佛》(*Terrill May Leave Post at Harvard, Will Not Receive Tenure*) 一文，及1976年10月2日，塞里格曼撰写的《他还没有获得终身教职？》(*Didn't He Have Tenure Already?*) 一文。

健朗,并已成为全世界最著名的研究现代中国的美国学者。由于中国大陆和台湾地区出版了大量关于他的中文作品,他在中国人中间也很出名。可是,不幸的是,海峡两岸的中国人都觉得他颇有可议之处。台湾学者认为他亲共、过于自由派,因为他拒绝谴责中华人民共和国及其领导人。大陆学者则批评他是一个老套的帝国主义分子,总是讨论来华的基督教传教士以及西方对中国的影响。直到二十世纪八十年代末,对费正清及其作品的较为客观的评价才开始出现。他退休时,出于对他的尊重,也为了纪念他对美国的中国研究领域的发展所做的巨大贡献,东亚研究中心更名为费正清东亚研究中心。费正清于1991年去世,享年八十四岁。次年,他的两个学生,也是长期共事的同事——柯文和戈德曼——出版了《追忆费正清》(*Fairbank Remembered*)。这本书收集了很多与费正清熟识并和他共事的人们——尤其是那些在哈佛的人们——对他的回忆。①

---

① 1979年,费正清患了一次轻微的中风,但他仍然十分活跃,坚持写作。他在自传第449页至454页记述了自己的退休和中风的事情。关于反对费正清的书,其中一例如徐高阮编译的[《费正清与毛共》(台北:中华杂志社,1966)]。有关这个批判运动的评论,请见伊文思著《费正清与美国对现代中国的理解》一书第266页。二十世纪九十年代,费正清的作品被翻译成中文,在中国大陆出版,受到欢迎。他的自传在中国被翻译成《费正清对华回忆录》,译者为陆惠勤、陈祖怀等人,1991年由知识出版社在上海出版。戈德曼和柯文主编的费正清纪念文集被翻译成《费正清的中国世界》,2000年由上海东方出版中心在上海出版。

第二章
傅高义主任时期（1973～1975，第一任期）

二十世纪五十年代末，傅高义（1958年获哈佛大学博士学位）在哈佛完成了他的日本研究。他在日本待了两年，又在耶鲁待了一年，然后应邀回到哈佛帮助发展有关中国的社会学研究。1962年，傅高义加入了东亚研究中心执委会。1967年，林德贝克离开哈佛去哥伦比亚任职后，费正清便请他出任中心的副主任。费正清似乎有意培养傅高义作为将来接替中心主任职务的人选。当费正清1973年从中心退休，接手新成立的东亚研究理事会主席时，傅高义便受命担任中心主任。[①]

[①] 林德贝克1967年离开哈佛后，费正清任命了两位副主任同时承担中心的工作。负责日本研究的副主任是罗索斯基，他是一位研究日本经济的专家，后来担任了哈佛文理学院院长；与此同时，傅高义被任命为负责中国研究的副主任。参见中心1967～1968年度报告第1页（哈佛档案）。尽管傅高义曾两度担任以中国研究为中心的费正清中心的主

在哈佛担任教职后不久,傅高义的著作《日本的新兴中产阶级:东京郊区的工薪阶层(サラリーマン)及其家庭(*New Middle Class: The Salary Man and His Family in a Tokyo Suburb*)于1963年由加州大学出版社在伯克利出版。这本书以他在东京做的访谈、调查和现场观察为基础,是研究日本终身聘用制的开山之作。当时终身聘用制在日本正在形成,它是日本此后二十年中经济腾飞的一大特点。这本书为日本中产阶级的家庭生活如何围绕着家中男主人的事业组织起来这一问题提供了标准解答。六年后,傅高义出版了其第二部主要著作:《共产主义下的广州:一个省会的规划与政治,1949~1968》(*Canton Under Communism: Programs and Politics in a Provincial Capital*,1949–1968,哈佛大学出版社,1969)。傅高义学习过日语,并通过他的第一部作品成为了有关现代日本的最前沿的美国观察家之一。在他的第二部作品里,傅高义则展示了他对中文材料掌握的娴熟程度及其关于现代中国发展的渊博知识。从那时开始,能够游刃有余地同时驾驭中日两种文化和洞察整个亚洲局势,便成为傅高义学术成就的两个特色。今天,他仍是美国少数几个能对日本研究如数家珍的中国研究学者之一。

尽管费正清不再是东亚研究中心的主任,但他对中心的影

任,他还是经常就有关日本的问题接受咨询。例如,1993年5月14日《哈佛公报》第5页至6页刊载了《与傅高义对话——巨人和龙:变化中的美日关系》(*A Conversation with Ezra Vogel: The Giant and the Dragon: The Changing Relationship Between the United States and Japan*)一文。

响力依然如故。他不仅缔造了东亚研究中心，还开创了整个美国的现代中国研究领域。他已经习惯于做出决策和积极行动，要让他在东亚研究中心的运作中扮演二把手的角色一定让他一时难以接受。费正清利用东亚研究理事会帮助各种亚洲项目募集资金，并继续他的学术研究、延续他宽广的人脉。不论是公众还是研究中国的学者，只要想到东亚研究中心，就一定会想到他。在基金会减少了对中国研究的支持，而费正清仍然相当活跃之际，比费正清年轻了二十五岁的傅高义面临着领导东亚研究中心继续发展的责任。

担任副主任的时候，傅高义已经在负责发展当代中国研究并且已经在中心的日常工作中烙上自己的印记。学者们经常通过你来我往的交流讨论，改进自己的分析，并从中生发出新的思想火花。费正清很少参加这些冗长的学术讨论。傅高义则与费正清不同，喜欢参加各种研讨会和专题讨论会，听学者们讨论自己的研究成果、互相调侃、互相辩论。从改变学术会议的举办方式开始，傅高义开始改变东亚研究中心的运作模式。

二十世纪六十年代初，费正清担任主任期间，关于中国的研究聚会通常是在风景秀丽的旅游胜地安排的长达一周的学术会议。其间，应邀出席的学者可以发表自己的研究成果，并且在安静、简朴的环境中就各自的想法展开辩论。例如，1956年在新罕布什尔州的斯蒂尔宾馆（The Inn at Steele）举行的为期六天的中国经济会议就是以早年这种模式举办的。

再如后来，1965年在马萨诸塞州戴德姆市（Dedham）的爱迪科特宾馆（Endicott House）举行的一次为期七天的会议，该会议的论文由费正清以《中国的世界秩序：传统中国的对外关系》(*The Chinese World Order: Traditional China's Foreign Relations*，哈佛大学出版社，1968）为题结集出版。出版会议论文集在当时被认为是这类大型学术会议的理想成果，可以把学者们在会议上刚刚就相关课题发表的最新研究成果原封不动地介绍给公众，而不用试图将会议成果总结消化。在一个闲适的地方开一次长会简直像是去修身养性；对很多出席会议的人来说，这也让他们摆脱繁杂事务，度个小假。

作为主任，傅高义面临的问题是，基金会的资助已不再如以前那样丰厚，但他要用这笔钱继续保持中心的活力。他决定，很多专题讨论会可以每周或每月开一次，讨论会的开支可以大幅减少，主题覆盖可以更广，而信息和思想的交流也应当更为活泼轻松。他喜欢周五的午餐会，访问学者们应邀到这里一边吃午餐、一边谈谈自己的想法；有时，这种午餐会被安排在下午的晚些时候，那么就会准备一些冷饮。二十世纪七十年代初，周五的午餐会由戈德曼组织，她当时已经开始在波士顿大学任教。午餐会的模式后来发展为"中国系列午餐研讨会"（China Lunchtime Seminar series），现在由费正清中心选在每周的任意一天举办；时至2005年，这个午餐会仍由戈德曼组织。

1971年，傅高义组织了一个每月一次的晚间研讨会，名为"新英格兰地区中国研讨会"（New England Regional

China Seminar)。通常，受邀的演讲人于下午晚些时候发表演讲，然后演讲人与注册与会的客人们一边讨论一边享用晚餐，餐后再由另一位受邀的演讲者演讲。二十世纪七十年代，起初的几次研讨会安排在哈佛教师俱乐部庄重的房间里进行。傅高义请柯文帮助组织。那个时候，在新英格兰地区的大学里任职的中国研究专家较以往更多了。他们喜欢费正清中心的这个研讨会，这给他们提供了一个机会，方便他们追踪最新的学术进展。几年后这个系列的研讨会改称"新英格兰中国系列研讨会"（New England China Seminar series），并转交戈德曼负责。研讨会的模式从二十世纪七十年代一直延续到了今天。现在，新英格兰中国系列研讨会每学年举办五六次。（中国系列午餐研讨会和新英格兰中国系列研讨会都将在下文"主要研讨会"一节中作为中心正在进行的项目予以介绍。）

1962年开始，费正清领导下的东亚研究中心，每年夏天都在位于剑桥市艾文街（Irving Street）的美国人文和社会科学学会（American Academy of Arts and Sciences）组织一次为期一天的短会。会议组织较为松散，但让哈佛教师、东亚研究中心特聘研究员、访问学者和研究生可以抽出一天聚在一起听取报告、参加讨论。作为新主任，傅高义用一个新的形式代替了这个会议：在傅高义的安排下，会议主题更为集中，会期也加长了。1974年，他组织了一个关于民国史的工作坊。这个工作坊长达两周，二十八位学者提交了约十五篇论文。1975年夏，东亚研究中心组织了一个为期两周的关于二十世纪中国文学的工作坊。随后，同在那个暑期，一个关于晚清改革的工作坊吸引了五十四位学者。这些工作坊为一些已经有所成就的学者和大量年轻的研究生们提供了交流思想、互相鼓励的机会。傅高义给中心带来的这些变化为中心的活动注入了新的活力。这些举措让东亚研究中心得以紧跟不同领域的学术进展，也促进了这些领域的研究进步。

这些会议和工作坊被认为是东亚研究中心奉献给中国研究领域的亮点。中心的两位研究会员——柯文和石约翰——组织了一个为期两周的关于晚清的工作坊。东亚研究中心的研究会员史密斯（Kent Smith）和迪尔（David Deal）组织了一个为期六周的有关中国西南的工作坊（这次工作坊有意将会期拉长，以方便与会学者利用小组讨论之外的时间在哈佛燕京学社图书馆做自己的项目研究）。史密斯（1970 年获耶鲁大学博士学位）当时在康涅狄格学院任教（Connecticut College），迪尔（1970 年获华盛顿大学博士学位）则在惠特曼学院（Whitman College）任教。东亚研究中心还定期在午餐或午后时间安排一些专题讨论会，每年还穿插着举办几次大型的学术会议或工作坊。这种模式取得了巨大成功，是费正清中心至今仍继续坚持的年度活动。[1]

---

[1] 1971～1972 中心年度报告第 5 页和第 7 页及 1972～1973 中心年度报告第 5 页得意地汇报了这些会议。1974～1975 中心年度报告第 3 页至 4 页对前两次夏季工作坊做了详细描述。在 1975 年夏季举行了两次相似的工作坊。此外，还有 1975～1976 中心年度报告第 2 页以及由费正清和布里格斯编撰、傅高义修订的《哈佛大学东亚研究中心二十年报告，1955～1975》（见第 3 页注解①）第 35 页至 37 页。上述所有材料均来自哈佛大学档案馆。

和费正清一样,傅高义总是积极扶植有潜质的优秀学生,想方设法让他们更加深入地参与到哈佛举办的有关亚洲的活动中来。其中之一是一个研究日本问题的社会学专业的年轻女研究生怀特(1980年获哈佛大学博士学位)。当傅高义被任命为东亚研究专业委员会(Committee on Concentration in East Asian Studies)主席的时候,他任命怀特为东亚研究项目的主管和首席指导。这个项目让那些主要对社会科学感兴趣的本科生在二年级开始的时候选择东亚研究作为一个专业方向,然后攻读一套将语言和地区研究相结合的综合性课程。直到1987年,怀特一直参与这个项目。其后她在波士顿大学任教至今。[1]

费正清中心图书馆

今天的费正清中心图书馆始于1961年,旨在为1957年费正清建立的当代中国研究项目提供所需资料,谢绝外借。当中心还在敦斯特街16号的时候,55号房间放了一些书架,作为研究资料室。当东亚研究中心搬到新址剑桥街1737号的时候,资料室获得了更大的空间,还聘用了两个学术联系人负责收集资料:克拉克(Anne B. Clark)是图书馆的总负责

---

[1] 关于对哈佛东亚研究本科专业的描述,见柯伟林与慕容杰编辑的《哈佛大学的东亚研究:课程与资源介绍》(East Asian Studies at Harvard University: A Description of Programs and Resources,1996年由东亚研究理事会于麻省剑桥出版)第4页至6页;《哈佛的亚洲相关课程及研究机构》(Asia-Related Programs and Institutes at Harvard,1998年由哈佛大学亚洲中心于麻省剑桥出版)第18页。

人，谢文森（Winston Hsieh）则负责亚洲材料的收集。谢文森后来于 1970 年获得了哈佛大学博士学位，论文写的是 1911 年辛亥革命时广东的情况。后来，他在圣路易斯的华盛顿大学和密苏里大学任教。1966 年，图书馆获得了一个四室套房。这时，新的政策推行，威德纳图书馆（Widener Library）的工作人员会购入所有新资料并予编目，然后再放到东亚研究中心的书架上。当时文献收藏总计四百三十卷，以 2648.41 美元的价格购入。图书馆由学生负责管理，这些学生由威德纳图书馆招聘并付给报酬。这里的藏书主要用作研究生准备大考时的参考资料。这里的书架上有几乎所有在大考书单上出现的书籍，不论是哪个具体领域的。不过，二十世纪六十年代中期，图书馆的侧重点进行了调整，改为主要为那些研究 1949 年以后中国的学者们提供研究资料。

1974 年，傅高义决定改变中心馆藏缺少规划的状况。他聘请了一位全职的图书管理员兼研究助理——南希。她很快担负起管理这批材料的责任。她当时在麻省理工学院工作，同时作为一个特别生在哈佛学习中文课程。傅高义提出给她 4000 美元的薪水，她接受了。他也要求南希能够承诺至少工作一年。傅高义和南希都没有想到，直到三十一年后的 2005 年，南希仍在这里工作。

当南希接手这项工作的时候，图书馆仍在柯立芝楼二层的那个套房里。由于这栋楼过去是一个宾馆，这个套房里有几个浴室。里面很是拥挤，英文的《北京周报》(Peking Review)

就放在了一个浴缸里。图书馆碰巧和中心的咖啡厅相邻，当布莱克夫人准备午餐的时候，厨房饭菜的味道也弥漫了图书馆。1978年，柯立芝楼改造，图书馆搬入了这栋楼的地下室，其空间宽敞了一些，为其进一步增加馆藏提供了方便。地下图书馆起初由几个机构共享，包括费正清东亚研究中心的当代中国研究文献部、哈佛国际发展研究所（HIID）、哈佛国际事务中心（CFIA）、中东研究中心及俄罗斯中心。

关于中国的藏书包括了西方学者用来理解这个在当时仍然扑朔迷离、与外界颇为隔绝的国家的最重要的资料。例如，这里有从1950年至1977年的全套由美国驻香港总领事馆编辑的对中国大陆报刊杂志的选译；有自1955年始的中国广播稿的英文版，由美国政府联邦调查局国外广播信息服务中心（FBIS）翻译；有美国政府联合出版研究服务中心（JPRS）有关中国的英译资料书系；也有1960年起的由英国广播公司（BBC）翻译的中国广播稿英文版（世界广播摘要系列（SWB, Summary of World Broadcasts））。此外，还有大量有关中国领导人活动的文献，由香港的大学服务中心（Universities Service Centre）编辑。当时，大多数西方学者没有机会进入中国。对他们来说，这些材料可以替代第一手的观察，是非常珍贵的文献。那时还没有电脑，南希做了大量细致的剪报工作，每天进行更新。1974年开始直到1992年，这里的文献按主题分为五十个大类，并按照年代顺序摆放，外加来自《纽约时报》、《华尔街日报》（*Wall Street Journal*）、《基督教科学箴言报》

(*Christian Science Monitor*)、《华盛顿邮报》(*Washington Post*)、《波士顿环球报》(*Boston Globe*) 等五大报刊的剪报。此外，还有浩如烟海的各种报告、未出版的手稿、会议论文、游记、论文、地理资料和传记资料等等。这些非正式的文献是学者们研究当代中国的重要资料。有关1952年以后日本的文献也曾短期放在了东亚研究中心图书馆，这些书后来成为由赖世和日本研究所设立的当代日本文献中心的核心收藏。

二十世纪八十年代早期，图书馆每年新增约四百卷新书，主要是英文的。此外，图书馆还订购了大约一百三十五种期刊、报纸。1987年，当马若德担任中心主任时，丰富馆藏资料的年度采购资金增加到了每年5000美元。随着中国国内出版业的复兴，获取中文文献变得越来越容易了，因此南希建议中心扩大中文馆藏。从那时开始，南希每年到中国来收集可能对哈佛学者有用的材料。在中国，每个主要的机关——不论是大学、政府部门、军队，还是党组织——都有自己的出版机构。很多时候，一些书只是少量印刷，放在出版社外卖部的书架上销售，并不到外地推销，几个星期后又撤出流通。这就要求，书一旦出来，就得赶紧去采购。因此，南希在中国大陆、香港和其他地方，都建立了自己的联系网络。这些联络人和供货商会给她及时提供信息，经常还把书带给她。马若德教授经常语带幽默地夸奖南希背离正统但却非常成功的文献收集路子，称之为"游击队式的收集方法"。

通过坚持不懈的努力，南希为馆藏增加了很多不寻常的有用文献。每年的新增图书达到了一千种。2005年,图书馆的馆藏文献达到了三万种,超过一半是中文的。对研究当代中国的学者来说,这是世界上最有价值的收藏之一,这一点可以在世界各地——包括中国——出版的有关当代中国的新书的文献致谢中得到证明。中国的学者称赞这里和中国国内的图书馆相比使用起来更为方便。这里的收藏完全纳入了哈佛在线图书检索系统(HOLLIS)。每年几百个访问者利用这里的文献,既有哈佛校内的师生,也有来自北美和其他地方的。此外,本馆每年还会收到几百个文献求助电话。

今天,有一些基金被指定用来资助费正清中心的图书馆。这些基金是费正清中心中国图书馆基金(Fairbank Center China Library Endowment)、芭芭拉·洛克基金(Barbara Beach Locke Fund)、西奥多·李和多丽丝·李基金(Theodore B. and Doris S. Lee Fund)、威廉姆·洛克基金(William Beach Locke Book Fund)、专门用于购买台湾相关文献的马多克斯基金(Patrick Gaynor Maddox Memorial Fund)、索菲·龚图书馆基金(Sophie V. Gong Memorial Library Fund)以及专门用于购买主题与毛泽东相关的各种书籍的王若水图书基金(Wang Ruoshui Memorial Book Fund)。

1999年10月,南希因在费正清中心图书管理员的岗位上工作了二十五年而受到表彰。费正清东亚研究中心主任裴宜理在查尔斯宾馆安排了一个聚会,很多执委会委员和其他人士都出席了这个聚会,以表达他们对南希工作的感谢。南希因其搜集珍稀文献的能力和将费正清中心图书馆建设成目前这样出类拔萃、独一无二的图书馆作出的贡献而备受赞扬。从1998年至今，南希得到了兼职图书馆助理李英明(Ying-Ming Lee)的大力帮助。①

不甚为中心老师所知的是，南希还有一个非官方角色——她是中心的独角"外办"。大多数的中国机构都有一个"外办"，

---

① 1975年中心年度报告提到了聘用南希的有关情况。当时她得到一笔资金，资助她去参观纽约和华盛顿的图书馆（例如国务院图书馆和国会图书馆），了解如何更好地管理东亚研究中心的馆藏。当时，叟利彻(Richard Sorich)管理下的哥伦比亚大学研究型图书馆被认为是一个典范（参见1974~1975东亚研究中心年度报告第9页）。傅高义赞扬了南希，说她对有关共产主义中国的文献很熟悉，也有管理专业图书馆的经验（参见中心1974~1975年度报告第10页）。在中心1960~1961年度报告第2页，费正清提到了新的当代中国研究项目（该项目当时称为"Chinese Contemporary Studies"），也提到了研究室。关于克拉克(Anne B. Clark)、谢文森(Winston Hsieh)的聘用，参见中心1963~1964年度报告第3页。克拉克与人合编了《中国共产主义人物辞典：1921~1965》(*Biographic Dictionary of Chinese Communism*, 1921~1965)。1966年的变化参见中心1965~1966年度报告第10页和1966~1967年度报告第6页。1966年购买的数量见之于中心1967~1968年度报告第10页。1978年霍夫亨兹提到，当时的馆藏文献绝大部分都是英文材料（参见中心1977~1978年度报告第8页）。有关对1980年形势的判断，见中心1979~1980年度报告第5页。1981年馆藏的有关细节见之于中心1980~1981年度报告第11页。有关中心执委会针对图书馆及其功能展开的一次讨论，见1981年11月4日中心执委会会议的记录（哈佛档案）。1982的数目参见中心1981~1982年度报告第11页，1983年的数目参见中心1982~1983年度报告第19页。1984年的数目参见中心1983~1984年度报告第15页。1985年的数目在1984~1985年度报告第9页。有关1987年把采购经费提高到5000美元的建议，参见中心执委会1987年2月11日会议记录第3页。中心1986~1987年度报告第2页记述了马若德希望中心图书馆能收藏更多的中文资料。他有关"游击队式收集方法"的言论，参见费正清中心1991~1992年度报告第2页。据报，1992年图书馆的经费预算是10.7320万美元，而它的基金只有1.026万美元，见1992年4月15日中心执委会会议记录第2页。1993年11万美元的运转费用在中心1992~1993年度报告第6页有记载。所有的年度报告都来自哈佛档案。2005年2月3日，我采访了南希。1999年5月6日，《哈佛公报》刊登《二十五年的服务工作得到肯定》(*25 Years of Service Recognized*)一文，表达了哈佛大学对南希多年工作的肯定。

负责和外人打交道。南希在很多方面为所谓的"外人"提供了帮助,从安排车辆到寻找住处再到办理退税。这些"外人"既有来自中国的学者、学生,也有来自中国的普通来访者。南希的建议和帮助使努力在异国文化中落脚的中国人在来到费正清中心时有了宾至如归的感觉。

赖世和日本研究所[①]

1973 年,日本研究所在哈佛建立了。其创始基金来自日本基金会(Japan Foundation),由赖世和(1939 年获哈佛大学博士学位)受赠。很多年来,在中国研究方面,有费正清;在日本研究方面,有赖世和。两人合作开设东亚课程,指导哈佛的东亚研究。1957 年,由赖世和担任主席、费正清担任副主席的东亚研究教师委员会(faculty committee on East Asian studies)负责管理东亚研究中心。当中心在 1962 年组织第一届执委会的时候,赖世和被任命为执委会委员。但是在名单上他的名字旁注上了"休假"二字,因为此时他已经接任了美国驻日大使(1961~1966)。赖世和刚从东京回来,就再次位列执委会,成为了一名实实在在、有职有权的委员。在这个位子上,他一直工作到 1977 年。

费正清一直鼓励哈佛的日本研究。东亚研究中心的第一届执委会就包括了日本学者克雷格和裴泽(John Pelzel, 1950

---

① 赖世和日本研究所:Edwin O. Reischauer Institute of Japanese Studies。

年获哈佛大学博士学位)。费正清当时肯定已经意识到，东亚研究中心大力推进中国问题研究是促使位于东京的日本基金会捐赠100万美元给哈佛的一个重要因素。赖世和是一位广受日本人敬重的学者，他的参与更是促成了这次捐赠。同样地，傅高义也为日本研究中心的成立发挥了巨大作用，他对日本研究和中国研究同样重视。费正清似乎对日本研究所的成立有一些保留意见，因为它破坏了原来由东亚研究中心全面负责东亚研究时所彰显的学术整体感。东亚研究理事会(Council on East Asian Studies, 下文论及)就在那时成立，部分也是作为维系这种学术整体感的一个手段。东亚研究中心辟出了一部分办公场所，给日本研究所使用。德图拉当时刚在东亚研究中心做了一年的行政助理，这时又增加了一份管理这个新研究所行政事务的工作。1985年，日本研究所更名为赖世和日本研究所。①

---

①费正清对新成立的日本研究所可能还有其他一些保留。例如，东亚研究中心列在东亚研究理事会之下，可是赖世和却让日本研究所与东亚研究理事会平级。另外，费正清热心于鼓励社会科学家加入中国研究领域，而日本研究所则由传统的人文学者支配。关于对成立赖世和日本研究所的评论和1996年时哈佛日本问题研究专家的情况，请参阅德图拉(Nancy Deptula)和赫斯(Michael Hess)合编的《赖世和日本研究所：二十年史》(上文第12页注解②中曾引用)。德图拉1990年加盟日本研究所担任执行主任。她1995年退休，2002年去世。赖世和的自传《生活在美日之间》(*My Life Between Japan and America*)于1986年由哈珀罗出版社(Harper & Row)在纽约出版。关于对赖世和、克雷格和裴泽的评论，参阅我的《哈佛燕京学社简史》(A Brief History of the Harvard-Yenching Institute)(上文第17页注解①曾引)。1972和1973年，我曾在东京新成立的日本基金会(Japan Foundation)工作。我仍然记得当时有个消息说，十所西方的大学将分别从日本政府得到100万美元的资助，用于有关

珀金斯代理主任时期（1975~1976）

当傅高义从日本基金会得到资助去日本采访战后日本商界和金融界的领军人物时，当时的东亚研究中心副主任珀金斯应邀担任中心的代理主任，为期一年。珀金斯是当时少数在美国工作、受过专门的经济学训练并能使用中文材料的学者之一。他对中国经济史、价格形成机制、农村经济发展、经济计划与外交决策的互动等问题的分析很有见地，赢得学界钦佩。他也是韩国、越南经济方面的富有见地的观察家，并担任了两国政府的咨询顾问。作为1975年至1976年的代理主任，珀金斯还得继续承担全职的教学工作；此外，他还有其他一些任务，例如领导非常活跃的哈佛国际发展研究所（HIID）。

珀金斯得到了另一位沉静而乐观的副主任的帮助。这位副主任名叫希伯特（1950年获哈佛大学博士学位），是一位日

日本的教学。每所学校都已承诺教授有关东亚的课程。当时东亚研究中心的存在就代表着哈佛的承诺。日本基金会的捐款进一步抬升了赖世和的声誉，他借此从日本产业界获得更多的资金支持。他于1990年去世。

日本研究所成立时，从事中国研究的学者们有些妒忌大笔的钱流入该所的账户。东亚研究中心的学者们这时正担心中心的未来，正努力融资以弥补所需。就在前一年（1972年），日本三菱公司给哈佛法学院捐款100万美元设立一个讲座教授职位。参见1972年10月《哈佛法学院通讯》(Harvard Law School Bulletin, 24卷第1期第6页)《百万美元大礼用于设立日本法律研究讲座教授》(Million Dollar Gift for Chair in Japanese Law) 一文。2004年，研究现代日本政治的专家苏珊·法尔 (Susan Pharr, 1975年获哥伦比亚大学博士学位) 接替研究日本劳动关系的专家戈登 (Andrew Gordon, 1981年获哈佛大学博士学位) 担任了日本研究所主任，并因此受邀加入费正清中心执委会，取代戈登在执委会中的席位。同样，费正清中心执委会的另一位委员范德康 (Leonard van der Kuijp) 是西藏史专家，代表着哈佛大学的梵文与印度研究系。

69

语和日本文学研究专家。1966年起，他便在费正清领导下的东亚研究中心执行委员会任职；即便在1973年日本研究中心成立以后，他也没有疏远他的那些研究中国的朋友们，而是继续与东亚研究中心的同事紧密合作。他当时在东亚语言与文明系任职，这里是人文学者、哲学家、语言学家和研究东亚古代史的历史学家的大本营。相比之下，东亚研究中心专注于现代史、社会科学和国际关系。有人认为这两个机构之间横亘着一道鸿沟，但他不这么认为，而是作为一个中介把研究古代的人文学者和研究现代的社会科学家沟通起来。1975年至1979年，他担任了东亚研究中心的副主任。此后，他作为东亚研究理事会的主席（继费正清和傅高义之后，负责各区域研究中心的筹款和出版工作）继续与东亚研究中心保持着密切的互动，直到1986年。他最新的著作《菊与鱼：自幕府时代以来日本人之幽默》（Chrysanthemum and the Fish: Japanese Humor Since the Age of the Shoguns）2002年由讲谈社国际出版社（Kodansha International）在纽约出版，该书探讨了自1600年迄今日本文学和大众文艺中的喜剧脉络。[1]

---

[1] 东亚语言与文明系原名远东语言系。在1937年至1972年，它一直使用"远东语言系"这个名字。希伯特1992年退休，退休后又出版了四本书。本书中其他地方也提到了哈佛国际发展中心（HIID）。该中心成立于1974年，有300万美元初始预算，目的是要就有关国际发展的政策问题为政府相关部门提供咨询和服务，包括研究、教学和技术帮助等。1980年至1995年，珀金斯担任国际发展中心主任。1996年起，国际发展中心的预算经费超过了4000万美元。该中心有二十家海外办事处，总部设在剑桥，下设二十五个项目。因为它下属的俄国项目中的咨询专家被卷入丑闻，在珀金斯卸任

东亚研究中心努力为尽可能多的学术联系人（包括很多执委会成员）提供办公空间。中心还给访问学者分配了书桌，以鼓励他们在中心工作，借此为中心增添学术活力。珀金斯担任主任时，中心给来自美国、澳大利亚、德国、香港、日本、韩国、越南等国家和地区的众多学校的十八位访问学者分配了书桌。费正清担任主任时，中心的磁力总是吸引了很多研究生在此出没。有时候，和他们各自的院系相比，中心对他们所从事的中国研究工作提供了更多的帮助。费正清离职后，随着这些研究生们完成学业并到其他学校担任教职，中心的路线也开始发生了变化。与此同时，从其他学校毕业的、年轻的、刚刚培养起来的中国专家们来到波士顿地区担任教职，他们也申请成为中心的学术联系人。这些人中有欧苏珊（Suzanne Ogden，1974 年获布朗大学博士学位），她是一位研究现代中国的群众运动、民主运动和学生运动的专家。她编写的教科书《中国未解决的问题：政治、发展和文化》(*China's Unresolved Issues: Politics, Development and Culture*) 于 1989、1992、1995 年由普伦蒂斯霍尔出版社在恩格尔伍德·克利夫斯（Englewood Cliffs）出版，被很

后，哈佛大学于 2000 年决定关闭国际发展中心，把发展中心的一些项目分配给了各个研究生院，而取消了其余的项目。2000 年 1 月 24 日《哈佛红》上刊登根汉森（Vasugi Ganeshananthan）和莱维（Erica Levy）撰写的《教务长决定解散哈佛国际发展中心》(*Provost's Decision Dissolves HIID*) 一文记述了此事，另见 2000 年 1 月 27 日《哈佛公报》上《哈佛教师工作小组请求关闭国际发展中心的建议获得通过》(*Faculty Task Force Recommendation To Close HIID Approved*) 一文。

多美国大学课程采用。她最新的书题为《中国民主的端倪》(Inklings of Democracy in China, 哈佛大学出版社, 2002年)。1975年至1976年同在东亚研究中心的还有克莱因(1974年获哥伦比亚大学博士学位),他曾在塔夫兹大学任教多年。在中心做研究会员时,他与克拉克合著了第一本详细记述中国共产党内主要人物生活的英文著作《中国共产主义人物词典:1921~1965》(A Biographic Dictionary of Chinese Communism, 1921~1965, 哈佛大学出版社, 1971)。另一位在中心的会员是吴秀良(1967年获哥伦比亚大学博士学位),现在是波士顿学院的荣休教授。1973年,周恩来以个人身份邀请吴秀良重访他在河北农村的老家。在离开二十七年后,他故地重游。他在那个村子里住了三个月,并获准对那里的农村公社进行田野调查。他的第一本书《信息沟通与清帝的统治:清初奏折制度的发展, 1693~1735》(Communication and Imperial Control in China: Evolution of the Palace Memorial System, 1693~1735, 哈佛大学出版社, 1970),是第一本全面重构清代奏折流转制度的英文专著。他现在正在研究宗教在现代中国的影响,最近出版了《余慈度——二十世纪中国教会复兴的先驱》〔Dora Yu and the Christian Revival in Twentieth-Century China, 波士顿:比逊河出版社(Pishon River Publications), 2002〕。这本书是关于中国第一个女性传道者的书,已有中文本和葡萄牙文本问世,韩文版也即将付梓。这三位学者在2005年时仍以研究会员的身份与费正清中心保持着学术联系。

在珀金斯担任主任时,中心开始出版《东亚通讯》(*East Asia News Bulletin*)。这是一份信息简报,采用蜡纸油印,每两周出版一期,列出所有与东亚研究中心相关的讲座和活动。它主要是一个活动日历,尽管有时它也报道可供申请基金、博物馆的公开展览以及来自其他学校的消息。这个信息简报,开始时只有四页长,但美国各地对它反应热烈。起初,它免费邮寄给每个订阅的人,后来,则象征性地收取一些费用来帮助支付印刷和邮寄的开销。这份信息简报在很大程度上帮助东亚研究中心树立了它作为美国最活跃的中国研究中心之一的形象。它也展示了波士顿和新英格兰地区丰富的思想和文化资源,它们通过东亚研究中心得以汇聚起来。几年后,出版信息简报的责任交给了东亚研究理事会,因为它的使命涵盖了比中国研究更为宽广的学术领域。东亚研究理事会不仅负责筹款,也为学术研究项目、研究生教育和本科生教育提供资助。它也帮助了中心和哈佛文理学院保持紧密联系。但事实上,东亚研究理事会的办公室位于东亚研究中心之内,其经费也由东亚研究中心提供,所以实际上说到底,这份信息简报仍旧是中心的出版物。信息简报持续了二十年,一直办到 1997 年。这个时候,中心的活动已经放在了在线的网络日历上,大部分感兴趣的学者们都可以和中心通过电子邮件联系。二十世纪九十年代中期,纸质的活动日历和电子版的活动日历一度同时发行,但是,现在仅有电子版的亚洲中心《亚洲通讯》(Asia Bulletin)。

在珀金斯任职时，哈佛东亚研究专著丛书由东亚研究中心资助出版了六本专著。要是搁在早些年，人们或许认为其中有些书太过专业化，以至于仅以平装书的形式少量印刷出版。但是，这时，东亚研究中心的资助使得这些专著可以出版精装本。其后几年里，更好的印制方法——包括更牢固的装订、高质量的纸张和更清晰的印刷——都使得图书馆乐意购买软皮本文献，就像过去购买传统硬皮本一样。但是，到了二十世纪七十年代，鉴于美国各个主要大学的图书馆都在建设有关亚洲文献的馆藏，中心希望更多的书以精装本出版，以使其出版的图书能够更多地被这些图书馆购买。[①]

[①] 1975年夏季还有两个傅高义组织的暑期工作坊。一个是关于晚清的；另一个是关于云南及中国西南其他地区的。具有讽刺意味的是，当东亚研究中心正尝试出版精装本专题学术图书的时候，哈佛大学出版社正尝试把一些有关亚洲问题的图书以平装本的形式发行。从那个时候起，哈佛大学出版社开始印制和销售平装本的严肃学术图书。中心1975~1976年度报告记述了珀金斯担任代理主任期间中心的一些活动（哈佛大学档案）。关于后来将《东亚通讯》转给其他单位〔先是东亚研究语言和区域中心（Language and Area Center for East Asian Studies），后来是东亚研究理事会〕的事情，参见中心1976~1977年度报告第6页（哈佛档案）。克拉克（1933年获拉德克利夫学院文学学士学位），二战期间曾在首都华盛顿的国务院工作，在工作中使用了大量的传记材料。因此，她一看上去就是与克莱因合作编写《中国共产主义人物词典》的天然搭档。她于1998年去世。

第三章
霍夫亨兹主任时期（1976~1979）

费正清东亚研究中心（1977 至今）

霍夫亨兹（1967 年获哈佛大学博士学位）曾是罗德学者（Rhodes Scholar），于 1976 年被任命为东亚研究中心主任。当时他拿到博士学位还不到十年。他是被人称为天才的人物，中文口语和阅读能力很强，不但是一位杰出的古典钢琴家，而且还是一位习惯在上流社会活动的魅力先生。他的父亲在得克萨斯州被称为"大法官"，既是休斯敦市市长，也是休斯敦太空人（Houston Astros）职业棒球队的所有人。"大法官"老霍夫亨兹大刀阔斧发展休斯敦太空人队，将它打造成一支没有种族隔离的球队，这对打破当时在南方盛行的吉姆·克劳种族隔离法（Jim Crow laws）发挥了很大的推动作用。

二十世纪七十年代，小霍夫亨兹会时不时地在休斯敦选举期间放下他在哈佛的教学任务，去帮助他的家族继续担任政治职务。有一次，他离开哈佛回到休斯敦助选，傅高义写道："春天，他放下哈佛的教学任务休了个假，借机学习了一下美国某个主要城市的政治。"①

被任命为主任后一年，霍夫亨兹出版了专著《澎湃：中国共产党的农民运动，1922~1928》(The Broken Wave: Chinese Communist Peasant Movements, 1922~1928，哈佛大学出版社，1977)。他对中华人民共和国成立之前中国共产党的一些早期领导人很感兴趣。他的书分析了中共早期如何开展运动，在贫苦农民中赢得支持者。该书认为早期中共最成功的举措之一就是给农民的生活带来了新的秩序和组织结构，这些农民此前完全在地方军阀、贪官、酷吏和经常出现的灾害性天气的摆布下生活。二十世纪二十年代至五十年代，不管当时的生态环境如何，中共干部带来的组织性和纪律性赢得了乡村贫苦农民的普遍支持。

早在今天这种功能强大、形体小巧的个人电脑出现之前，在那个计算机还很庞大笨重的时代里，霍夫亨兹就开拓性地思考着如何把这种新技术应用于社会科学研究。他尝试着将

---

①法官霍夫亨兹的多彩生活在埃德加·雷(Edgar W. Ray)所著的《富商巨贾：休斯敦的法官霍夫亨兹》(The Grand Huckstar: Houston's Judge Roy Hofheinz，田纳西孟菲斯：孟菲斯州立大学出版社，1980)一书中有描述。傅高义的话出现在中心1976~1977年度报告第10页至11页。

文献材料以电子格式放到"网上",让很多人可以使用,这在当时是非常超前的。二十世纪七十年代初,他希望建立一个中国信息中心,那里的计算机运行专门设计的软件程序,将使中国研究领域发生革命性变化。他为设计出一套能够输入、存储和显示中文和日文文字的软件而不懈努力。他渴望能够掌握来自中国的信息流,并对这些信息进行"消化、抽象、综合、剔除冗余"等处理。他很热心于自己的软件发展,告诉傅高义说他开发的这个系统能够做除了吟诵《三字经》以外的任何工作。他早期的实验中有一些是有关文本处理和文件打印的。东亚研究中心1975~1976年的年度报告中提到,使用当时的技术,新的霍夫亨兹系统"拿到编辑工作完成、随时可以交付出版的手稿后,把这些手稿输入磁带,对它们进行修改,然后生成新的磁带。新磁带采用的格式,可以让如哈佛打印社冷活字排版服务中心使用的那种照相排版设备直接读取数据。中心完成清样校对后,将其做成版面校样。时至今日,已有一部专著采用了这套新的排版处理技术"。我们现在知道,这种技术到了二十世纪九十年代将会完全取代冷活字排版系统。霍夫亨兹还使用计算机中提供的基本的收集与校对功能,设计了一套服务项目,供各亚洲中心及其图书馆订购。这项服务开始于1975年,每月输出一份从中国大陆报刊中获取的关于中国领导人露面的信息。付费订购这项服务的机构不算多,大约有十五家或二十家。同时,霍夫亨兹也开始研发一个以县级行政单位为基础、涵盖中国所有区县的数据库。①

哈佛的学者敬重霍夫亨兹的学术才干。一些人或许妒忌他的显赫家世,也有一些人质疑他花在新兴的计算机技术上的时间是否值得。霍夫亨兹自己也对在哈佛的工作以及未来的学术生涯做了深刻的自我反省。就在他作为中心主任的第二任期就要开始之前,他宣布自己在第一个任期结束后,就要从哈佛辞职,离开学术界,追求新的事业。他后来没有主动保持和哈佛同事的联系。

1977年,霍夫亨兹聘用了马多克斯(Patrick Maddox,1970年获哥伦比亚大学博士学位)。当时,马多克斯在美国学术团体协会(American Council of Learned Societies, ACLS)下属的当代中国联合委员会和中国文明研究委员会联络办公室(liaison committee of the Joint Committee on Contemporary China and the Committee on Studies of Chinese Civilization)工作。马多克斯是研究当代中国事务的政治学家。他曾在中国台北学习中文,并在东亚各地旅行。他起初来到新更名的费正清东亚研究中心(1977年7月,东亚研究中心正式更名为费正清东亚研究中心)担任项目主管,同时协助霍夫亨兹管理"企业会员项目"(Corporate

---

① 当霍夫亨兹向傅高义谈起《三字经》的时候,可能是指他的系统既能处理中文,也能处理日文文字。中心有关霍夫亨兹的档案中存有一份他的《中文文字处理设配方案要点》(*Outline Proposal for a China Information Facility*, 1974)复印件。本段引文就出自这个文件。他的计算机项目在中心1975~1976年度报告第3、7页有记载;另见中心1976~1977年度报告第6页。

Associates Program)。这个项目是霍夫亨兹为了筹资而在1976年创办的（中心年度报告里称霍夫亨兹为融资所付出的努力是"超越极限的"），旨在得到那些有地位、有影响的政界和商界支持者的资助，其中一些人和霍夫亨兹及其家族关系密切。为了这年10月举行的项目启动会，东亚研究中心邀请到了八十六家全美最大的跨国公司的高层来参加为期两天的关于东亚的会议。曾精心安排了1972年的尼克松访华之行的国务卿基辛格（1954年获哈佛大学博士学位）和外交政策专家、参议员丘奇（Frank Church，爱达荷州民主党人，于1957年至1981年任职）同时到会致辞。1980年3月，费正清中心在阿肯色州小石城举行了一次会议，会议主题是"中美贸易：局限和潜力"。来自阿肯色州的前美国参议员和前参议员外交关系委员会主席的富布莱特（William Fulbright）做了简短致辞，而年轻、富有魅力的阿肯色州州长比尔·克林顿则到会做了主题演讲（克林顿的名字在霍夫亨兹那年给文理学院主任的报告中甚至都没有提及）。

1979年，即将就任费正清东亚研究中心主任的孔飞力任命马多克斯为中心副主任，于是中心的教职员工开始对他熟悉起来。直到1979年，中心的管理体制都是主任负责、副主任协助，主任和副主任都由老师担任，这也是费正清开创的体制。副主任会分管不同方面的工作。例如，会有一个副主任分管中国研究，另一个分管日本研究，而1973年史华慈则被任命为分管研究政策的副主任。中心的日常工作由一个全职的行政助理（这是该职务在早年的名称）和协助他的工作人员处理。马多克斯几乎是第一位担任中心全职高级管理人员的非教职人员。他的工作是负责中心的日常运转，把中心的活动宣传出去，并协助融资。这种管理模式被继任的中心主任继承了下来。从 1979 年开始，通常都有一个全职的行政主任辅助中心主任。行政主任一职的人选要求受过有关中国研究的正式训练、一般有硕士以上学位、并具有在正式场合代表主任处理事务的能力。马多克斯担任中心副主任长达十二年，直到他 1991 年英年早逝。[1]

---

[1] 中心 1976～1977 年度报告第 3 页首次提到企业会员项目。聘用马多克斯的初衷就是为了实施企业会员项目，参见 1977～1978 年度报告第 3 页。马多克斯也与霍夫亨兹一起讲授了一门有关中国对外政策的课程。费正清中心有关他的档案中还有其他一些信息。1990 年，或许是因为时局变化，也是因为霍夫亨兹已经离开了，企业会员项目需要从根本上加以调整。参见《马多克斯 1990 年 5 月的管理工作》(*Maddox Performance Management Process for May* 1990, 费正清东亚研究中心所藏的马多克斯档案)。中心年度报告提到了 1980 年在阿肯色州小石城举行的会议，提到了富布莱特（William Fulbright），但是没有提到州长克林顿的演讲。此事参见中心 1979～1980 年度报告第 5 页。中心 1973～1974 年度报告第 13 页记述了史华慈 1973 年 10 月被任命为主管研究政策的东亚研究中心副主任。他担任这一职务一直到 1977 年；参见中心 1976～1977 年度报告第 7 页。当时，已经建立了若干基金，用来纪念与中心相关的几个学者，其中包括在费正清和史华慈去世后为缅怀他们而设立的基金，也包括为仍健在的傅高义和戈德曼设置的基金。中心为了纪念马多克斯，也设立了一个这样的基金。

第四章
孔飞力主任时期（1980～1986）

孔飞力（1964年获哈佛大学博士学位）也是费正清的学生。他在哈佛读的本科，1954年他以一篇关于伊丽莎白时代英格兰的论文毕业并获得了杰出文学学士学位（AB honors）。然后，他继续攻读研究生。他的第一本书《中华帝国晚期的叛乱及其敌人：1796～1864的军事化和社会结构》（*Rebellion and Its Enemies in Late Imperial China: Militarization and Social Structure*, 1796–1864, 哈佛大学出版社，1970和1980），探讨了满清政府遍布全国的省级和县级军事组织。这些军事组织维持了对社会的有效控制，让满清政府得以追踪和镇压潜在的反政府运动。他的第二本代表作《叫魂：1768年中国妖术大恐慌》（*Soulstealers: The Chinese Sorcery*

Scare of 1768，哈佛大学出版社，1990）反映了流言和具有宗教色彩的恐慌对社会造成的巨大影响。这一主题在一个世纪后的1900年义和团运动中带着复仇情绪再次浮现。这本书获得了亚洲研究学会颁发的列文森图书奖。这两本书被认为是对清朝研究所做的重大贡献，对清代社会和生活中英文研究相对不足的一些方面做了出色的探讨。孔飞力将其对文献的娴熟运用和敏锐的分析能力展现于优美的文笔中，使得他的作品极具说服力。

孔飞力担任主任的时期正是中心发展史上的分水岭。今天我们所看到的中心正是在这个时期发展成型。在他的任期中，韩国研究所成立了。于是，东亚研究领域就分为了三个研究机构，分别负责中国（及越南）研究、日本研究、朝鲜半岛研究。这样的格局延续了二十年。孔飞力还重新启动了博士后项目，这成为今天中心的核心活动之一。二十世纪七十年代末，中心受到资金严重匮乏的困扰；正是在孔飞力时期，中心开始逐渐克服严重的资金困难，筹集到相当规模的基金，使其得以生存和发展。孔飞力精力充沛、态度开明、很有远见，受到了所有中心学者的欢迎。

韩国研究所

1973年，费正清东亚研究中心开始举办朝鲜半岛专题讨论会（Korea Colloquium），这是成立韩国研究所的前奏。1977年，霍夫亨兹担任主任时，这项活动再度开展并更名为新英格兰朝鲜半岛专题讨论会 (New England Korea Colloquium)。这个系列讨论会的参加者有来自新英格兰地区的,也有来自其他地方的;有朝鲜半岛研究专家,也有来自各行各业的相关人士。受邀在讨论会上发表演讲的不仅有像德切尔(1967 年获哈佛大学博士学位)这样的学者和像莫斯克维茨(1979 年获哈佛大学博士学位)这样的毕业生,也有著名的公众人物如洪成日(音译,Hong Song'il)。1978 年在讨论会上发表演讲时,洪成日是首尔最有影响力的英文报纸《韩国时报》的编辑。朝鲜半岛专题讨论会后来由韩国研究所接管,现在称为"朝鲜半岛专题讨论会暨时事论坛"(Korea Colloquium and Current Affairs Forum),除学校假期外通常每月举办一次。①

1981 年,在费正清中心的帮助下,韩国研究所成立,办公场所也在费正清中心内。二十世纪八十年代后期,该所迁往梵瑟楼。费正清和赖世和都对朝鲜半岛研究有兴趣,因此,朝鲜半岛研究专家在费正清中心很受欢迎。赖世和对朝鲜的兴趣始自 1935 年,那年他出乎意料地被迫在朝鲜住了一段时间。

---

① 莫斯克维茨是一位美国商人,在韩国生活和工作。他 1978 年至 1985 年在哈佛任教,1980 年至 1985 年担任了韩国研究所的执行主任。1984 年,他创办了自己的公司,取名韩国战略咨询公司(Korea Strategy Associates,现在称为 KSA, Ltd.),是一个商业发展咨询公司。韩国研究所 2002~2004 的双年度报告中记述了现在的专题讨论会系列。关于朝鲜半岛研究在哈佛的发展情况,参见尹忠男(Yoon Choong-nam)编写的《哈佛韩国学的摇篮:哈佛燕京图书馆韩国收藏部五十周年庆典》(*The Cradle of Korean Studies at Harvard University: Commemoration of the Fiftieth Anniversary of the Korean Collection at Harvard-Yenching Library*,首尔:乙酉文化社,2001)。

当时他只是取道朝鲜前往中国北方，但日本军队的行动使前往华北变得危险，因此赖世和与妻子在首尔待了几个月，等待中国北方的紧张局势缓和。赖世和受困朝鲜带来了一个结果，那就是著名的"马科恩-赖世和表记法"（McCune-Reischauer）的面世。直至此前不久这仍是英语世界中使用最广的朝鲜语罗马字转写系统，而且至今对以英语为母语的人来说大概还是最有逻辑、最容易理解的系统。这套系统正是在1935年夏天的几个月里，由赖世和及其会讲朝鲜语的朋友马科恩（Shannon McCune）发明的。就费正清方面来说，1950年的朝鲜战争爆发后，他意识到美国人对朝鲜半岛知之甚少，这促使他强调东亚研究中应当包括对朝鲜半岛的研究。现有记录表明，早在东亚研究中心初创之时，费正清就希望把朝鲜半岛研究作为中心学术活动的一个方向。

朝鲜半岛研究在哈佛正式成为一个学术领域要等到1965年。是年，瓦格纳（Edward Wagner，1959年获哈佛大学博士学位）加入东亚研究中心执委会，同时兼管一个关于朝鲜半岛研究的筹备委员会。东亚研究中心给了瓦格纳3万美元，资助他完成其出版课题所需的研究，这是哈佛朝鲜半岛研究的"启动资金"。其后，瓦格纳在其博士论文的基础上出版了《李朝士祸：李氏朝鲜早期的政治冲突》（*The Literati Purges: Political Conflict in Early Yi Korea*，东亚研究中心，1974）。当时在美国研究朝鲜半岛的学者尚不多，这本书受到了他们的一致好评。在瓦格纳的哈佛同事眼中，让他最出名的或许是他于1967年发起的"文科"研究项目。此后，他为此花费了毕生的心力（他2001年去世，享年七十七岁）。所谓"文科"是朝鲜的科举考试，借鉴了中国的科举模式，在李氏朝鲜统治下的1392年至1894年得到了忠实的推行。瓦格纳与其合作者宋俊浩（Song Jun-ho）想要编写一部所有"文科"参加者的名录，包括他们上三代的男性亲属和他们的别号（以便找出他们撰写的作品）。在举行"文科"的这段时期里，共有约14607人通过考试。瓦格纳的这个项目既使用了早期的计算机打孔卡片，还开发了一个能够对收集起来的数据进行处理的系统。这个项目使瓦格纳和宋俊浩得以深入了解早期现代朝鲜社会和政治生活的重要方面。[1]

查德拉（Vipan Chandra，1977年获哈佛大学博士学位）是一位朝鲜半岛研究专家，长期在费正清中心担任研究会员。正如在他的著作《十九世纪晚期朝鲜的帝国主义、抵

---

[1] 孔飞力在中心1981~1982年度报告第21页记述了1981年韩国研究所的成立情况。他提到，起初成立了一个五人专家委员会管理新成立的这个研究所。这个委员会的成员包括：哈佛国际发展中心的科尔（David Cole）、哈佛燕京图书馆的金顺发（Kim Sungha）、东亚系的莫斯克维茨、哈佛暑期学校的菲尔（Marshall Phil）和东亚系的瓦格纳。中心1965~1966年度报告第2页提到瓦格纳于1965年加入了中心执委会。中心1967~1968年度报告第7页记述了中心拨给朝鲜半岛研究的3万美元预算以及瓦格纳发起的"文科"研究项目。有关该项目的早期介绍，见中心1968~1969年度报告第18页至19页。瓦格纳还出版过一本有关这个项目的小册子《李朝科举题名的计算机研究》（*A Computer Study of Yi Dynasty Civil Examination Rosters*，麻省剑桥：哈佛大学出版社，1970）。同样在1967年，中心还给德切尔（Martina Deuchler）提供了博士后奖助金。德切尔当时刚从哈佛获得博士学位。她后来成为研究朝鲜王朝晚期的杰出学者。参见中心1968~1969年度报告第8页。2002年1月7日，《哈佛红》载文《朝鲜史研究学者去世，享年七十七岁》（*Korean History Scholar, Professor Dies at* 77），报道了瓦格纳逝世的消息。

抗和改革：启蒙和独立俱乐部，1896～1898》(*Imperialism, Resistance and Reform in Late Nineteenth Century Korea: Enlightenment and the Independence Club, 1896～1998*，伯克利：加州大学亚洲研究所，1988) 中所表现出来的那样，他的学术兴趣是朝鲜半岛的现代历史。在读研究生时，查德拉就沉浸在二十世纪七十年代东亚研究中心令人陶醉的气氛中。多年以来他始终和费正清中心保持着密切联系。直到1995年，对朝鲜半岛研究的强烈归属感终于促使他从东亚研究中心转到了韩国研究所。1977年以来，他一直在威顿学院（Wheaton College）任教。只要条件允许，他现在仍然会参加费正清东亚研究中心的活动。

在柯立芝（T. Jefferson Coolidge）和其他筹资人的帮助下，朝鲜半岛研究项目不断获得外界的资助。到1975年，该项目已经筹集到了100万美元，并用这笔钱设立了一个研究现代韩国经济和社会的教授职位。1979年至1986年间，借助来自美国国际开发署（AID, US Agency for International Development）和韩国政府的资金支持，关于韩国经济和社会的十项研究以"韩国现代化研究：1945～1975"为题构成一个书系，作为哈佛东亚专著丛书的一部分得以出版。所有这些活动，都得到了费正清中心的支持，珀金斯本人也在哈佛东亚专著丛书中贡献了两卷。这些活动滋养了哈佛大学的朝鲜半岛研究，也为韩国研究所的成立奠定了基础。

1993年，韩国研究所从费正清中心独立出来，作为一个独立的哈佛单位直接向哈佛文理学院院长负责。1993年，瓦格纳从研究所主任的位置上退了下来，继任的第二任主任是现代韩国社会和经济史专家埃克特（1986年获华盛顿大学博士学位）。他在1993年至2004年间担任了研究所主任。他曾在驻韩和平队（Peace Corps in Korea）工作，韩语流利，在韩国学术界有着广泛的人脉。当1993年，他就任韩国研究所主任时，研究所从梵瑟楼中不起眼的办公室搬回了柯立芝楼，其新的办公室就在费正清中心办公室旁不远。尽管就研究项目而言，韩国研究所是哈佛最小的区域研究中心，但通过埃克特不懈的筹资努力，它已经和其他区域研究中心齐名了。

第三任主任麦卡恩（David McCann，1976年获哈佛大学博士学位），是韩国现代文学研究专家。他出版了大量研究现代和后现代韩国文学和诗歌的作品。他在康奈尔大学任教多年。他本人不仅是学者，也是一名诗人，曾经积极邀请多位在传统和现代文学研究领域成果卓著的韩国籍学者到哈佛访问。他是2004年开始担任韩国研究所主任的。[①]

[①] 1976年2月11日讨论东亚筹资行动工作重心的会议记录中（Meeting to Discuss Priorities of East Asian Fund Drive）提到了1975年募得100万美元（见哈佛档案档案）。中心1977~1978年度报告第5页记述了1977年"新英格兰朝鲜半岛专题讨论会"的开办。韩国发展研究所（Korea Development Institute）由韩国政府资助。这个机构所资助的"韩国现代化：1945~1975"丛书出版项目也得到了东亚研究理事会（Council on East Asian Studies）和哈佛国际发展中心（HIID）的资助。东亚研究理事会当时负责东亚研究中心的出版事务，而国际发展中心则通过其前主任珀金斯牵线参与了这个项目。正是珀金斯把各方的资金撮合到一起，用于这个出版项目。费正清东亚研究中心1980~1981年度报告第3页至6页记载了该丛书中最早出版的四册。埃克特

费正清中心的博士后项目

孔飞力恢复并重组了中心的博士后项目。东亚中心成立后不久，费正清和中心执委会设立了一个为期三年的访学项目，邀请哈佛以外的学者来东亚中心一年，一边继续修改他们的书稿，一边参加作为东亚中心生活一个重要部分的各种研讨会和学术讨论会。1958年至1961年执行了第一轮访学项目，每年有六到九个人获得资助。从1962年起，中心开始提供各种数目不等的资助，资助的对象中既包括比较年轻的学者也包括颇有成就的学者，他们可以处在研究的任何阶段。不过，因为当时费正清的"底线"是要出版成果，他倾向于选择那些正在准备书稿、计划出版的人。直到1968年，费正清总是确保他指导下的博士生们在论文修改阶段能够定期得到资助。如前所述，修改论文并交付出版是费正清给他最好的学生安排的"一揽子"培养计划的一部分。但是，二十世纪七十年代，资

《帝国之胄：高敞金氏和韩国资本主义在殖民时代的起源，1876~1945》(*Offspring of Empire: The Koch'ang Kims and the Colonial Origins of Korean Captitalism, 1876~1945*，西雅图，华盛顿大学出版社，1991)是英文文献中研究日据朝鲜的开创之作。这本书反映了因为儒家伦理观念反对从商，不管商人家庭积累了多少财富，他们也无法获得更高的社会地位。而在资本主义经济中，财富通常是取得更高社会地位的唯一必要条件。2004年10月7日《哈佛公报》第4页《埃克特获尹世英讲座教授提名》(*Eckert Named Yoon Se Young Professor*) 一文简单报道了埃克特被任命为哈佛教授的情况。麦卡恩最近编了一册韩国诗歌集。参见麦卡恩《哥伦比亚现代韩国诗歌选集》(*The Columbia Anthology of Modern Korean Poetry*，纽约：哥伦比亚大学出版社，2004)。有关韩国研究所的历史及其现在的项目，请参考哈佛大学韩国研究所2002-2004年的双年度工作报告（第83页注解①中曾引用）。

金匮乏，用于资助研究和写作的资金大多是给了老师们而不是他们的研究生。[1]

1980年秋，就在就任中心主任后几个月，孔飞力组织了一个招聘项目，让具有学术潜质的年轻学者申请。他给全美各地的同行发信，请他们推荐自己最好的学生。选拔在冬末进行，1981年7月1日正式录用。当时给这些年轻学者的主要任务就是让他们修改自己的论文交付出版，而中心的出版项目享有出版优先权。他们在校期间还要参加各种研讨会和工作坊。唯一的限制是研究必须是与中国相关的人文或社会科学领域。该项目启动的第一年资助了五名学生来访。中心动用了各种可用款项为该项目提供资金。不过，一般说来，二十世纪八十年代时，每年招收的博士后研究员少于五人。[2]

促使孔飞力设立博士后项目的一个动因是当时黯淡的就业市场。于1983～1984学年担任中心代理主任的史华慈也有

---

[1] 中心1958～1959年度报告第2页记述了项目实施第一年的情况，当时克尔（Allen Cole）担任该项目的主管。克尔的研究领域是美国的现代外交政策，尤其是涉及日本的政策。费正清的博士生中，有越来越多的人得到了中心的资助，例如中心1967～1968年度报告中第4页至5页就有相关情况的记载。那些年里，很多研究亚洲问题的年轻的哈佛教师也得到了中心的资助。

[2] 中心1980～1981年度报告第16页第一次宣布了中心新设立的博士后项目。中心1981～1982年度报告第6页至7页给出了第一批招收的博士后学者名单。1984～1985学年，招收了三位博士后学者，这也是二十世纪八十年代通常的招收数目。三位博士后学者每人获得2万美元奖助金，分别由中心的基金、企业会员和杨漫（William Sterling Youngman，1932年获哈佛大学法律学士学位）的捐款提供。杨漫是费正清的朋友，也是他的崇拜者。1953年开始，他就对哈佛大学和明德学院（Middlebury College）慷慨解囊。他1968年退休，二十世纪八十年代多次给中心捐款，总额接近20万美元。有时，他在捐款时还要求匿名。他1992年初去世。中心存有他的档案。关于奖助金和捐资的情况，参见中心档案中1984年12月12日中心执委会会议记录。当时王安已经承诺捐资，但还没有到位。

同样的忧虑。他们担心很多研究生毕业后难以找到合适的工作，会就此离开了学术圈。孔飞力注意到，很多才华横溢的研究者只能到缺少研究机会的非一流学校任教。而且，各大学里竞争越来越激烈，晋升越来越难。二三流学校的教授们自己只有一本书出版，却要求年轻学者们先出版两本书才能获得终身教职。当时，费正清中心的博士后项目的首要目的就是要让最优秀的年轻学者和各大研究中心保持紧密的联系，帮助他们出版研究成果。在费正清中心史上的那个阶段，博士后项目对孔飞力来讲非常重要，以至于二十世纪八十年代初，中心将其绝大部分资金都投入到了这个项目上。当然，年轻学者们也表现出了浓厚的兴趣。早在项目启动后的第二年，孔飞力已经认为，"申请者的学术素质令人非常高兴，遴选非常困难"。[①]

有一位学者在当时黯淡的就业市场上找到了一份好工作，并且离家很近。他就是濮德培（1980 年获哈佛大学博士学位）。1980 年，他担任了麻省理工学院的讲师，现在已成为了该校的正教授。他的研究兴趣是由人口、农业生产和社会抗议所带来的综合压力。他的著作《耗尽地力：湖南政府与农民，1500～1850》（*Exhausting the Earth: State and Peasant in Hunan*, 1500～1850，哈佛大学东亚研究理事会，1987）反

[①] 中心 1982～1983 年度报告第 1 页提到孔飞力对当时研究生毕业后面临的就业形势感到担忧。中心 1983～1984 年度报告第 1 页记述了史华慈对申请者素质的高度评价。中心的教授们花了很多时间指导年轻学者解决他们所面临的学术问题，但是中心非常失望地发现把这些年轻学者的毕业论文变成可以出版的学术成果是一个进展相当缓慢的过程。参见中心 1984～1985 年度报告第 1 页孔飞力的评论。

映了这些主题。他最近的著作《中国向西挺进——清代对欧亚大陆中部的征服》(*China Marches West: The Qing Conquest of Central Eurasia*) 于 2005 年由哈佛大学出版社出版。该书探讨了清朝如何把中国边境拓展至今天的国境线附近。它按照时间顺序讲述了清朝挫败主要对手噶尔部从而将今天的新疆和蒙古收入囊中的过程,是有关这段鲜为人知的历史的第一部英文著作。清政府的统治者们采取了富有远见的政策,包括投资当地经济发展,加强行政管理体制,鼓励农业移民和商贸网络建设。他们还对不同的被统治民族采用了不同的礼仪制度。就其文化视野而言,他们强调了边疆地区在整个强大帝国中的价值。现在,濮德培是费正清中心的研究会员,经常参加中心举办的各种研讨会,有时还在这些研讨会上发表演讲或担任评论人。[1]

孔飞力还开始邀请哈佛以外的教授担任具有完全资格的中心执委会委员。1980 年柯文和戈德曼应邀进入中心执委会,这是对他们多年来积极融入中心生活的认可。2005 年时,他们仍是中心执委会的成员。

哈佛当代中国书系

现在,哈佛大学出版社发行了一套名为哈佛当代中国书系(Harvard Contemporary China Series) 的丛书。这套丛书

---

[1] 濮德培是个纯粹的哈佛人,他的学士和硕士学位也都是从哈佛获得的。

和中心密切相关，因为其中的学术成果主要来自费正清中心所举办的大型学术会议。出版这一书系的想法肇始于1982年5月由全国人文学科捐赠基金会（National Endowment for the Humanities）资助在圣约翰大学举办的一次学术会议。会议的主题是二十世纪八十年代初期中国的文化状况，当时中国的改革开放刚刚起步。这次会议由金介甫（Jeffrey Kinkley，1977年获哈佛大学博士学位）召集。戈德曼出席了这次会议，她认为这次会议上发表的论文可以结成一部不错的论文集出版。她从费正清中心为她主持下的新英格兰中国研讨会（New England China Seminar）所提供的资金中拿出一部分，并协调东亚研究理事会（Council on East Asian Studies）出版了这次会议的论文集。这就是哈佛当代中国书系的第一卷，题为《后毛泽东时代：中国的文学与社会，1978～1981》（*After Mao: Chinese Literature and Society*，1978～1981，东亚研究理事会，1985），由金介甫主编。1993年，该书系出版了第九卷，即由魏爱莲（Ellen Widmer 1981年获哈佛大学博士学位）和王德威主编的《从五四到六四：二十世纪中国的小说和电影》（From May Fourth to June Fourth: Fiction and Film in Twentieth-Century China）。从这一卷开始，哈佛当代中国书系改由哈佛大学出版社出版。

自从哈佛当代中国书系出版以来，今天在哈佛执教的多名教授都参加了编辑工作。他们包括：马若德、裴宜理、傅高义、王德威（这些学者中有的在其所编辑的那一卷出版时还不在哈佛执教)。其他参加编辑工作的学者包括：齐慕实（Timothy Cheek，1986年获哈佛大学博士学位，现任教于不列颠哥伦比亚大学）、傅佛果（Joshua Fogel，1980年获哥伦比亚大学博士学位，1981年至1988年在哈佛历史系任教）、柯临清和魏爱莲（这两位下文论及）。这套丛书中每一本都很厚实，通常会有四百页以上。今天，很多大学出版社都不愿意出版会议论文集，他们认为这样的论文集主题繁杂、论文质量良莠不齐，导致销售困难。即便如此，哈佛当代中国书系仍在坚持出版（不过，哈佛大学亚洲中心的出版委员会的现行政策是，对论文集既考虑以网络在线方式出版，也考虑以传统纸质书的形式出版）。哈佛当代中国书系资金保障充足，出版依旧红火。比如，黄华跃（Perry Wong）编辑的关于政治改革的那一卷，因为畅销，已经重印了四次。哈佛当代中国书系的卷目表请见本书附录B。

费正清中心的资金保障

筹集足够的资金、确保费正清中心项目的正常运行，是中心成立头三十年的经常性工作。1955年，中心成立时，哈佛仅仅提供了很少的资金用于亚洲研究项目。学校给中心在敦斯特街16号提供了办公场所，也出资聘请了一些秘书。学校还通过中心学者所在的院系给他们支付薪水。但是，维持中心各个项目运转所需的资金主要来自两个基金会——卡内基基金会和福特基金会。战后，美国成为了国际社会的新领袖。这两大基金会为那些有助于美国更好地扮演这一国际角色的学术项目提供了慷慨的资助，由此在很大程度上形塑了战后美国的思想生活和学术生活。面对新的国际角色，美国的一大需要就是要充分理解东亚的几大文明，二战的很多战争就发生在那里，残酷的朝鲜战争也发生在那里。如前所述，正是靠福特基金会和卡内基基金会最早提供的两笔资金，东亚中心才得以创立。后来，1963年和1964年，中心又从美国国防部和空军拿到了大笔的政府资金。可以想象，政府资助的主要目的是要让哈佛学者提供与共产党中国的人物和事件有关的各种情报，以满足美国制定战略防御政策的需要。前面提到的克莱因与克拉克合编的《中国共产主义人物词典：1921～1965》，就是其中一例。早在他们来到哈佛前，他们就已经完成了初稿。1963年初，裴泽也是拿着这样的资金前往香港，在那里他通过采访难民收集有关中国内部事件的情报。他当时是中心执委会的成员，四位经他培训的助理参与了情报搜集工作。傅高义也参加了这项工作，他和难民们谈论关于家庭、亲属和日常生活方面的事情。1964年，他们的采访最后形成了一份长达一千多页的单倍行距的报告，内容正是灾难性的文化大革命爆发之前中国各省的日常生活。[1]

二十世纪五十年代中期到七十年代中期的二十多年间，美

---

[1] 有关各项捐助和福特基金会与卡耐基基金会资助的相关项目，参见当时几年间中心的年度报告。早年来自美国政府的一些资助是通过林德贝克的安排从军备管制与裁军事务署 (Arms Control Agency) 获得的。实际撰写基金申请书的是珀金斯和哈普伦 (Morton Halperin, 1961年获耶鲁大学博士学位)。哈普伦1961年至1966年在哈佛任教。我是在

国的亚洲研究主要依靠来自福特基金会的资金支持。哈佛大学尤其如此。1955年至1972年，东亚研究中心获得了十二笔来自福特基金会的捐赠，每笔大都达数十万美元，而这些年的总数则高达430万美元。这是大型非政府组织能够给整个国家带来深刻影响的一个例证，也清楚地展示了福特基金会在美国的区域研究——尤其是亚洲研究方面——所扮演的关键角色。②

迟至二十世纪七十年代，福特基金会和美国政府都削减了对亚洲研究项目的支持资金。由于这两大赞助机构不愿再给项目提供资金，中心在整个二十世纪七十年代捉襟见肘。这段时间，每年的年度报告中都提到了严重的资金匮乏问题。所有项目的开支都在缩减，其中一项决定是停止出版费正清于1947年发起的"哈佛中国研究论文"书系（大部分论文的作者都是在攻读东亚地区研究硕士项目的学生）。以前，依据《国防教育法》提供的政府资金一度资助了美国各地的一百二十个区域研究中心；到了1974年，这笔资金被大幅删减，只够为五十个这样的中心提供部分资助了。傅高义在给执委会的报

2005年5月与珀金斯交谈时得知上述情况的。中心1963~1964年度报告第4页至5页记述了香港访谈中心（interview center）和克拉克所写的第一篇有关中国共产党领导人的论文的情况。在中心图书馆可以看到由傅高义和裴泽整理的访谈记录。到1973年，因为越南战争，哈佛校园内反政府的气氛高涨，傅高义希望中心尽可能不再接受任何与国防部有关的资助。他希望能够获得全国人文学科捐赠基金会（NEH）的资助。参见1973年10月10日中心执委会会议记录（哈佛档案所藏中心行政档案）。

②费正清、布里格斯在其合撰的《哈佛东亚研究中心20年报告（1955~1975）》（傅高义修订）第7页至11页（第3页注解①中曾引用）中对这些资助做了简单扼要但极有帮助的说明，还附上一张表格逐条列出了每笔资助款。

告中提到，因为资金大幅减少，没有多少钱可以用来资助研究，而"余下的钱必须用来维持中心在最低水平上运行"。1977年，在霍夫亨兹接任中心主任后写的第一份报告里，他提到："在 1976~1977 年度，中心像去年一样通过大幅削减研究支出勉强维持，使用手头的资金（来自以前的、现已过期的捐赠）在最低水平上维持本机构的运行。"中心深知自身工作的重要性和与中国研究相关的哈佛教授对它的坚定支持，因此，中心从来没有考虑过自动解散。但是，它的未来却充满变数。[1]

确保中心长远生存和发展的唯一办法就是要建立自己的长期运作基金。这就是要募集一笔数额可观的资金，将其存入银行或者进行证券投资，用每年的利息收益支付中心运行所需的费用，而本金则继续用来投资获益。1972 年，东亚研究理事会成立，费正清被任命为理事会主任，这时为中心筹措基金的工作才真正开始。东亚研究理事会也被安排在东

---

[1] 1972 年，费正清提到，福特基金会"正从资助大学的事业中撤出……计划在三年内终止对所有此类机构的支持。"参见 1972 年 2 月 8 日《与福特基金会代表的会谈》(哈佛大学档案 1956~1983 年中心行政档案)。哈佛档案中费正清、布里格斯的《哈佛东亚研究中心 20 年报告 (1955~1975)》(傅高义修订，第 3 页注解①曾引) 第 9 页中提到停止出版"哈佛中国研究论文系列"；傅高义在 1974 年 5 月 15 日的中心执委会会议记录中也提到了此事 (见哈佛档案馆所藏 1956 年至 1983 年的东亚研究中心行政档案)。霍夫亨兹的话引自中心 1976~1977 年度报告第 1 页。从二十世纪七十年代起到现在 (2005)，中心不再从福特基金会、卡内基基金会、洛克菲勒基金会和梅隆基金会获取资助，而是从路思义基金会 (Henry Luce Foundation, 成立于 1936 年)、弗里曼基金 (Freeman Foundation, 成立于 1993 年)、蒋经国国际学术交流基金会 (CCKF, 成立于 1989 年) 取得资金。有关其中一些基金会的情况，参见布朗 (Deborah Brown)《资助台湾研究的机构：一份选择性的概览》(*Organizations That Support Taiwan Studies: A Select Overview*) (第 42 页注解①中曾引)，第 281 页至 314 页。

亚研究中心内办公。它有自己的工作人员，以奥尔尼（Bill Olney）为首的。东亚研究理事会从捐款中抽取高额的管理费，资金流入颇为困难。东亚研究理事会的目标是通过与哈佛大学的发展办公室（Harvard development office）合作，为东亚研究中心建立自己的基金筹措所需的款项。1977年聘用马多克斯，就是要利用他的能力和人脉为理事会筹资。除了主任费正清、副主任赖世和以外，其他在东亚研究理事会任职的哈佛教授还包括珀金斯、傅高义、韩南（Patrick Hanan，白话小说研究专家，长年在费正清中心执委会任职）、吴文津（Eugene Wu，1951年开始在斯坦福大学胡佛研究所工作，1965年来到哈佛担任哈佛燕京图书馆的主任）。为了联络他们在商界、金融界、新闻界的同仁，全美各地事业有成的哈佛毕业生及其友人也被列为了东亚研究理事会的国际组织委员会（international organizing committee）委员。在这些委员中，有大通曼哈顿银行（Chase Manhattan Bank）主席大卫·洛克菲勒（David Rockefeller，1936年哈佛毕业）、世界知名的建筑设计师贝聿铭（I. M. Pei，1946年哈佛建筑系毕业）、曾获新闻界大奖的著名记者西奥多·怀特（Theodore White，1938年哈佛毕业）。哈佛大学的热心支持者、波士顿商界资深人士柯立芝（1954年哈佛毕业），则担任了国际组织委员会主席。[1]

---

[1] 在中心1973～1974年度报告第1页，傅高义记述了东亚研究理事会（Council on East Asian Studies）的创立。1975年5月20日东亚研究理事会主席在报告中记述了

东亚研究理事会的理事们同意在必要的时候到各地去会见潜在的捐资人,宣传中心的重要性。因此,他们在美国各地和亚洲的大部分地区都举办了会议,会议地点包括匹兹堡、休斯敦、纽约、香港、台北、新加坡和首尔。最后,资金终于开始进账了。1974年7月,阿伯克龙比基金会(J. S. Abercrombie Foundation)承诺捐赠5000美元;1974年11月,大卫·洛克菲勒捐赠了10.4216万美元,1975年5月他又捐赠了10.1304万美元。由于所有的区域研究项目都遭遇了资金困难,因此,这次筹资活动是全方位的:除了为东亚研究中心筹资外,东亚研究理事会也在努力为日本研究所(为日本研究所的募款尤其成功)、哈佛燕京图书馆、朝鲜半岛研究

1974年7月至1975年5月该理事会第一年的活动(报告现存于哈佛档案馆)。这个组织的领导者,如费正清和傅高义,因1973年从日本国际交流基金会(Japan Foundation)募得大额资金而深受鼓舞。他们认为一定还能从某些地方募得更多笔这样的资金,而只要理事会成员组织有序、共同努力就能获得这些资金,保证东亚研究中心的经费需求。为了让尽可能多的哈佛人员参与到这个行动中来,一个覆盖全校范围的指导委员会成立了,这个委员会的成员包括了文理学院院长罗索斯基、法学院孔杰荣以及来自哈佛发展部的几位成员。我在《哈佛燕京学社简史》(第17页注解①曾引)中介绍了韩南。关于韩南在这一领域的影响,参见蔡九迪(Judith Zeitlin)和刘禾(Lydia Liu)编《中国的写作与物质性:韩南纪念文集》(*Writing and Materiality in China: Essays in Honor of Patrick-Hanan*,剑桥:哈佛大学出版社,2003)。吴文津的工作在韩南编的《哈佛燕京的宝藏:哈佛燕京图书馆七十五周年华诞展品目录》(*Treasures of the Harvard-Yenching: Seventy-Fifth Anniversary Exhibit Catalogue of the Harvard-Yenching Library*)一文中有记载,该文发表于《哈佛燕京图书馆研究》2003年第1期(麻省剑桥出版)。柯立芝(1933~2005)出身波士顿的上流社会,二十世纪五十年代和六十年代初曾在韩国居住过几年。他是费正清东亚研究中心的积极支持者,也积极参与中心所有的募资活动。2005年1月11日《波士顿环球报》刊登的《杰斐逊的后人、财产受托人逝世,享年七十二岁》一文中记述了他的生平。2002年,东亚研究理事会更名为亚洲研究理事会(Council on Asian Studies)。

项目筹资，还为一个筹划中的有关越南研究的教授职位筹资。1975年年中，用途不受限制的资金（亦即未指定用于某一具体学术项目的资金）已经筹集到了24.4948万美元，这笔钱理论上可供东亚研究中心用来建立自己的运作基金。然而，根据费正清的报告，在经过一轮轮的讨价还价结束后，资金被分配到了各种各样的项目中，而东亚研究中心只从中得到了5.5万美元用来建立运作基金。就在这次筹资活动告一段落之时，忧心忡忡的费正清也深有感触地写道："因为过去三年（1973~1975）的经济状况，中心设法用福特基金会的钱支付了1976~1977年度的开销（那年的预算是26.9508万美元）。可是，1976~1977年度后，如果得不到新的资金支持，中心就将不复存在了。"①

这时，福特基金会再次伸出了援手。不过，与此同时，福特基金会也声明，它将不再大力支持亚洲研究，亚洲研究机构应当努力寻找其他的资金来源。1976年，福特基金会承诺捐资

---

① 募捐活动的成果还包括：为哈佛燕京图书馆募得7015美元；为新成立的韩国研究所募得20万美元；为一个越南研究教授职位募得43.8423万美元；为东亚研究中心募得经费12.5万美元。此外，还为日本研究所募得96.1657万美元，当时日本研究所的基金账户上已经有了相当数额的余额，因此，在这次募捐活动后该所的基金总额达到了541.2907万美元。这样，在一年的时间里募款行动一共募得了177.7252万美元。这些数字来自1975年5月20日哈佛大学东亚研究理事会主席呈交给该理事会的报告。至少有五十三家公司拒绝了东亚研究理事会的募捐请求。费正清告诉当时在斯坦福任教的华德（Robert Ward）说，东亚研究中心只拿到了5.5万美元。参见1976年6月17日费正清给华德的信（哈佛档案馆费正清档案）。那封信的附件中包含有本书中引用的内容。那段时间，哈佛大学继续给中心提供支持，包括提供办公场所和为在中心任职的哈佛教师支付薪资。

45万美元给东亚研究理事会,条件是东亚研究理事会能够在三年内找到三倍于此的配比资金。理事会不但努力筹集经费以支付中心当下的开销,它也通过"哈佛与东亚项目"(Program for Harvard and East Asia)为中心筹措资金以帮助中心建立自己的运作基金。严格从会计角度来说,东亚研究理事会未能在规定时间内完成配比资金的筹集,但是,通过把与各种学术项目相关的来源不同的几项资金都算作中心努力筹资的成果——大家都同意这是为了正义事业而采取的君子手腕——中心提供给福特基金会的进账总数看上去就满足了配比要求,而福特基金会的钱也就按期以分期支付方式转给了东亚研究理事会。此外,梅隆基金会(Andrew W. Mellon Foundation)也承诺捐赠50万美元(该基金会还同意将这笔钱算作福特基金的配比资金)。另外还有几项专项研究资金到账,如1976年路思义基金会(Henry Luce Foundation)捐赠了21万美元,指定资助东亚研究中心管理下的三个研究项目。这些资金维持了中心的运行;与此同时,中心的长期运作基金也在慢慢筹集到位了。[①]

[①]《就东亚筹资行动致博克校长的说明》(可能撰写于1976年)(Statement for President Bok Concerning the East Asian Fund Drive)中提到收到了福特基金会的资助。1974~1975年度给东亚研究访问委员会(East Asian Studies Visiting Committee)的报告中也提到了这笔捐助。这两个文件都保存在哈佛档案馆费正清档案里。中心1976~1977年度报告第1页也记述了这笔捐款。霍夫亨兹在中心1977~1978年度报告第2页记述了中心如何创造性地编制财务报告以满足福特基金的付款要求。中心二十世纪七十年代中期的年度报告中提到,中心获得了全国人文学科捐赠基金会(NEH)的一笔资助。这是一个三年期的资助项目,要求按3:1的比例用外来资金配比。这笔资金用来支付中心的经费。

费正清中心的老职员都记得当年有一笔捐款，仅此一笔就让他们确信中心可以成功筹集到建立长期运作基金所需的款项。1982年，哈佛文理学院院长罗索斯基、通过东亚研究理事会为中心积极募款的柯立芝以及哈佛大学校长伯克（Derek Bok）收到了一份来自王安（An Wang，1948年获哈佛大学博士学位）的礼物——100万美元的捐赠。王安是波士顿极为成功的王氏实验室公司的创办人。

王氏实验室是当年无处不在的王氏文字处理机的生产商。为了逃避战乱，王安（1920～1990）于二十世纪四十年代末离开内战频仍的中国。他来到了波士顿，在哈佛大学获得了博士学位。他是一个有着发明瘾的机械迷，发明了第一台文字处理机。这不是一种电脑，尽管也运用了电脑技术；它既不需要在恒温室操作，也不需要靠某种神秘语言运行，尽管同今天的软件相比，王氏文字处理机的确使用了一些让初学者觉得逻辑性不强的命令。这是一种桌面设备，某种程度上与二十世纪五十年代的一种电视机（Admiral television）相似——有一个十二英寸的黑白屏幕，很快在美国各地的办公桌上就几乎随处可见。

王安博士个子不高，精力充沛，为人友善但不喜闲聊。那天，他在自己的办公室欢迎了尊贵的哈佛代表团。据说，一阵寒暄之后，他就问来自哈佛的三位访客需要多少钱。这个问题正是这次到访的目的所在，但问得十分突然和直截了当，让这三位代表团成员措手不及。一个高层次的代表团就这样被问得一时哑口无言。他们说了句"大约100万美元",王安立刻回答说"好的",然后写了一张100万美元的支票。用了还不到十分钟,这次会面就结束了,代表团就到了外面的人行道上,准备回哈佛校园了。这个高层代表团是坐着牌号1636(哈佛建校的年份)的哈佛校长专车来的,就这样拜访了新英格兰地区最蒸蒸日上的工业巨子之一。这份慷慨的礼物如此爽快地就出手了,它让人们相信费正清东亚研究中心终有一天会实现其筹集大额运作基金的目标,告别先前"饱一顿饿一顿"的资金问题。

当1986年孔飞力卸任中心主任时,中心募集到的长期运作基金已达200万美元。孔飞力设法将中心的筹资方案大大向前推进了,此时人们可以说已经确信这个方案是可行的也终将成功。其最后的回报要到马若德主任时期和二十世纪九十年代才到来,那时马若德凭借其非凡的筹资能力为中心募集到巨额资金,而中心又从二十世纪九十年代末的泡沫经济中获得丰厚的收益(下文论及)。①

---

① 王安曾在哈佛大学学习物理。他自己生产电脑,并拥有其中几项关键部件的专利。大约从1973年以来,哈佛一直在寻求王安捐赠。参见1973年1月9日哈佛发展部奥尔尼(W. S. Olney)写给菲尔(Marshall Pihl)的备忘录(见中心档案王安卷,该卷中还有关于向王安募捐的其他一些备忘录)。他的公司在二十世纪八十年代早期最为成功,也就是在这个时期他给费正清中心提供了捐款。费正清和孔飞力也曾与王安初步会谈,告诉他东亚研究中心的需求。在2005年2月8日的访谈中,罗索斯基作为当时造访王安的哈佛工作人员之一,向我描述了王安签下100万美元支票的那次会晤。之后,罗索斯基写下了哈佛对这笔资金的管理办法。参见1983年9月14日罗索斯基写给王安的信(参见中心财务办公室档案)。继这个百万美元的大礼之后,王安继续给中心捐款,例如,1988年他再次承诺向中心捐赠35万美元。参见1988年7月12日费正清写给王安的

史华慈代理主任时期（1983~1984）

孔飞力任职的中期，史华慈曾担任了为期一年（1983~1984）的代理主任。自 1955 年以来，史华慈就是中心的关键人物之一。有关史华慈学术事业的记述，请参看上文"敦斯特街 16 号的办公室"（费正清任主任时期）和"费正清东亚研究中心"（霍夫亨兹主任时期）两部分。

信（中心档案王安卷）。王还承诺捐赠 100 万美元，用作文理学院院长的机动基金。不幸的是，二十世纪八十年代后期他的公司垮掉了，原因是他决定把主要精力用于生产和销售联接文字处理机和迷你电脑（minicomputers）的硬件，而当时个人电脑革命已经兴起。消费者争相购买王安公司的竞争对手生产的功能强大的个人电脑台式机，这让文字处理机和微机落伍了。王安的自传名为《教训：王安自传》（Lessons: An Autobiography），1986 年由艾维出版社（Addison-Wesley）在麻省出版。网络版《商业周刊》（Business Week）上刊发的布鲁斯特（Mike Brewster）的文章《计算机时代的核心人物：王安》（An Wang: The Core of the Computer Era）概述了王安公司的衰败，见 www.businessweek.com/print/bwdaily/dn flash/jul.

1971 年至 1991 年，伯克（Derek Bok，1954 年获哈佛大学法学学士学位）担任哈佛大学校长。他 1958 年起在哈佛任教。他的最新著作是《市场中的大学》（Universities in the Marketplace，普林斯顿：普林斯顿大学出版社，2003）。在中心 1983~1984 年度报告第 3 页中，可以看出当时孔飞力因长期运作基金的数额开始逐步增加感觉到募资行动有希望了。马若德在他编写的小册子《支持哈佛大学费正清东亚研究中心的声明》（1987）第 2 页报告了 200 万美元这个数字。在中心 1986~1987 年度报告中第 1 页，他也提到了这个数额。应该注意到，即便在王安慷慨捐赠之后，1993 财年的基金收益，仍然不够支付中心的运转费用。1993 年，中心的经费预算是 36.3088 万美元，超出基金收益 5.4357 万美元。超出的部分只能从中心的其它资金里出，譬如从费正清基金抽取了 2 万美元，胡应湘捐助了 2.5 万美元等等，这样才弥补了不足之数。参见 1992 年 4 月 15 日中心执委会会议记录第 1 页至 2 页（中心档案）。

第五章
马若德主任时期（1986~1992，第一任期）

马若德（1981年获得伦敦经济学院博士学位）1984年来到哈佛，此前二十年，他已经是一名世界知名的中国问题专家了。他是《中国季刊》（China Quarterly）的创刊编辑，1959年至1968年担任了该刊的编辑工作。《中国季刊》很快成为关于当代中国的最为著名的英文学术期刊。马若德坚持了最高学术标准，其中包括要求刊载的所有论文都要完整地标明引文和参考文献。那个时候，关于当代中国的英文出版物在评估所引文献的可靠性方面有时不够严格。《中国季刊》成为最权威的分析中国政治、经济和社会的载体。在编辑《中国季刊》，跟踪了解最新的中国政治发展情况的同时，马若德还成为了英文世界里研究1966年至1976年的"文化大革命"方面最为权威的专家之一。他的著作《"文化大革命"的起源：灾难的来临，1961~1966》(The Coming of the Cataclysm, 1961~1966, 牛津：牛津大学出版社，1997)，是他的《"文化大革命"的起源》系列的第三卷。这一卷探讨了"文化大革命"前夜中国政治上和意识形态上的争论。1998年，该卷获得了列文森图书奖(Levenson Book Prize)。

在费正清东亚研究中心的日子里，马若德面对当时困扰中心的重大问题，总是非常幽默和自信。在他强有力的领导下，中心在这一时期取得了两项重大成就，它们对中心的发展产生了重大影响。第一项成就是基金筹资计划的圆满完成。这个计划始于1972年东亚研究理事会的成立。通过动员在纽约金融界成功立足的人士，一大批愿意慷慨解囊的赞助人帮助马若德最终解决了早年困扰中心的资金不稳定问题。第二项重大成就是马若德大大加强了哈佛在当代中国研究领域的师资。此前，哈佛大学的当代中国研究相对薄弱，这一劣势在二十世纪七十年代和八十年代随着中国在全球化舞台上逐渐成为一支主要力量变得愈发明显了。这使得哈佛大学的师资力量与美国其他从事中国研究的主要大学相比，经历了一段不利的时期。[①]

[①] 任职费正清中心前，马若德有着非常丰富的人生履历。他此前的每份职业或许都比最后在费正清中心任职更有趣。他出生在印度的拉合尔，是英国公民，1949~1950年曾在驻埃及的皇家第四坦克部队(Fourth Royal Tank Regiment)服役。从牛津大学毕业后，他在1953年至1955年来到哈佛大学在东亚地区研究硕士项目(RSEA)下学习中文和中国问题。1955~1961，他在伦敦的《每日电讯报》(Daily Telegraph)担任中

筹资达到新高

1987年,马若德创立了费正清中心委员会(Fairbank Center Committee),由此开始了新的筹资努力。委员会的成立得到了哈佛文理学院院长罗索斯基、公司高管斯通(Robert G. Stone,1945年哈佛大学毕业)的帮助,另外委员会还招聘了颇具经营才干的斯塔德专门负责为中心筹资。他们能够吸引一批主要活动于纽约地区的忠实的哈佛校友,以及其他愿意为哈佛的中国研究慷慨解囊的人。这是一种新的市场化的运作模式,需要厚着脸皮大胆联络圈内的精英人士。费正

国问题专家,后来担任了英国广播公司电视节目《全记录》("Panorama")的时事播报员,这个节目是新闻调查类节目和其他电视栏目的典范。二十世纪七十年代初,他还负责了英国广播公司全球广播(BBC World Service)下面的一个时事栏目。1974年,他作为德比郡(Derbyshire)贝尔珀(Belper)选区的工党候选人当选为英国议会议员,一直担任到1979年。他的这一职位是工党在贝尔珀的一个边缘席位,他没能再次当选,后来离开了政界。1976~1998年【译者按:原文如此】,他是三边委员会委员,这个组织1975年由社会名流成立,宗旨是研讨在工业化国家引起广泛关注的社会问题。1983年,他作为社会民主党(Social Democratic Party)的代表再次竞选议员,未能成功,遂接受了哈佛的邀请。1955年,马若德就获得了哈佛的硕士学位,因此,回到哈佛任职就像是回家一样。每年有两个列文森图书奖,一个发给二十世纪中国研究,另一个发给1900年之前的中国研究。其他获得这一奖项的哈佛学者有:黎安友(1987年获奖)、韩南(1990年获奖)、孔飞力(1992年获奖)和路康乐(Edward Rhoads,2002年获奖)。马若德担任中心主任时,很希望能够壮大哈佛的中国研究队伍。他和文理学院院长斯宾塞(A. Michael Spence)达成协议,可以新设三个初级的职位:一个在政府系,是为了帮助已担任了中心主任的马若德承担一些工作;一个在社会学系,是因为当时傅高义的大量精力被日本和东南亚研究方面的工作占据了;一个在经济学系,是因为珀金斯当时担任了哈佛国际发展中心的主任(HIID)。因为有了文理学院长的这些承诺,哈佛聘请了魏昂德(Andrew Walder)在社会学系工作、戴慕珍在政府系工作、史泰丽(Terry Sicular)在经济系工作。下文将有论述。

清中心委员会是一个由商界、政界和国际外交界的领袖人物组成的显要云集的组织，不过创立这个委员会的初衷也正是如此。委员会的第一任主席是霍顿（James R. Houghton，1958年哈佛大学毕业），当时是康宁玻璃公司（Corning Glass）的主席，现任哈佛董事会董事，该董事会是哈佛大学的最高权力机构。费正清中心委员会的成员中包括了很多世界知名人士，如：卡特总统时期负责东亚事务的助理国务卿理查德·霍尔布鲁克（Richard Holbrooke）；前驻华大使恒安石（Arthur Hummel）、前国防部长罗伯特·麦克拉马拉（Robert S. McNamara，1939年哈佛大学工商管理硕士毕业）；普利策奖得主、著名记者哈里森·E.索尔兹伯里（Harrison E. Salisbury）。委员会成员中还有不少富商，其中柯立芝和王安前面都已提及，他们都早在中心筹款活动的前一阶段就提供了巨额捐助。除了这两位外，还有一些商界领袖，如著名的谢尔曼·思特灵律师事务所合伙人伊顿（John M. Eaton，1961年哈佛大学毕业）、台湾实业家和慈善家侯贞雄（Earle J. S. Ho，他的两个儿子乔治和亨利毕业于哈佛大学）；雷诺兹－纳贝斯克执行官韦尔奇（James O. Welch Jr，1952年哈佛大学毕业）。韦尔奇在1990年接任了费正清中心委员会主席一职。到1987年底，费正清中心委员会已经筹资超过百万美元。1988年，为了满足孔飞力任内与梅林基金会达成的75万美元捐赠的三倍配比要求，王安又给了一份大礼，这一次他承诺捐款35万美元。①

就很多方面而言,1987年新成立的费正清中心委员会是在1976年霍夫亨兹任主任时启动的企业会员项目的基础上建立起来的。建立这两个机构的目的都是要试图进军高层和商界为费正清中心筹集资金,同时也通过费正清中心为哈佛大学筹资。不幸的是,多年来,人们对哈佛-东亚企业会议(Harvard-East Asia corporate conferences)的兴趣在逐年递减。二十世纪七十年代的时候,中国内部发生了什么事情、应该如何与中国做生意以及对当时形势的分析,似乎都是内部信息,需要专家才能准确地解说分析和提供建议。但是二十

---

① 中心1986~1987年度报告记载了费正清中心委员会的创立。1988~1991中心年度报告中记载了中心委员会四十多位委员的名字。大约在1987年,为了把费正清东亚研究中心介绍给潜在的赞助人,中心印制了一本宣传册。这个九页纸的小册子介绍了当时中心的概况。参见《费正清东亚研究中心》(哈佛大学出版,年份不详)。据中心档案中1987年12月16日的中心执委会会议记录记载,截至1987年12月,中心共募集了108.6万美元。2004年,委员会的名单上有二十七位个人委员、九个基金会和公司委员。1998年哈佛大学亚洲中心成立的时候,费正清中心最慷慨的赞助人中有些被拉到了亚洲中心一边,下文有论述。侯贞雄受马多克斯之邀加入了募集资金的行动。侯贞雄后来答应马若德的请求,承诺在三年间每年捐5万美元。这项捐助使得华琛能够聘用一位副主任。侯贞雄在台湾拥有东和钢铁企业股份有限公司(Tung Ho Steel Enterprise Corporation)。他在1987年至1994年间,每年捐赠5万美元给中心,见中心档案侯贞雄卷。马若德1988年7月11日写给王安的信中提到了王安捐赠35万美元的承诺,见中心档案王安卷。另见中心档案1988年中心执委会会议记录第1页。王安当时担任了中心筹款小组的名誉主席,他还要求自己的资金按2:1配比。

中心1988~1989年度报告第1页自豪地记载了关于赠与、募捐以及新设讲座教授职位的细节。在马若德看来,王安捐赠的100万美元、孔飞力从梅隆基金会收到的75万美元是募捐取得圆满成功的关键(详后)。马若德表示,在收到这两笔资金后,他唯一的工作就是寻找配比资金。他说,当时哈佛刚刚成功募集完3.5亿美元,因此,没有哈佛单位与中心在筹资方面竞争,这使捐款人和哈佛发展办公室都少了担忧,他认为这些都对中心的募捐活动有利(来源于2005年4月与马若德的交流)。

世纪八十年代中期以后，美国商界人士去中国旅行比以前容易了，这让他们能够对中国进行第一手观察。中国领导人也越来越少要求美国在政治上规矩行事，他们转而向美国提供各种实惠并要求美国做出相应的回报。美国商界和费正清东亚研究中心都不认为那种内部会议一样的特殊交流应该继续办下去，于是在1989年"企业会员项目"取消了。

在中心委员会的第三任主席古斯（John Guth）的建议下，马若德开始尝试更为雄心勃勃的模式：在纽约举行高端会议。1992年5月，第一次高端会议在纽约举行，大会主题是"新时代的东亚"。受邀在大会上发言的嘉宾有：1959年至1990年担任新加坡总理的李光耀（Lee Kuan Yew）、1979年至1987年担任美国联邦储备局主席的沃克尔（Paul Volcker，1951年获哈佛大学文科学士学位）、前总统顾问布热津斯基（Zbigniew Brzezinski，1953年获哈佛大学博士学位），其中布热津斯基曾于1977年至1981年在卡特总统手下担任国家安全顾问，也是费正清中心委员会的成员。投资银行家怀特海（John Whitehead，1947年哈佛大学工商管理硕士毕业）也在大会上发言，并担任了会议主席。1993年和1995年费正清中心委员会又在纽约举行了两次会议。第二次会议的主题是"日本和中国"，由日本三菱公司总裁槙原稔（Minoru "Ben" Makihara，1954年哈佛大学毕业）担任会议主席。第三次会议的主题是"中国和印度"。出席会议的名流有：德国前总理施密特（Helmut Schmidt）、曾担任中华人民共和国常驻联合国代表和联合国副秘书长的冀朝铸（他曾在哈佛大学学习化学，而当时他的父亲在纽约工作，但是1950年朝鲜战争爆发后，他返回了中国，因为他认为在敌国学习是不合适的）、宝洁公司在印度的负责人达斯（Gurcharan Das，他是哈佛大学优秀本科毕业生、哲学和政治学学士，后来又在哈佛商学院学习）、前任国务卿伊格尔伯格（Lawrence Eagleburger），以及当时的财政部官员萨默斯（Lawrence Summers，1999年至2001年1月担任了财政部长；2001年7月担任了哈佛大学第二十七任校长）。

裴宜理担任主任时，将费正清中心委员会改组为一个名为"费正清中心之友"（Friends of the Fairbank Center）的组织。该组织中的每个会员每年都要捐赠，捐款作为中心基金的一部分用于资助学生的学术研究和学术旅行。2005年，这个组织仍然存在，成员都列在中心每年的年度报告中。这个组织现在由二十七位个人捐赠者和九个基金会或公司组成。其中有一些人在二十世纪八十年代马若德任主任时就已经加入了这一行列。对这些每年捐款的慷慨会员，中心一直都非常感激。

事实证明，马若德是一位不知疲倦而又成效卓著的筹资人。他带领中心取得了筹资活动的圆满成功。筹资的一个目标是筹集225万美元资金以与孔飞力时期梅林基金会提供的75万美元捐助按照3倍配比。1988年7月，中心筹集到了150万美元可供现用的资金（换言之，不是作为长期运作基金），其中大多数来自中心委员会会员的捐赠。1989年，筹集长期运作基金的目标也超额完成了，金额达到了249万美元。1992年，即马若德任职的最后一年，筹资行动筹集到的资金总额高达325万美元。费正清中心用募集到的部分资金在人类学系设立了费正清和费慰梅"中国社会"讲座教授，该职位现由华琛担任。募集资金中由琳达·诺·莱恩女士（Linda Noe Laine）慷慨捐赠的部分则用于资助设在政府系的诺氏家族"国际事务中的中国"讲座教授（Governor James Albert Noe, Sr., and Linda Noe Laine and Christel Noe Laine Kelly Professorship of China in World Affairs）①，现在这个职位由江忆恩（Alastair Iain Johnston）担任。1996年，费正清东亚研究中心的长期运作基金每年已能产生46.6814万美元的收益，用于维持中心的运转。世纪之交，这个数额由于在经济泡沫中获得了超高的收益回报大幅攀升了。现在（2005年），费正清中心长期运作基金的市值已接近1700万美元，大约提供了中心每年运营收入的一半。②

---

①详见第112页注解①。
②中心1986~1987年度报告第1页记载，起初设定的募款目标是225万美元。中心1988~1989年度报告第1页记载，中心超额完成了这个目标。1984年10月，中心已经募集到317万美元，其中包括王安的赞助。参见1984年10月10日中心执委会会议记录第2页。中心1991~1992年度报告第1页记述，截至1992年的最终募款额为325万美元。中心从中拿出200万美元设立了两个新的讲座教授职位。1995~1996年度报告第3页记载了1996年的基金收益。在这次募款行动中，捐款最多的是琳达·诺·莱恩女士。

为当代中国研究招兵买马

作为一位当代中国研究专家，马若德初到哈佛时，对哈佛当代中国研究领域中师资的匮乏感到惊讶。中国古代史和晚清史研究在哈佛得到了很好的发展，但是在美国各地的其他中国研究中心，当代中国研究正成为其学术项目的一个重要部分，在这个方面哈佛与它们有着明显的差距。费正清中心筹资活动的一个重要目标就是要获得资金设立一个从事中国人类学研究的终身教授职位——在人类学这样一个社会科学的重要领域，哈佛当时还没有中国研究专家。费正清中心从筹集到的资金中转给哈佛文理学院150万美元，用于设立亚洲人类学研究费正清夫妇讲座教授，1989年华琛加盟哈佛担任这一职位。1991年政府系又利用诺氏家族讲座教授的资金聘任江忆恩为讲师，对此马若德感到非常高兴（参看前文对这两个新职位的正式名称的介绍）。江忆恩（1993年获密歇根大学博士学位）是中国外交、军控和东亚安全问题专家，他曾在哈佛大学东亚地区研究硕士项目就读（1985年获硕士学位），这正是费正清当年所倡导的先通过东亚地区研究硕士项目然后再通过博士研究项目培养中国研究学者的模式。[1]

---

[1] 在他担任主任期间提交的大多数年度报告中，马若德都直言，他对哈佛大学缺乏研究当代中国的教授深感忧心。中心1988~1989年度报告第1页记述了华琛的加盟，也记载了为设立第二个有关亚洲历史的讲座教授职位而得到的资助。诺氏家族讲座教授的正式名称是"老詹姆斯·阿尔伯特·诺州长、琳达·诺·莱恩暨克里斯特尔·诺·莱恩·凯利

马若德教授振兴哈佛当代中国研究的决心和努力得到了文理学院院长斯宾塞（A. Michael Spence）的大力支持。在斯宾塞的授权下，哈佛开始招募社会学、政治学和经济学领域的学术新秀。魏昂德（Andrew Walder，1981年获密歇根大学博士学位）是一位社会学家，他研究社会矛盾在"文化大革命"中的影响，这颇合马若德的口味。他的夫人戴慕珍（Jean Oi，1983年获密歇根大学博士学位）是一位研究中国农民和政府之间关系的政治学家。在哥伦比亚大学任教几年后（1981~1987），魏昂德1987年来到了哈佛大学，加入了社会学系。戴慕珍也在同年来到了哈佛大学政府系。夫妇二人都担任了副教授，但是没有终身衔（nontenured associate professors）。当加州大学洛杉矶分校想聘请这一对夫妇时，魏昂德很快获得了哈佛大学的终身教授资格，戴慕珍的合同也延长了。但是后来，虽然政府系投票通过戴慕珍终身教授资格，系里的建议却被哈佛大学校长陆登庭（Neil Rudenstine）驳回了。因此，魏昂德和戴慕珍转而去了斯坦福大学，在那里他们都获得了终身教职。2005年，他们两位都应邀回到哈佛教授课程。魏昂德现在是社会学系的访问教授，戴慕珍则是哈佛商学院的访问教授。另一位获聘的年轻学者是史泰丽（Terry

---

'世界事务中的中国'讲座教授"（Governor James Albert Noe, Sr., and Linda Noe Laine and Christel Noe Laine Kelly Professorship of China in World Affairs），该教席是以捐助者的名字、她父亲的名字及她女儿的名字克里斯特尔（Christel，1985年哈佛大学毕业）命名的。江忆恩加盟哈佛这件事，马若德在中心1991~1992年度报告第3页，华琛在中心1992~1993年度报告第3页都有记述。

Sicular），她后来离开哈佛去加拿大和丈夫一起工作时已经是哈佛经济系的副教授了。①

马若德还批准了一个收集和翻译1949年以前毛泽东作品的大型学术项目。鉴于他本人对使用原始文献来研究中国共产党很有兴趣，这个决定是再自然不过的了。直到1987年，中国共产党还只发行了四卷收录毛泽东1949年以前著作的选集。毛泽东在这一时期的著作不止此数，很多未被收录的著作尚存于中国以外的图书馆，而且没有遭到编辑篡改。这个项目不但会给汉学家，也会给更多研究革命和第三世界的学者提供一个独一无二的视角。1989年，该项目正式启动。全国人文学科捐赠基金会（NEH）提供了25万美元的资助，另有来自费正清中心的5万美元，这就是项目第一期的启动资金。马若德邀请了"仍健在的西方学者中公认的最为著名的毛泽东研究专家"施拉姆（Stuart Schram，1954年获哥伦比亚大学教授）负责项目的实际工作。1989年夏，施拉姆从英国伦敦亚非学院（SOAS）荣休后来到了哈佛承担这个新课题。②

---

① 在中心1987~1988年度报告第1页，马若德提到了1987年戴慕珍和魏昂德分别被政府系和社会学系聘用为不带终身衔的副教授。但是，从他们来到这里的时候起，两人就希望有一个更好的安排，因为他们两人显然都该有一个终身教职，且两人都被其他学校争相聘用。参见1987年12月12日魏昂德给马若德的信（中心魏昂德档案）。在他们离开哈佛时，华琛正担任中心主任。华琛主任记述了他们两位旺盛的精力和创新精神，并认为他们的离去对中心是一个"沉重的打击"。参见中心1994~1995年度报告第3页。另见1994年11月2日《哈佛红》上恩格尔撰写的《政府系拒授魏昂德、戴慕珍终身教职》（Widner, Oi Denied Ture in Government）一文。
② 马若德在他的第一个年度报告中宣布要开展毛泽东文献整理项目。参见中心1986~1987年度报告第2页。在中心1988~1989年度报告第2页中，他赞扬了施拉姆并宣布

施拉姆和直接负责掌管毛泽东著作的中共官员有良好的关系。但是，施拉姆意识到这些官员们决定帮他拿到多少原始文献的复印件只是取决于更高决策层政治上的心血来潮，对此他的反应是尽可能地发掘更多的文献，然后将那些他认为真实可靠的编辑出版。刚开始，他觉得只有1912年至1920年的毛泽东著作搜集全了，因此他认为只有第一卷可以定稿出版。后来发现，毛泽东在1949年以前还有大量的著作存世，于是施拉姆开始发掘这些文献中的绝大部分。结果，到目前为止，这套书就已经出版了七卷。这个文集名为《毛泽东的权力之路》，第一卷由夏普出版社（M. E. Sharpe）于1992年出版。第七卷2005年问世。最后的三卷（第八卷至第十卷）计划于2006年至2007年出版。在大多数卷册的编辑过程中，施拉姆得到了助理编辑何南喜（Nancy Hodes, 1991年获哈佛大学博士学位）的帮助，有些卷册还得到了不少特邀助理编辑的协助：韦思谛（Stephen C. Averill, 1982年获康奈尔大学博士学位，曾在密歇根州立大学任教）协助编辑了第四卷；范力沛（Lyman P. Van Slyke, 1964年获加州大学伯克利分校博士学位，斯坦福大学荣休教授）协助编辑了第七卷；齐慕实（1986年获哈佛大学博士学位，现任教于不列颠哥伦比亚大学）协助编辑了第八卷；

项目开始实施。他说，这个项目实际上是由当时夏普出版社的执行经理默温（Douglas Merwin）提出（来源于2005年4月与马若德的交流）的。美国全国人文学科捐赠基金会（NEH）后来同意给这个项目追加资助。中心1990～1991年度报告第1页记述了其中一次资助。2004年，这个项目的经费由史密斯·理查德森基金会（Smith Richardson Foundation）提供。

林蔚（Arthur Waldron，1981年获哈佛大学博士学位，现任教于宾夕法尼亚大学）协助编辑了第九卷和第十卷。[①]

尽管这套书还没有最后出齐，2003年12月，哈佛大学召开了主题为"重新认识毛泽东"（Mao：Re-Evaluated）的庆祝大会。大会一方面纪念毛泽东诞辰一百一十周年，另一方面感谢施拉姆对毛泽东研究领域所做的突出贡献。来自世界各地知名的毛泽东传记作家齐聚哈佛，其中有：逄先知（前中共中央文献研究室主任、新出版的二卷本《毛泽东传》的作者之一）；耶鲁大学的史景迁（Jonathan Spence）；特里尔（Ross Terrill）和毛泽东传记作家肖特（Philip Short）。出席会议的毛泽东研究专家中还有白鲁恂（Lucian Pye，1951年获耶鲁大学博士学位）。白鲁恂回忆了自己早年的著作《领导人毛泽东》（*Mao Tse-tung: The Man in the Leader*），这本书1976年由贝斯克图书出版社（Basic Books）在纽约出版，通过对人物性格的心理分析描绘了毛泽东。该书的分析认为，毛泽东恐惧权威并要发泄在打击敌人身上。白鲁恂总结说，很多有关毛泽东性格的揭秘在其死后已经广为人知，这些揭秘表明《领导人毛泽东》一书中对毛泽东心理的分析似乎仍然站得住脚。2005年写作本书的时候，白鲁恂仍是费正清中心的研究会员。会议头两天，一场暴风雪正席卷波士顿。会议第三天，又下了几个小时的大雪。12月初下这么大的雪在

[①]《亚洲研究杂志》（Journal of Asian Studies，64期2号第529页）刊登了罗威廉（William Rowe）为韦思谛撰写的讣告。

波士顿比较少见,让波士顿和罗根(Logan)机场停飞。但"毛的会议"仍在火热进行中!星期六的活动完成后,那天晚上,与会者踏过皑皑白雪,来到了一家中国饭店就餐。会议的最后一天,也就是星期天的早上,六十多人又挤在马萨诸塞大道 625 号费正清中心 3 号房间听取会议演讲。①

马若德发起的另一个大型学术项目是利用新出现的文献替代当年由布兰特(Conrad Brandt)、史华慈和费正清合编的《中国共产主义历史文献导读》(*A Documentary History of Chinese Communism*,哈佛大学,1952)。利用全国人文学科捐赠基金会提供的资助,马若德委托当时在莱顿大学任教的英国学者托尼·赛奇(Tony Saich)负责这项艰巨的任务。作为这个项目的成果,《中国共产党的崛起:文献与分析》(*The Rise to Power of the Chinese Communist Party: Documents and Analysis*)一书于 1996 年由夏普出版社在纽约州阿蒙克市出版。

---

① 中心 1989~1990 年度报告第 2 页提到,《毛泽东的权力之路》第一卷的出版计划起初有很大的不确定性。施拉姆聘请了何南喜帮助他编辑这套书。何南喜在中国长大,普通话是她的母语之一。她也是第二卷、第三卷、第四卷的副主编。中心 2003~2004 年度报告第 24 页至 25 页详细记述了那场"重新认识毛泽东"的学术会议。白鲁恂 1921 年出生于山西,当时军阀阎锡山统治那里。他在中国北方生活直到读完高中。1956 年,他加盟麻省理工学院,1994 年荣休。他写作编辑了 22 种书,多数是有关中国 1949 年后政治生活的。尽管他就在离哈佛不远的邻校任教,但他的学术洞察力不逊于哈佛任何一位一流的中国研究专家,但是他的心理史学研究方法,几乎就是人类学的方法并倚重心理分析,这一方法和费正清所欣赏的那种以经济学和政治学为中心展开分析评论的做法格格不入。最近这段时间,他经常参加中心长期以来举办的新英格兰中国系列研讨会。逢先知关于毛泽东生平的最新论著是《毛泽东传(1949~1976)》(北京,中央文献研究室,2003 年,上下册)。

赖世和与纽豪瑟年度讲座系列

马若德担任中心主任时发起了两个年度系列讲座,直到 2005 年这两个系列讲座仍在举办。赖世和讲座(Edwin O. Reischauer Lecture Series)开始于 1986 年 11 月,是为了向赖世和对东亚文明的渊博知识致敬。赖世和在研究东亚时采取一种兼容并包的方式:他力求找出各主要文化之间的关联,对东亚的诸多传统进行综合分析,鼓励尽可能做比较研究。他的思考展现了对整个东亚地区各个方面的渊博知识。正是这一特色让他的著作内容丰富、读起来兴味盎然,得到普通读者和专业学者一致好评。本着这一精神,应邀到赖世和系列讲座中发表演讲的学者要在三天的时间里发表三场演讲,演讲的内容必须围绕着能够涵盖一个以上的东亚国家的宽泛主题。最近几年来,每场演讲之后还有一位评论人对当天的演讲进行点评。这种形式吸引了博学多识的热情听众。马若德之所以能够办起这样一个系列讲座,是因为得到了科林斯(Phyllis Collins)的慷慨捐助。她当时是外交政策学会(Foreign Policy Association)会长,也是费正清中心委员会的成员。参加赖世和系列讲座的演讲者名单作为附录 C 附于本书之后。其中的很多讲座也已经由哈佛大学出版社出版,已出版的作品请参见本书附录 D。[1]

---

[1] 这个系列的研讨会命名为"赖世和东亚事务系列讲座"(Edwin O. Reischauer Lectureship on East Asian Affairs)。这个讲座每年举办一次,第一次的主讲人是狄

1988年，第二个年度系列讲座启动了，这就是纽豪瑟纪念讲座（Charles Neuhauser Memorial Lecture Series）。查尔斯·纽豪瑟（Charles Neuhauser，1953年哈佛大学毕业），人称查理（Charlie），1958年至1981年担任美国中央情报局的资深分析师。他密切关注着中国在那个动乱年代里发生的所有的政治变化。他是一位立场鲜明而又有些尖酸机智的人，喜欢与人讨论有关中国内政的问题。1966年至1967年，就在"文化大革命"处于最暴力的阶段之时，他到哈佛东亚研究中心进修了一年，进一步加强自己的中国研究能力。他的目标是要确定导致"文化大革命"爆发的最关键的因素。由于在中央情报局供职，他对中国的时事知之甚多，但他仅获准把其中很小的一部分拿来与学术界的同事们分享。他曾在《中国季刊》(1967)和《亚洲观察》(Asian Survey) (1968)上发表了一些文章。1987年，查理·纽豪瑟去世后，他的弟弟保罗·纽豪瑟（Paul Neuhauser，1955年哈佛大学毕业）

百瑞（William Theodore De Bary）。狄百瑞是一位杰出的美国学者，研究理学，长期在哥伦比亚大学任教。1988年这个系列讲座第二次举办时，演讲的场次减为三场。现在，这个系列的讲座通常于每年4月举办。发言稿通常由哈佛大学出版社出版。1985年至1988年该系列讲座刚刚举办的时候，资金主要来自梅隆基金（Andrew W. Mellon Foundation）和文理学院院长办公室。参见1988年10月18日德图拉写给文理学院院长比恩（Beane）的信和1988年1月21日斯宾塞写给马若德的信。1985年5月8日中心执委会会议记录第3页至4页记述了有关设立这个系列讲座的最初计划。科林斯是狄龙阁下（Honorable Douglas Dillon，1931年哈佛大学毕业）的女儿，也是狄龙基金会（Dillon Foundation）的主任之一。马若德在设立赖世和系列讲座时，考虑到赖世和既讲授过中国古代史课程也讲授过日语课程，这个系列的讲座可以使费正清中心和赖世和研究所联系得更加紧密。赖世和研究所的主任无一例外地在该系列讲座主讲人遴选委员会中担任委员（来源于2005年4月与马若德的交流）。

在迈克尔·奥克森伯格（Michael Oksenberg）的鼓励下，设立了一个基金，继续资助这一系列讲座活动。直至今日，保罗仍然是这个系列讲座的积极参与者，他不仅是捐资人，也是这个纪念他兄弟的年度讲座的贵宾。讲座的目的是要加强政界和中国研究学术界的交流。查理·纽豪瑟念兹在兹的一个主要任务就是维护政府、决策层、情报部门与大学之间的沟通桥梁。多年来，很多演讲人都是查理的旧识。例如，2004年的演讲者是理查德·所罗门（Richard Solomon，1966年获麻省理工学院博士学位），他1993年以来一直担任美国和平研究所（United States Institute of Peace）的主席，当年他和查理两人同为美国政府分析中国事务并因此相识。所罗门演讲的题目是"转变：对中国五十年的观察"，演讲中他多次谈到与查理·纽豪瑟的友情。纽豪瑟纪念讲座的演讲者名单请见本书附录E。[①]

（此处较英文版有删节）

[①] 有关马若德1989年10月首次讲座的报告，见费正清东亚研究中心1989~1990年度报告第36页。费正清中心执行委员会1988年11月9日的会议记录第1页记录了开办这个系列讲座的初步决定。纪念一位中央情报局成员，自然有一些疑虑随之而来。在美国学界，许多人对中情局怀有成见甚至有敌对情绪。二十世纪六十年代末期，中情局官员比尔曼（Bearman）在东亚研究中心从事研究的一年期间，费正清提到有些学生对于他的出现表示愤慨。见东亚研究中心1968~1969年度报告第5页。但学界中专门从事当代中国问题研究且深受尊敬的学者们敬重查尔斯·纽豪瑟，也希望他能得到纪念，其中包括迈克尔·奥克森伯格（Michael Oksenberg，1969年获哥伦比亚大学哲学博士学位，1938~2001）。见费正清东亚研究中心马若德资料中奥克森伯格于1988年10月25日写给马若德的信函。在所罗门演讲的听众席上，就坐着他以前在麻省理工学院就读时的导师白鲁恂及其妻子玛丽（Mary），还有这个学术盛会的创办者保罗·纽豪瑟和玛丽·纽豪瑟（Mary Neuhauser）。

第六章
华琛主任时期（1992~1995）

华琛是一位文化人类学家，自1969年始，他在香港新界研究华人社群多年。除了汉语普通话，华琛和他的夫人华若璧（Rubie Watson）还可以说东莞广东话。这是广东话的一支方言，通行于香港和广东省农村地区[①]。华琛以研究华南的地方社群而闻名，他在那里调查了社区组织的宗教活动。他提出一个理论，认为中国人的宗教行为只是仪式性（performative）的，它要大家按照规定的方式行事如仪，而不是要大家拥有自己的信仰——不论这个信仰是否在更大的社群范围内表达出来。这个概念被称为行为正统（orthopraxy，即正确的行为），其反面是信仰正统（orthodoxy，即正确的信仰）。

[①] 原文如此。——编者注

他认为，宗教信仰在于行动，这正解释了复杂的葬礼和节庆仪式的流行。最近几年来，他还深入研究了饮食文化。他有关美国快餐文化对东亚社会影响的研究很可能已经让他声名远播了。他编写的书《金拱向东：麦当劳在东亚》(*Golden Arches East: McDonald's in East Asia*，斯坦福大学出版社，1997、2004、2005 年）收录了很多相关文章，其中一些出自他的学生之手。这些文章探讨了围绕这一商业化的饮食行业而在亚洲产生的当代家庭礼仪。很多有关亚洲的本科生和研究生课程都把这本书指定为必读读物。根据相关报告，这本书在中学、两年制大专院校、商学院被广泛使用，甚至还被用作大学新生的入学教育材料。这本书反映了华琛对那些新兴的、席卷了整个亚洲地区的"泛亚洲"影响力量（pan-Asian influences）的学术兴趣，也促使人们关注亚洲各文化如何重新诠释和适应来到家门口的西方文化。

1992 年，慕容杰（1989 年获哈佛大学博士学位）受聘为费正清中心副主任，这个职位他一直担任到 1996 年。慕容杰曾是人类学系的学生，师从张光直（K. C. Chang）。他的研究领域是古代云南地区早期青铜礼器的制造。他现在在波士顿大学教授考古学，担任了成立于 1999 年的该校东亚考古和文化史国际中心的主任。在华琛的整个任期内，他都在费正清中心担任副主任一职。[1]

---

[1] 马若德在中心 1991~1992 年度报告第 4 页提到了对慕容杰的聘用。

华琛是第一位担任中心主任的非哈佛毕业生（非哈佛毕业生裴宜理和伊维德也在其后十年里相继担任该职务）。他1989年才加盟哈佛。和有着"纯正哈佛血统"的内部人相比，这也许可以让华琛把自己看成一个外来人。至少，他可能没有感觉到受制于老传统和成规定式。他的学术路径主要是强调草根研究，而非高层政治和大传统。他个人有意提高中心的开放性，让所有对中国感兴趣的学者都能参与中心的学术生活；同时，他也希望给研究生更大的支持。这两点是华琛个人的原则，但也正是费正清中心长久传统的一部分，因此它们在中心内部得到了拥护和支持。华琛任职时有几项创新，至今仍让哈佛的亚洲相关活动从中受益。其中包括他对韩国研究所的支持，也包括他同意让非哈佛学者主持费正清中心的研讨会，尤其是在他的支持下发起的关于性别研究和台湾研究的两个工作坊。另外，华琛非常关心自己的研究生的成长，认为自己对此负有责任，因此总是想方设法支持学生的进步。①

---

① 华琛对他的学生很负责（详见后文）。当他的学生出版成果时，他非常高兴。继华琛出版《金拱向东：麦当劳在东亚》之后，他以前的研究生景军又主编了一部书《喂养中国的小皇帝：食品、孩子和社会变化》(Feeding China's Little Emperors: Food, Children, and Social Change, 斯坦福大学出版社，2000)。该书在中国的文化语境下探讨了《金拱向东》一书中讨论的饮食文化问题。除了景军的论文外，该书还收入了华琛的其他学生所写的文章。华琛最近的书是他与夫人华若璧合著的《香港的乡村生活：新界的政治、性别和仪式》(Village Life in Hong Kong: Politics, Gender, and Ritual in the New Territories, 香港：香港中文大学出版社，2004)。华琛最近刚担任完一届亚洲研究会 (Association for Asian Studies) 主席 (2004~2005)。他的主席致辞发表于2004年11月的《亚洲研究杂志》(Journal of Asian Studies)（第63卷4号，

支持韩国研究所是华琛最引以为豪的几项决策之一。1981年,韩国研究所成立后,在梵瑟楼分得了一处办公场所。这里较为偏僻,空间足够大但却没有优雅的气氛,这让韩国研究所看起来像是在各大区域研究中心建成后,又临时起意加上去的。这里不适合欢迎和接待尊贵的学者或潜在的捐资人,而他们对研究所的现在和未来的发展都非常重要。1993年,当埃克特成为韩国研究所的新主任时,华琛在柯立芝楼二层的尽头腾出了一些办公空间,就在费正清中心往前不远。如此,韩国研究所便有了一个方便和合适的办公场所。这里,门口挂着美观大方的传统韩式木名牌,办公室内外都让韩国研究所有了与之相称的庄重感。在新的政府和国际研究中心大楼落成后,韩国研究所、赖世和研究所和洛克菲勒拉美研究中心(Rockefeller Center for Latin American Studies)都在该楼的二层办公。

1994年,当华琛还是费正清中心主任时,哈佛大学在东亚语言与文明系[2]给李欧梵(Leo Ou-fan Lee,1970年获哈佛大学博士学位)提供了一个教职。李欧梵研究的是现代中国文学及其所产生的土壤。他对东亚大众文化的各个方面都有兴

第893页至910页)上,题为《虚拟亲族、地产和侨居社群的形成:再访文族》(*Virtual Kinship, Real Estate, and Diaspora Formation——The Man Lineage Revisited*)。华琛对中心以外的人来中心参加活动抱着开放的态度,很多人都在访谈中谈到了这一点,包括2005年2月10日接受采访的慕容杰。

[2]原著误作"东亚语言与文学系"(East Asian Languages and Literature)。——译者注

趣。无论从他的演讲还是他发表的著作中都能看出，李欧梵在电影、电视、戏剧、音乐和文学等多种表达样式间游刃有余。他是一位富有魅力、讨人喜欢、不摆架子的学者，很受研究生的欢迎。他在哈佛开设的课程让人如坐春风，总是上座率很高。李欧梵最近的一部著作《上海摩登：一种新都市文化在中国，1930~1945》(*Shanghai Modern: The Flowering of a New Urban Culture in China*, 1930~1945，哈佛大学出版社，1999)，定义了民国时期繁荣于上海的独特的都会文化，现在他的这个解读已为学界普遍接受。马若德和其他众多学者一样欢迎李欧梵加盟哈佛，因为对建设中的哈佛现当代中国研究队伍而言，李欧梵代表了一支崭新的力量。华琛也欢迎李欧梵的到来，因为李欧梵的研究主题在广义上是一种文化解释，这与人类学家所喜欢的并无二致。[1]

重组中心执委会

重组执委会是华琛最早提出的几项动议之一。一石激起千

---

[1] 中心 1991~1992 年度报告第 1 页记述了二十世纪九十年代初邀请李欧梵来哈佛的情况。中心 1992~1993 年度报告第 4 页，华琛表达了对哈佛聘请李欧梵的欢迎。1993 年李欧梵接受了哈佛的聘请，1994 年开始在哈佛任教。2004 年，李欧梵从哈佛"退休"转赴香港任教。东亚系的周成荫 (Eileen Cheng-yin Chow, 2000 年获斯坦福大学博士学位) 组织了一个欢送会，题为"中国的大同：文化中国的新考察——李欧梵学术研讨会" (Chinese Cosmopolitanism: New Perspectives on the Location of 'Cultural China,' A Conference to Honor Leo Ou-Fan Lee)。研讨会于 2004 年 5 月在方氏礼堂 (Fong Auditorium) 和费正清中心举行。李欧梵过去和现在的学生大多数都出席了研讨会，提交了论文并发表了很多感人的致词。

层浪,在中心学者中反应不一。原有的执委会由很多从事中国研究的哈佛学者组成,华琛承认这是方便中心核心成员交流的重要途径,也是在相关学者群中为中心的学术项目赢得广泛支持的途径。但与此同时,由于队伍庞大,很多执行委员经常不能参加会议,使执委会变得臃肿而缺乏效率。建设一个富有效率的审议机构的办法就是重组执委会,将其改造成为一个小组。和过去有17至20个执行委员不同,华琛提出要把执委会规模大幅精简到只有六七个成员。从费正清时代以来,执委会的规模就相当庞大。早期,中心执委会几乎包括了哈佛所有讲授东亚课程的社会科学教授,还包括了很多人文学者。1973年日本研究所成立后,东亚研究中心尽量让与中国研究相关的社会科学教授都能加入它的执委会,同时让大多数先前在中心执委会任职的日本研究学者顺其自然地转入日本研究所的怀抱。由于朝鲜半岛研究和越南研究仍在中心旗下,这些相关领域的学者仍然是中心的成员,也有资格进入中心执委会。

为了让他领导下的执委会能有效地处理特定领域的问题(如朝鲜半岛研究或研究规划),华琛提出这种情况下要专门委任一个执委会委员负责或者成立专门处理相关领域事务的分会。华琛接手的执委会本来有二十一位执行委员。他想让执委会真正发挥管理机构的作用,专注于政策制定和程序性事务并就这些方面向主任提供建议。他把执委会改造成了一个六人小组。为了处理中心各方面的工作,华琛组织了学术联系分会、图书馆分会、奖助金分会和发展分会，任命执委会成员以外的其他学术联系人负责这些分会。尽管从逻辑上看，这个方案是合理的，但是一些学者不欢迎这个改组。很多学者感到中心执委会一直以来都是相当开放的，旨在吸纳更多的学者，而不是把他们拒之门外。他们认为，没有理由改变过去的做法。还有一些学术联系人则认为自己被排挤出了中心执委会，受到了不公正待遇。

在华琛担任主任的三年中，他试行了小执委会模式，而中心也确实出了一些成就。但是，在继任的傅高义时期，执委会再度扩展到十三个成员，重新确立了坚持到今天的大家庭模式。裴宜理认为所有在哈佛拿到终身教职的中国专家，无论是社会科学还是人文科学领域的，都应当被吸纳进入执委会。裴宜理也延续了另一个行之有年的做法，即执委会召开前把议程通知到每个委员以保证对特定问题感兴趣的那些学者能够出席。伊维德坚持了这两项政策，甚至把执委会进一步扩大了。2005 年，费正清中心执委会有二十九位委员，这个数字是史无前例的。现任委员名单参见本书附录 F。①

---

① 华琛在中心 1992~1993 年度报告第 2 页汇报了他关于重组中心执行委员会的计划。中心执委会由资深教授和中心特聘研究员组成。中心执委会的成员也在中心的各个委员会中任职，例如博士后遴选委员会和访问学者遴选委员会。

支持研究生参与中心学术活动

华琛的另一个目标是让哈佛研究生融入中心的学术生活中,让他们更积极、更频繁地参加中心的活动。费正清时期,无论是在敦斯特街还是后来的柯立芝楼都总能见到研究生们的身影。他们使用中心阅览室(即后来的中心图书馆)的文献,费正清也鼓励他们与中心的教授们打成一片。但是,到了二十世纪八十年代,费正清不再任课,研究生们由分属不同科系的众多教授指导,因此,研究生们不再像早年费正清担任他们指导老师的时候会自然而然地聚集到费正清中心来。在二十世纪八十年代,一般只有教授和访问学者才能在中心分到办公场所。当然,这种氛围对一个大型研究机构来说没有什么不合适的,也是这个研究领域不断壮大的自然结果,但是,华琛希望把学生们——既包括研究生,也包括本科生——重新融入中心的生活中来。他致力于培养年轻的研究生。他们是未来一代的中国研究学者,他们会在完成学业后从事教学、出版著作,以此让这个研究领域永远生机勃勃。华琛想让学生们作为组织者和参与者帮助管理中心的研讨会、讨论班和学术会议。他决定优先分配办公场所给研究生,并在中心专门留了一个大房间,作为学生研究和出版项目的工作场所。[1]

---

[1]很多我采访过的人都提到,当年中心还在敦斯特街的时候和刚刚迁入的柯立芝楼的时候,有很多研究生来中心参加活动。华琛决心要让学生重新参与到中心的日常活动中来,

二十世纪九十年代初，桌面出版软件非常流行（尽管当时人们得通过学习专门的培训课程来掌握如何使用这些新工具）。华琛对这一新软件感到满意，利用这项新技术组织了大量的出版项目。与中心有学术联系的研究生们热情支持这些新的出版项目，因为他们和自己的教授们一样，看到自己的研究成果出版感觉很自豪。华琛知道，就业市场上竞争十分激烈，而出版过学术成果的研究生会获得很大优势。当时，哈佛有关亚洲的著作的出版仍旧处在谷底。一方面，哈佛大学出版社每年只出版很少的几部书；另一方面，经费问题使马若德不得不停止了中心对出版事业的支持——马若德认为，和费正清时代不同，现在有很多大学出版社都在出版有关现代中国的研究成果。和过去相比，新技术大大降低了出版学术作品的成本。这些新的学术出版物不仅传达了新的思想，也给很多年轻研究生们的简历加上了可贵的筹码。

出版"哈佛中国研究论文系列"的这个想法在华琛任内得到了进一步的发挥。他新开辟了一些系列出版项目，使学术研究成果得以发表。其中之一称为"论文工作稿系列"（working papers series）出版了一部分在中心各种工作坊上发表的学术报告。1994年春，也就是华琛担任主任的第二年，新发起的

这在中心1992～1993年度报告第4页至6页中有记述。华琛一直以来致力于对研究生的培养；近来，哈佛重新强调研究生教育的重要性，华琛也对此表达了极大的支持（参见2005年2月7日对华琛的访谈）。柯文和戈德曼不是哈佛正式教师，也不是访问学者，但他们两人当时在中心一直都有办公室，也一直积极参与中心的事务。

台湾研究系列工作坊出版了六部论文集，2000年又出版了最新一卷。中心还面向对当代东亚政治、经济和社会发展问题感兴趣的普通读者出版了"当代问题系列"（Contemporary Issues Series）小册子。截至1994年春，中心又发行了四部作品，包括华琛主编的《香港1997和华南的转型：一个人类学视角》（Hong Kong 1997 and the Transformation of South China: An Anthropological Approach）［和江忆恩主编的《从统一谋独立：关于正确处理台湾海峡两岸的矛盾》（Independence Through Unification: On the Correct Handling of Contradictions Across the Taiwan Strait）］等。华琛还积极恢复了费正清当年将最好的研究生论文结集出版的做法。1947年，费正清开创了"哈佛中国研究论文"系列出版项目；1992年马若德担任中心主任时，这个出版项目在孔飞力和包弼德（Peter Bol）的努力下恢复了。在这个项目上，华琛又增加了一个"中国文学论文系列"（Papers on Chinese Literature series）并筹划了一个"中国人类论文系列"（Papers on Chinese Anthropology series）。结果，到1998年春，"中国历史论文系列"（Papers on Chinese History）出版了七卷；到1994年秋，"中国文学系列"（Papers on Chinese Literature）则出版了两卷。

这些中心内部出版物得到了中心工作人员越来越多的支持，一直持续出版到傅高义主任任期结束。但是，现在这几个系列的出版项目已经停止了，继任的主任将工作重心转向了其他项目。另外，研究生群体的研究兴趣和个性也年年变化。后来，在裴宜理担任主任时，中心转向了以电子版形式出版这样的研究成果，通过中心的网站发布"台湾研究论文工作稿"(Taiwan Working Papers)和某些比较特别的学术报告的发言稿。①

---

① "哈佛中国研究论文"系列于1947年创办，二十世纪七十年代初停办，这些情况本书前文已有记述。1986年，人们对恢复这个出版项目兴趣渐浓，福高(Joshua Fogel)也在中心执委会提出这一事项供大家讨论，参见1986年5月14日费正清东亚研究中心执委会会议记录第3页及4页。费正清东亚研究中心1991~1992年度报告第6页记述了1992年孔飞力和包弼德启动的"中国历史论文"系列出版项目，该项目在想法上延续了当年"哈佛中国研究论文"项目的初衷。在中心1993~1994年度报告中，华琛汇报了截至1994年春季中心各项系列出版工作的最新进展。台湾研究工作坊的成果后以《哈佛台湾研究：台湾研究工作坊论文集》(*Harvard Studies on Taiwan: Papers of Taiwan Studies Workshop*)为题出版，该系列于2000年出版了最新的一卷（第三卷）。2002年柯伟林担任文理学院院长后，便无暇顾及台湾研究工作坊的论文出版事务。截至2005年，其他系列专题也没有出版。

第七章
傅高义主任时期（1995～1999，第二任期）

1995年夏开始，傅高义再次担任费正清中心主任，这时他已是美国最为知名的亚洲问题专家之一。1958年以来，他每年都要去亚洲访问，在亚洲他联系的都是最高层次的人物，包括政界、商界、文艺界、新闻界和学界的有影响力的领导人。他的著作《日本第一：给美国的经验》（*Japan as Number One: Lessons for America*，哈佛大学出版社，1979、1980、1985）是一本享誉世界的畅销图书，它的日文翻译版几乎和英文版同时出版。在日本，这是西方学者写作的最为畅销的非文学类作品，受到空前欢迎，在数年里为傅高义增加了数量可观的收入（也增加了不菲的所得税）。该书在美国和日本都引发了全国性的大讨论，对两国的商界领导人产生了重大影响。傅高义 1991 年应邀来哈佛在赖世和系列讲座上发表演讲，他对很多亚洲国家和地区出现的全球化高科技经济的评述被整理出版，题为《亚洲四小龙：东亚的工业化》(The Four Little Dragons: The Spread of Industrialization in East Asia，哈佛大学出版社，1991)。这本书不但探讨了韩国、香港、台湾和新加坡四小龙的经济发展，还讨论了支持其经济发展的社会结构。傅高义多次展示出他不仅能够把握席卷亚洲的大趋势，而且能以让大多数读者浮想联翩的笔触将这些趋势刻画出来。傅高义的夫人艾秀慈（Charlotte Ikels）是凯斯西储大学（Case Western Reserve University）的终身教授，从事有关香港、广州的家庭、老龄化等问题的人类学研究，她的研究领域还包括比较医疗人类学和城市人类学。

1993 年至 1995 年，傅高义离开哈佛两年，在首都华盛顿的国家情报委员会担任了东亚情报官（National Intelligence Officer for East Asia at the National Intelligence Council）。在他的第二任期，傅高义对外交、战略议题、各国经济相互依存所带来的挑战等问题的强烈兴趣深深影响了费正清中心。在继续开展华琛开创的各种学术活动和工作坊的同时，傅高义又增加了一些具有广阔的国际视野的项目，探讨各种国际议题，包括如食品安全这样的新兴议题。他还经常邀请来自政府决策层的人士到哈佛来举办研讨会。中心以前从未和华盛顿的权力层有过如此紧密的工作关系。

夏滴翠，1976 年获哈佛拉德克利夫学院文科学士学位，

1982年毕业于哥伦比亚大学，1995年毕业于班亭研究所（Bunting Institute）。1996年她接替鲍勃·慕洛维奇克（Bob Murowchick）担任费正清中心的副主任；1997年她被任命为费正清中心执行主任兼亚洲中心执行主任。她这种身兼二职的状态一直持续到2001年，此后她专任亚洲中心主任。她早年曾在哈佛大学东亚语言与文明系学习。在回到哈佛前，她是一名专长中国事务的职业外交官，曾在北京、台北、东柏林和华盛顿的缅甸事务处（Burma Desk in Washington DC）工作。1995年至1996年，她在费正清中心做研究会员，潜心写作一本关于中国三峡地区的书。就在这个时候，傅高义教授劝她留下为费正清中心工作。她的著作《在江水淹没之前：正在消失的长江三峡》（*Before the Deluge: The Disappearing World of the Yangtze's Three Gorges*）于2002、2004年两次由帕尔格雷夫·麦克米伦（Palgrave Macmillan）出版社出版。这本书是长江两岸居民的一部个人陈述，他们的生活被三峡大坝工程不可逆转地改变了。夏滴翠还就中国其他社会和环境问题写了大量的文章，并不时为国家地理通讯社（National Geographic Wire Service）、伦敦双子星新闻社（Gemini News Service）和尼德兰国际之声（Radio Netherlands International）撰稿。

在他的第二任期内，傅高义显示了开拓创新、雷厉风行的作风。在他的领导下，费正清中心差不多成了美国政府亚洲事务部门在波士顿的分部，每周都会有高层人士到访。在此期间，他启动了很多有关当代国际关系问题的新项目，让这段时间成为中心此前四十年来最为活跃的时期之一。仅1997~1998学年，中心就举办了一百多场讲座、研讨会和各类学术会议。在傅高义启动的新项目中，有几个是邀请不同国家的政府高官来中心演讲。这些活动以"现代亚洲系列讲座"（Modern Asia Series）为名于周五中午举办。设立这个系列讲座是为了邀请商务人士、资深政府官员、新闻记者和其他专业人士前来哈佛，以亚洲地区为切入点就一些关键问题发表演讲。傅高义还发起了中国商务早餐会（China business breakfast），并在福特基金会的赞助下新启动了一个有关东亚问题的系列研讨会。

新办的杰出来访者项目（Distinguished Visitors Program）让杰出学者和官员在哈佛停留数日到一周，方便他们和哈佛师生进行非正式的交流。1996~1997学年，受邀来到中心的三位杰出来访者都是步入政界的学术人士，包括：新加坡驻美大使陈庆珠（Chan Heng Chee，康奈尔大学博士，曾任新加坡国立大学政治系主任）、前韩国外交部长韩升洲（Han Sung-Joo，曾任高丽大学亚洲中心主任）及北京大学教授袁明。

在1996年至1999年间，傅高义进一步扩充了马若德建立的费正清中心委员会，并为之注入了新的活力。他每年都在纽约举办两到三次活动，让更多的人士有机会与哈佛学者交流。1997年举办的亚太论坛（Asia Pacific Forum）为韩国、中国、日本和美国的高层人士齐聚一堂讨论共同关心的问题提供了一次难得的机会。为了举办好这些引起广泛关注的活动，傅高义邀请了哈佛的其他单位——尤其是肯尼迪政府学院、哈佛医学院和哈佛法学院——与费正清中心合作。这样一来，很多费正清中心的活动都变成与哈佛的某个学院合作组织、共同出资、联合主办的了。上述这种频繁地与哈佛各个学院合办活动的做法今天已成为惯例。费正清中心执委会中有几位成员在文理学院以外的其他院系任职，这也给合办活动提供了便利。执委会现有成员中就包括赛奇（1986年获莱顿大学博士学位），他是一位研究当代中国政府和官僚体制的专家，主持着肯尼迪政府学院商业与政府研究中心（Center for Business and Government）下属的亚洲项目。他最近出版的教科书《中国的政治治理与政治》（Governance and Politics of China），2001年由帕尔格雷夫·麦克米伦出版社在纽约出版，已被相关课程广泛采用。该书客观公允地探讨了中国面对的主要问题，包括严重的收入分配不均、腐败横行和中国共产党内主导性意识形态的缺失等。中心也曾与凯博文（Arthur Kleinman，1967年获斯坦福大学博士学位）合作。凯博文是一位医疗人类学家，他研究痛苦和疾病的影响，是哈佛文理学院和医学院的双聘教授。他出版了研究中国病痛问题的著作《苦痛和疾病的社会起源——现代中国的抑郁、神经衰弱和病痛》（Social Origins of Distress and Disease: Depression, Neurasthenia, and Pain in Modern China，纽黑文：耶鲁大学出版社，1986）。参与跨院系合作的还有安守廉（William Alford，1977年获哈佛大学法学学士学位）。他是一位研究中国现行法律的专家，多年以来一直主持着哈佛法学院的东亚法律研究项目。他最近编写出版了《更上一层楼：东亚法律职业的兴起》(*Raising the Bar: The Emerging Legal Profession in East Asia*，哈佛大学出版社，2004）一书。①

1996年庆祝中心四十周年

1996年4月26日，费正清中心隆重举行了成立四十周年庆典。中心在哈佛附近设施完善的美国人文与科学院举办了整整一天的小组讨论。多位哈佛学者到场发言。其中包括：被

---

① 1996~1997年中心年度报告第2页至3页记述了新的活动计划及与哈佛其他学院的合作。应该指出的是，跨学院的合作在哈佛已经有很长一段历史了。例如，1967年至1968年，哈佛和麻省理工学院成立了一个中国研究小组探讨美国的亚洲政策，当时费正清中心就参与了肯尼迪政府学院政治研究所（Institute of Politics, IOP）的活动。1968年11月，这个研究小组曾经向尼克松（当时他还不是总统）提出了一项关于对华新政策的建议。这个建议对尼克松决定向中国敞开大门可能起到过促进作用。2005年3月3日，孔杰荣在访谈中回忆了中心与政治研究所的联系。赛奇编辑的《中国共产党的崛起：文献与分析》(*The Rise to Power of the Chinese Communist Party: Documents and Analysis*，纽约阿芒克：夏普出版社，1996）一书，也是中心的一个项目。二十世纪八十年代末，他在中心完成了这本书。当时的目的是为了用这部内容更丰富的书取代当年由布兰特、史华慈和费正清合编的《中国共产主义历史文献导读》[*A Documentary History of Chinese Communism*，麻省剑桥：哈佛大学出版社，1952，剑桥出版，1967（平装本）]。赛奇这本书的出版计划在1987年4月就启动了，刚开始由费正清中心和莱顿大学汉学研究所资助，到了一年以后的1988年4月，则改由全国人文学科捐赠基金会（NEH）出资赞助。中心1987~1988年度报告第17页记述了这个项目。1989年10月17日的《哈佛红》《法学院聘请中国学专家》(*Law School Offers Post to China Expert*) 报道了哈佛法学院聘任安守廉一事。

誉为美国汉学界元老的荣休教授史华慈和前任中心主任孔飞力。到会的其他知名人士还有李侃如（Kenneth Lieberthal，1972年获哥伦比亚大学博士学位）和1991年至2001年担任哈佛大学校长的陆登庭（1964年获哈佛大学博士学位）。李侃如是中国政治研究专家，当时在密歇根大学任教，后来于1998年至2001年担任了美国国家安全委员会亚洲事务部资深主任。费正清的遗孀费慰梅也到会祝贺。她是中国艺术专家，也是一位画家。多年来，她于二十世纪三十年代创作的华北风景水彩作品不仅一直装饰在柯立芝楼费正清中心办公室的墙壁上，还被印在了中心发行的节日贺卡上。①

当天晚上的庆典活动上，时任欧盟驻华大使的魏根深发表了主题演讲。1970年至1971年，魏根深（1970年获普林斯顿大学博士学位）曾在东亚研究中心访问过一段时间。他最近的著作《中国历史手册》（Chinese History: A Manual），（哈佛大学出版社，2000，2001增订版），巨细靡遗地收录了几个世纪以来中国学者所使用的工具书，在学界倍受好评。这部著作以英文写就，各条目之间的交叉互见编排得十分谨慎。它在同类著作中别具一格，尤其是因为它也讨论了有关这些工具书的英文和日文研究成果。退休后，魏

---

①长达二十页的《费正清东亚研究中心四十周年庆典》描述了这件事情并附有照片。这个册子认为中心成立于1955~1956学年，因此1996年举行中心成立四十周年庆典是合适的。有关费慰梅的生平概述，可见《费慰梅：艺术家、作家、外交家》（Wilma Cannon Fairbank: Artist, Writier, Diplomat，费正清中心新闻，1994年冬）。

根深成了东亚语言与文明系的讲师。①

中华人民共和国主席江泽民访问哈佛

1997年11月,江泽民应邀访问哈佛。对傅高义来说,这是他多年来努力推动中国人士和哈佛学者互访的结果。早年,因为中美之间没有正式的外交关系,没有来自中华人民共和国的学者到访中心。二十世纪六十年代末,中国内部"文化大革命"造成的混乱使得两国之间的学术交流不可想象。1972年2月,尼克松总统访华后不久,中国政府总理周恩来、外交部副部长乔冠华,通过履新的中华人民共和国驻联合国代表黄华邀请费正清夫妇访华。他们于1972年5月访问了中国。此后在整个二十世纪七十年代,很多哈佛学者都应邀访问中国。当时,拿到中国签证的美国人数量仍然有限,能有机会访问中国是一项殊荣。到中国访问意味着要作为官方安排的代表团的一分子,在中方人员小心翼翼的陪同下,到专门为此做好了准备工作的地方参观。这些访华人员几乎没有机会与中国的普通老百姓随意交谈或坦诚交流。

从二十世纪七十年代后期开始,尽管进展极其缓慢,毕

---

①魏根深从1974年开始为欧洲经济委员会(European Economic Commission)工作,直到2001年6月退休。他在欧盟担任的最后职位是欧洲委员会驻华代表团团长。从那年下半年开始,哈佛大学给了他一个讲座客座讲师身份,他从那时起一直在哈佛授课。他在费正清中心度过了几个夏天,潜心写作《中国近代以前历史研究手册》(*The History of Imperial China: A Research Guide*,麻省剑桥:东亚研究中心,1973、1975)。他在中心的活动在东亚研究中心1972~1973年度报告第14页有记述。

竟开始有来自中华人民共和国的学者们到访哈佛了。起初，中国派到哈佛访学的都是在具有应用前景的科学技术领域从事研究工作的学者，如研究地震预测的地质学家、研究植物光合作用的专家、计算机研究人员、儿童早期培养专家等等。这些人在哈佛的访学有时让研究中国问题的哈佛学者感到沮丧。哈佛的学者渴望与来自中华人民共和国的学者交流，但是讨论往往受到限制，因为来自中国的学者常有政治束缚，在开展研究时也遇到不少困难。第一批到访的中国大陆学者是一些人类学家和图书馆工作人员，他们以组团形式来到哈佛。由于这些学者已经多年未被允许开展独立研究了，因此他们对本领域在国内的现状所知有限，也需要通过学习了解该领域在国外的研究现状。他们没有什么新的或具有挑战性的东西可讲。[①]

1976年"文化大革命"正式结束，1978年邓小平宣布中国要对外开放。直到这时，中国国内的生活及对外交流才开始恢复正常。二十世纪八十年代，随着大学的重新开放，社会科学和人文科学领域的学者开始以个人身份访问哈佛，而不再作为代表团的一分子了。二十世纪八十年代末，马若德

[①] 1974年至1975年，来哈佛访问的中国大陆代表团中有针灸师、激光研究人员、各个医学领域的专业人员。平心而论，应该指出，当时也有从中国来的考古学家访问团。考古是中国少数几个在"文化大革命"期间仍继续开展研究工作的专业之一，在整个"文化大革命"期间不断有考古新发现。在中心1973~1974年度报告第9页中，傅高义提到了来自中国的各个访问团。关于早年的交流活动和为这些交流活动筹集资金的努力在哈佛档案馆1982年5月5日费正清东亚中心执委会会议记录里都有记述。

设法邀请到了一些高层的中共党史专家来哈佛访问。其中有：李锐，曾为毛泽东秘书、"文化大革命"后任中共中央组织部第一副部长；王若水，曾任《人民日报》社副总编辑；胡华，中国人民大学的党史学元老；廖盖龙，中国社会科学院马列主义毛泽东思想研究所前所长[1]；苏绍智，时任中国社会科学院马列主义毛泽东思想研究所所长；章含之，曾任毛泽东的英文教师、前外交部长乔冠华的遗孀。

江泽民访问哈佛大学时，费正清中心的会员陆伯彬（1984年获哥伦比亚大学博士学位）已经与中共中央党校达成协议，鉴于中美两国放松了对查阅内部材料的限制，双方要充分利用这一机会，共同开展有关二十世纪五十年代到六十年代美中关系的研究。参加该项目的学者所研究的内容包括台湾问题和引领中美两国于1979年实现外交关系正常化的中美和解问题等。这个研究项目的第一部成果是由陆伯彬、姜长斌主编的《重新审视冷战：中美外交，1954~1973》（Re-examining the Cold War: U.S.-China Diplomacy, 1954-1973）。该书由哈佛大学出版社在2001年出版，其在中国也得以出版〔这两位作者合著的书在中国出版的有《1955年至1971年的中美关系——缓和之前：冷战冲突与克制的再探讨》（北京：世界知识出版社，1998）和《从对峙走向缓和：冷战时期中美关系再探讨》（北京：世界知识出版社，2000〕。陆伯彬的联合研究

---

[1] 原文如此。——译者注

项目是包括中共中央机关的学者们在内的中美学者在学术交流上取得长足进展的一个例证，即便在十年前这都是不可想象的。这个项目一直开展到今天，双方至今仍派代表团互访。①

1997年11月，江泽民访问哈佛大学。哈佛大学与中美双方的安全部门多次磋商，讨论有关这次访问的所有细节问题。（此处较英文版有删节）

江泽民的访问在哈佛校园引发了深入的讨论：邀请这样高度争议的人物到哈佛访问是否合适？这样的邀请是否可以理解为哈佛对其行动或政策的支持？这次访问给费正清中心提供了一个就相关议题组织学术讨论的机会。中心专门为此举办了一系列有关中国人权、经济发展、（此处较英文版有删节）西藏等问题的小组讨论会，内容丰富、讨论热烈。为了这次访问，费正清中心的员工也在夏滴翠领导下花费了大量心血，处理诸如安全保障、外交礼节、活动安排之类的千头万绪的后勤工作。在江泽民来访期间和此前相关的公共研讨会举办期间，整个学校似乎都在关注着中国。借着这次访问，江泽民向

---

① 1995年，傅高义任命陆伯彬为中心特聘研究员。陆伯彬在波士顿学院任教，经常替费正清中心组织有关当代国际关系的研讨会。目前，费正清中心有四个特聘研究员：柯文、戈德曼、洪康伯（Arthur Holcombe）、陆伯彬。费正清中心的特聘研究员是不具哈佛教师身份的中国研究专家，他们是中心执委会成员，并享有完全的投票权。除了以局外人的视角给中心提供建议外，中心特聘研究员也参与到中心的各项活动中，如担任遴选委员会委员、组织研讨会、安排学术讨论。中共中央党校访问团是陆伯彬组织的合作研究项目的一部分。党校访问团经常到访中心，最近的一次是在2003~2004学年。李锐，曾任毛泽东的秘书，二十世纪八十年代后期曾来哈佛访问，1993年再次到访。但是，由于健康原因，他未能前来参加2003年12月纪念施拉姆的会议。但他为会议发来了一篇披露了大量信息的论文。

哈佛展现了1997年的中国——一个新兴的正向资本主义市场体系迈进的中国。这次访问也促进了哈佛学者与中国的交流。作为江泽民访问哈佛的成果之一，中国教育部每年提供一定数额的奖学金和助学金，资助八位中国的中层学者来哈佛学习一年。与此同时，中国教育部也资助大约五位希望到中国访问的哈佛师生赴华交流一年。此外，中国教育部还向哈佛赠送了大量有关中国的图书。

这种更为友善和亲切的中国形象在2003年12月温家宝总理访问哈佛时再次得到了展现。费正清东亚研究中心直接参与支持了这两次高端访问。在温家宝到访时，哈佛亚洲中心已经成立并负责出面接待。①

新的出版项目合约

从1947年"哈佛中国研究论文"系列的第一篇论文，到

---

① 在中心1997~1998年度报告里（第3页至4页），傅高义很好地记述了1997年11月江泽民对哈佛大学的访问。1997年11月3日《哈佛红》上，肖恩伯格（Chana R. Schoenberger）发表了一篇名为《坦诚对话可以改善关系》(Candid Speech Could Improve Relations) 的文章，该文提供了一些官方色彩较淡的观点，其中包括东亚研究中心特聘研究员陆柏彬的评论。1997年11月3日，《哈佛红》上还刊登了江泽民在桑德斯剧院演讲的非官方发言稿《增进理解加深友谊》(Enhance Mutual Understanding and Build Stronger Ties of Friendship)。中国教育部提供的奖学金由文理研究生院负责管理，文理研究生院也帮助选拔申请人。捐给费正清中心的书籍被妥善分发给了哈佛大学的各个图书馆和研究项目。费正清中心支付了江泽民来访期间哈佛所需分担的那部分数额不菲的保安费用。2003年12月5日，史华慈在《哈佛红》上发表了一篇题为《中国总理将到哈佛演讲》(Chinese Premier to Speak at Harvard) 的文章，该文报道了2003年12月温家宝对哈佛的访问。2003年12月11日，特贝尔（Alexander Turnbill）在《哈佛红》上发表了题为《中国温总理谈论贸易和改革》(China's Wen Talks Trade, Reforms) 一文，也报道了温家宝的访问。

1958年"哈佛东亚丛书"的第一部专著——费维恺的《中国早期工业化:盛宣怀(1844~1916)和官督商办企业》,出版学术著作一贯是费正清所强调的重点。费正清对尽快出版高质量的学术成果的重视,使哈佛大学的中国研究始终在美国处于领先地位。

1974年傅高义担任主任时,费正清中心与哈佛大学出版社达成了协议,由哈佛大学出版社每年出版八种与亚洲研究相关的著作,四种由出版社提供资金、四种由费正清中心提供资金。那个时候,中心有自己的专业编辑队伍,他们不仅是经验丰富的编辑并且对中国都有相当的了解。编辑人员在中心有自己的办公室,他们的工作包括修改文稿、编排索引和词汇表,也包括在必要时与每个作者进行大量的沟通。中心对哈佛大学出版社的投入包括承担这些编辑人员的开支,也包括直接补贴哈佛大学出版社的印刷和发行费用。[1]

---

[1] 哈佛档案馆东亚研究中心行政档案第八箱中有一张表格,列出了1955年至1965年由东亚研究中心出版的六十五种图书。这张表格很可能是由费正清制作的。哈佛档案馆费正清文件中还有1974年5月15日东亚研究中心执委会的会议记录,其中提到中心与哈佛大学出版社达成了协议,由出版社和中心分别出资,各出版四种图书。二十世纪六十年代,费正清聘用了一些内部编辑人员负责编辑有关亚洲的书籍。这些编辑懂得一些汉语或日语,其中一些人还会书写汉字。例如,1961年,东亚研究中心在哈佛东亚专著丛书下出版了七部作品,其中五部是由这些内部编辑人员编辑的,其余两部也是由他们负责录入初稿和定稿的。这些内部编辑也为哈佛大学出版社提供帮助,例如帮助编辑有关亚洲图书的后附内容。直到二十世纪八十年代,费正清东亚研究中心的年度报告中一直列出这些内部编辑的名字,他们的辛勤工作得到了中心学者的尊重。实际上,从1978年开始,他们的薪水由东亚研究理事会(Council on East Asian Studies)支付。1978年后,工作时间最长的三位编辑是:霍姆斯(Olive "Toddy" Holmes),从1968年工作到1980年;垂福生,工作了十八年,从1974年到1991年末;克努姆,从1985年工作到1996年,

1972年，东亚研究理事会成立（Council on East Asian Studies）。从1977年开始，大部分有关亚洲的著作都由东亚研究理事会资助出版。其中包括哈佛东亚专著丛书。这套丛书希望面向尽可能多的专业人士，带有醒目的护封（1977和1978年，该丛书中的部分著作将费正清中心列为出版人）。此外，还有"东亚研究丛书"（East Asian Studies series），其中的书由费正清中心和赖世和研究所出版，主要面向对此感兴趣的为数不多的专业人士群体，不带护封。1977年后，哈佛东亚专著丛书出版的大多数是关于日本和朝鲜半岛的书。当时，日韩两国经济腾飞，从事日本和朝鲜半岛研究的学者积极与日韩两国的赞助机构联络，这些机构的资助让相关书籍得以顺利出版。尽管那些年里财力十分紧张，费正清中心仍然继续为这两个丛书中有关中国的著作提供出版资助。

二十世纪八十年代，哈佛大学出版的有关中国问题的图书逐渐减少了。中心正陷于关系着生死存亡的筹资困境，基本没钱可以用来支持自己的出版项目或者补贴给哈佛大学出版社。1991年，马若德很不情愿地决定停止资助现代中国题材的出版项目，这每年为中心节省近8万美元。较为便宜且使用方便的桌面出版系统当时还没有普及，编辑和出版的成本高了，而销售额却在下降；结果，哈佛大学出版社和费正

是泽默的前任。出版情况是中心许多年度报告中的常规内容。中心 1991~1992 年度报告第 3 页至 4 页记述了，为了节省 8 万美元，马若德在 1991 年很不情愿地停止了对东亚研究理事会图书出版事业的资助。

清中心都减少了中国题材图书的出版。即便如此,二十世纪九十年代,前文提及的哈佛当代中国书系仍由哈佛大学出版社出版了十三部作品。

1997年开始,傅高义再次担任了费正清中心主任。中心恢复了对东亚研究理事会管理下的出版项目的支持。同年,泽默(John Ziemer,1967年获斯坦福大学文科硕士学位)被任命为东亚研究理事会出版项目组(Council on East Asian Studies' Publications Program)的执行编辑,他曾任斯坦福大学出版社出版总编、东亚思想和文学领域的组稿编辑。1998年,哈佛大学亚洲中心接手了东亚研究理事会的出版项目,理事会的出版项目相应成为了亚洲中心出版项目(Asia Center Publications Program)。这个项目得到了多方面的支持,除了哈佛大学亚洲中心下的专用基金外,费正清中心、赖世和研究所、韩国研究所、哈佛燕京学社和肯尼迪政府管理学院的各个亚洲项目也都提供了资金补助。泽默继续担任这个项目的主管,出版有关中国、日本、朝鲜半岛的书。费正清中心继续资助出版有关现代中国研究的图书,包括王安博士后项目学者的成果。

"哈佛东亚专著丛书"(HEAM)已成为哈佛东亚研究出版成果的主体。大多数专业著作都在这一套丛书中出现。这套丛书于1958年正式开始出版,但大多数的著作面世于1962年以后。到2005年年中,该丛书已经出版了二百五十三部著作。二十世纪八十年代的时候,哈佛大学出版社每年大概仅出版四部有关亚洲的图书；现在通常每年出版十五部，每一部都质量上乘。二十世纪六十年代的时候，无论从数量还是从质量上来说，哈佛在有关亚洲研究的学术出版领域中都居于领先地位；现在，哈佛又恢复了昔日的风采。今天，这些著作上都标有"哈佛大学亚洲中心出版、哈佛大学出版社发行"的字样。塔克（Cheryl Tucker）1999年毕业于北卡罗来纳大学教堂山分校（University of North Carolina at Chapel Hill），曾在培根出版社（Beacon Press）工作。他于2002年开始在哈佛大学工作，现在担任制作编辑，是泽默的助手。哈佛东亚研究专著丛书的出版品目录，请参阅本书附录G。[①]

包弼德（1982年获普林斯顿大学博士学位），曾和柯伟林（下文论及）一起把泽默请到哈佛。他于1997年担任了东亚语言与文明系主任，并在此时加入了费正清中心执委会。他

[①] 除了哈佛东亚专著丛书，哈佛图书馆查询系统（HOLLIS）还列出了哈佛大学出版社过去推出过的两个有关亚洲研究的丛书：一个是1958年到1970年的"哈佛东亚研究丛书"（Harvard East Asian Studies series），共含十一种图书；另一个是1959年至1989年的"哈佛东亚丛书"（Harvard East Asia series），共含九十五种图书（参见第32页注解①）。现在，由哈佛大学出版社直接出版的关于中国的图书不包括在任何书系里。检索已有的书目和哈佛图书馆系统可以发现，"哈佛东亚专著丛书"实际上始于1960年左右，当时从十五号开始给新出版的著作编号，而此前出版的著作是起初没有编号的。这些著作的编号其实是后来追加上去的。例如，费正清的《清季史料入门》（Ch'ing Documents: An Introductory Syllabus）最早出版于1952年，1956年一度重印。当1965年重印时，就被列为哈佛东亚专著丛书的一部分了，现在该书在哈佛大学亚洲中心的哈佛东亚专著丛书中编号第八。格维茨（Ken Gewertz）在1999年3月4日的《哈佛公报》上发表一篇名为《付梓：泽默的才干成就了难能可贵的出版事业》（Getting the Words Out: John Ziemer's savvy saves a venerable publishing venture）的文章，回顾了泽默的出版生涯。我也感谢泽默帮我厘清了各个丛书的名称。

是一位宋史（公元960~1279）专家，也是一位宋代哲学与文学传统的研究专家。他的第一部著作《斯文：唐宋思想的转型》(*This Culture of Ours: Intellectual Transitions in T'ang and Sung China*) 于2000年由斯坦福大学出版社出版后，很快就被译成中文在中国出版。他被认为是西方中国思想史研究方面的领军人物之一，1985年以来一直在哈佛大学任教。傅高义邀请他加入了由十七人组成的中心执委会。人们通常认为费正清中心仅仅专注于现代中国研究，但事实上，中心执委会成员中既有古代史研究专家，也有非中国研究专家。时至今日，包弼德仍是中心执委会成员。[①]

哈佛大学亚洲中心

哈佛大学亚洲中心（通常简称为"亚洲中心"）成立于1997年7月，1998年3月正式开始运行。参与亚洲中心筹备工作的有傅高义、珀金斯、柯伟林、包弼德等哈佛教授，还有文理学院院长诺尔斯（Jeremy R. Knowles）。在大家的构想中，亚洲中心是一个联盟组织（umbrella organization），会加强哈佛现有的各个亚洲区域研究中心的力量，也会方便

[①] 2002年夏和2004年夏，包弼德带领一批研究人员，前往位于浙江省中部的金华市。这些人既有来自哈佛大学的学生，也有环保机构守望地球（Earthwatch）的志愿者以及浙江师范大学的师生。每次调查为期两个月，目的是登记当地的一些古老建筑（有些建于十四世纪），了解与这些建筑有关的宗族情况以及现在居住在这些建筑中的人。这个项目得到了哈佛大学亚洲中心的资助。有关这个项目的信息请浏览：www.courses.fas.harvard.edu/~chnlocal/Local_History_Sites_in_Jinhua/。

与文理学院以外的机构联系。尽管费正清中心的名字里有"东亚研究"的字眼，但实际上，它是以中国研究而著称的。在从日本筹集到了新的资金后，1973年赖世和研究所成立了，此后关于日本的研究活动主要就由赖世和研究所——而非东亚研究中心——承担了。二十世纪九十年代末，有关朝鲜半岛的研究也改由韩国研究所承担了。尽管费正清东亚研究中心涵盖了越南研究，但仍有大量的拥有众多人口的亚洲主要文明和文化没有在哈佛得到充分的研究支持。这包括南亚和东南亚的大部分地区，例如印度尼西亚——一个拥有着中东以外最大穆斯林人口的国家；印度——世界上最大的民主国家，也是亚洲哲学和宗教思想的发源地之一；还有泰国——一个有着越来越全球化的经济的国家。

随着对亚洲中心的思考不断深入，大家一致认为，这个中心不能是东亚研究理事会的翻版。它应当覆盖整个亚洲大陆，也应帮助哈佛在学术研究上更加关注这些在当代世界里经常被忽视的地区。研究这些地区除了可以丰富文化多样性外，也有可能提供更多的筹资机会。中心1996～1997年度的报告中谈到："亚洲中心将是哈佛大学与亚洲学界、政界、商界交流的桥梁，也是哈佛大学筹款活动中亚洲计划的核心力量。亚洲中心也会是链接亚洲内部各机构的催化剂，是哈佛大学内亚洲研究活动的汇合点，将把各学院与亚洲相关的各项目中的师生联系在一起。它也将促进世界各地亚洲研究学者的交流合作，从而在亚洲研究领域中开拓出新的学术视野。"

亚洲中心成立之初，就接手了东亚研究理事会的职能，例如为哈佛大学的亚洲研究筹措资金和协调该领域内的各种学术项目。此外，鉴于哈佛大学承诺扩展它的南亚及东南亚项目，亚洲中心便承担了此项重任。亚洲中心还承担了美国教育部的国家资源中心项目（NRC）（这意味着教育部通过哈佛向某些项目提供资金支持）。亚洲中心的执行委员会也吸纳了东亚研究理事会的成员。①

在相当大的程度上，亚洲中心的成立是费正清东亚研究中心努力的结果。说到底，呼吁建立亚洲中心的主要人物是傅高义、中国研究专家柯伟林（曾担任亚洲中心第二任主任）、珀金斯（曾担任亚洲中心第三任主任）。像傅高义一样，珀金斯不仅是费正清东亚研究中心的成员，而且他与中心的联系一直可以追溯到费正清担任主任的时代。1999年秋，柯伟林被任命为亚洲中心主任、裴宜理被任命为费正清中心主任，于是，这两个机构和他们的工作人员在行政上分开了，尽管它们之间仍然在很大程度上保持着合作关系。夏滴翠兼任了两个机构的副主任一直到2000年年中。因为亚洲中心在1997年接手了东亚研究理事会的职能，所以亚洲中心有一笔不菲的预算，工作人员也多于费

---

① 有关傅高义对亚洲中心的描述，参见中心1996~1997年度报告第6页。从行政管理的角度而言，据说文理学院院长诺尔斯因为需要跟三个与亚洲研究相关的机构打交道而颇感困扰，所以他希望把亚洲中心指定为哈佛大学中唯一一个负责就亚洲相关事务与文理学院院长沟通的机构。2005年3月4日，珀金斯在一次访谈中，对亚洲中心和不再发挥作用的亚洲研究理事会做过一番有见地的评论。

正清中心。一些在二十世纪八十年代马若德时期列名费正清中心委员会、又在二十世纪九十年代傅高义时期列名企业委员会（Corporate Committee）的捐款人，这时成为了亚洲中心的捐助者。在最重要的亚洲贵宾到访哈佛时，经常是亚洲中心以东道主的身份出面接待并负责规划活动日程。如上所述，亚洲中心还接管了东亚研究理事会自二十世纪七十年代开始的出版项目。[①]

为了能够适应不断变化的时代要求，机构应当经常自我革新。在费正清中心五十年的历史中，它曾多次凭借自身的能力和眼光进行自我革新。由此创立起来的赖世和研究所和韩国研究所加强了哈佛亚洲研究的力量，却没有削弱费正清中心的使命和动力。正是本着这样的精神，费正清中心再度迎来了亚洲中心的创立。

1997年亚洲中心成立后，哈佛校内与亚洲相关的各区域研究中心形成了我们今日（2005年）所见的格局。今天，它们在亚洲研究领域内，各有分工。费正清中心专注于中国研

[①] 2004年"费正清中心之友会"的会员中，被新设立的亚洲中心吸纳过去的有：谷斯（John H. J. Guth）、李（Theodore B. Lee）、斯通（Robert G. Stone Jr.）和维尔茨（James O. Welch, Jr.）。应该指出，他们仍然一如既往地为费正清研究中心提供资助，中心也在年度报告中多次表示了感谢。谷斯、斯通和维尔茨曾是费正清中心筹款委员会的主席。因为大家现在认为亚洲中心负责哈佛大学下属所有与亚洲相关的研究中心筹款，哈佛发展部要求费正清中心不要再另外发起筹款活动。从1975年开始直到2002年退休的二十七年间，斯通（1947年哈佛毕业）一直是哈佛董事会董事（fellow of Harvard College）。参见《哈佛公报》2002年1月10日文《斯通：从哈佛董事会引退》（Robert G. Stone Jr., To Conclude Service on the Harvard Corporation）。有关夏滴翠加入中心的消息，见中心1995~1996年度报告第2页。

究,韩国研究所专注于朝鲜半岛研究,赖世和研究所专注于日本研究,亚洲中心处理泛亚洲(pan-Asia)的问题,并负责发展文理学院下有关南亚和东南亚的学术项目。

在某种意义上,南亚项目(South Asia Initiative, SAI)经历了一个较长的孕育期。因为二十世纪八十年代中期,当费正清中心创办中国-印度系列研讨会(China-India Seminar series)的时候,就曾努力把南亚研究纳入哈佛课程。1985年,马若德终于让文理学院院长拨下一大笔资金,用来发展一系列有关印度的项目。这些项目旨在让哈佛开设更多的有关印度的课程,包括邀请印度籍经济学家斯瓦密(Subramanian Swamy,1965年获哈佛大学博士学位)来哈佛任教一年;邀请研究印度的政治学家、在英国任教的美国学者曼诺(James Manor,1975年获耶鲁大学博士学位)来哈佛任教二年;以及邀请研究印度的历史学家英国人瓦许布鲁克(David Washbrook,剑桥大学博士)来哈佛任教三年。

印度项目包括两个目的和两个部分。在研讨会上,印度学学者发表论文,由中国学学者点评。这个项目的另一个部分则要求印度学学者们每年在哈佛教授两门课程。第一个目的是要使中国学学者清楚认识到中国与印度的比较研究是富有意义的。第二个目的——也是项目的真正目的——是在哈佛的课程设置中引入有关印度的教学内容,看看是否真的有必要开设。事实证明果然如此。在其任教的数年间,瓦许布鲁克开设了一门讲授印度史的核心课程①,吸引了一百多名学生听课。哈佛历史系给瓦许布鲁克提供了终身教职,但是,经过认真考虑,瓦许布鲁克最后认为自己不想离开英国。

对印度研究的兴趣使得政府系决定聘任一位年轻的印度学专家。它首先聘任了瓦尔希尼(Ashutosh Varshney,1990年获麻省理工学院博士学位),现任教于密歇根大学;最近又聘任了卡普尔(Devesh Kapur,1994年获普林斯顿大学博士学位),现任教于德州大学奥斯汀分校。这两位学者都致力于在哈佛国际事务中心(CFIA)内建立独立的印度研讨会(这也是对以往的中国-印度系列研讨会的继承);在此过程中,费正清中心也一如既往地提供了部分资助。在2004~2005学年,卡普尔和裴宜理共同讲授了一门研究生研讨课"巨人的统治和改革:印度和中国的比较",这是一个要执行数年的联合研究项目的第一步,为此他们已经从亚洲中心得到了相应的会务补助(下文论述)。②

1999年,柯伟林(1981年获哈佛大学博士学位)被任命

---

① 所谓"核心课程"(Core Curriculum)是哈佛大学要求本科生在本专业之外选修的一系列课程,它在理念和内容上都与通常所说的"通识教育课程"类似(General Education Program)。从2008年1月起,哈佛大学已将其"核心课程"改革为"通识教育课程"。——译者注
② 卡普尔有一个助手梅赫塔(Pratap Mehta)。梅赫塔当时是政府系的政治理论家,现在是新德里政策研究中心主任。卡普尔新近的一篇论文《印度的承诺:世界上人口最密集的民主的矛盾前景》(India's Promise: Conflicting prospects for the world's most populous democracy),发表在《哈佛杂志》(Harvard Magazine)(2005年7~8月,编号107.6)上。在此我要感谢马若德教授为我提供了哈佛印度研究学者的概况。南亚研究项目的现状将在下文"主要研讨会"的开头部分论及。

为亚洲中心的首位全职主任。作为民国史专家，他的著作从国际视角研究了中国经济和政治发展，特别是对战前德国和民国时期的中国进行了比较。柯伟林1992年加盟哈佛，同年也加入了费正清中心执委会。1995年至2000年，他曾担任哈佛大学历史系主任。2002年，柯伟林搬入大学楼就任文理学院院长后，他在亚洲中心的主任职位由珀金斯继承。珀金斯于2002年至2005年在职，其后继任的是赛奇。赛奇于2005年7月接任亚洲中心主任。

作为文理学院院长，柯伟林参加了一项活动，将费正清中心过去与现在的历史紧紧编织在了一块儿。柯伟林常说自己是费正清的关门弟子。2004年7月，他出席了在哈佛教师俱乐部举办的一场午餐会，庆祝蒋廷黻档案（T. F. Tsiang Archives）捐赠给哈佛燕京图书馆。蒋廷黻大使是一位学者，也是一位政治家，还是费正清二十世纪三十年代在中国结识的老师和朋友。三代学者——蒋廷黻、费正清、费正清的关门弟子柯伟林——的努力才给哈佛燕京图书馆带来了这批馆藏。

当费正清第一次遇到他时，蒋廷黻正在清华大学任教，担任历史系主任。此后，费正清经常拜访他，与他讨论关于清朝外交关系的文献。蒋廷黻也给了费正清第一份教职，让他在清华大学任讲师。蒋廷黻曾获得哥伦比亚大学博士学位，他英文流利，深信中国必须在经济、社会、意识形态等多方面进行改革，才能使中国人民步入现代世界。自1935年始，蒋廷黻进入蒋介石领导的国民党政府任职，后来担任了中华民国常驻联合国代表，并在肯尼迪政府时期担任驻美大使。蒋的档案现在存放于哈佛燕京图书馆，包括几箱个人文献和他在1944年至1965年的日记。①

---

① 柯伟林被任命为文理学院院长的消息公布于 2002 年 5 月 23 日《哈佛公报》上的《中国学者担任下届文理学院院长：柯伟林致力于推动海外学习》(China scholar next dean of FAS: William Kirby champions efforts for study abroad) 一文中。南亚研究项目 (SAI) 的主要目的是"在广阔的比较视野和全球视野中增强对南亚的研究"，这个项目于 2003 年 9 月启动。参见哈佛亚洲中心 2003～2004 年度报告第 15 页。当 2002 年柯伟林卸下亚洲中心主任一职时，他受到了哈佛大学资源委员会 (Harvard's Committee on University Resources) 主席斯通（也是费正清中心和亚洲中心的捐资者）的表彰，参见亚洲中心 2001～2002 年度报告第 19 页。亚洲中心和费正清中心于 1999～2000 学年在预算和运作上完全分开了，但二者仍合用一些工作人员，如财务人员和出版工作人员。

柯伟林曾与亚洲中心主任助理阿尔巴尼合作，共同为哈佛大学争取这批珍贵文献。对阿尔巴尼来说，这成了一项长达十五年的大工程。阿尔巴尼是蒋廷黻之子唐纳德 (Donald) 的侄女。唐纳德保存着蒋廷黻的文献并决定捐献给哈佛。对此前搜集到的、藏于威德纳图书馆的其他材料，这些文献是有益的补充。现在，所有这些资料都被归总在一起了。费正清本人也参与了早期的文献收集工作，参见 1988 年 11 月 4 日他写给唐纳德的信。1988 年 12 月 13 日，他在哈佛费正清东亚研究中心召开的关于蒋廷黻日记的会议上还表达了对蒋的敬佩之情。与柯伟林、阿尔巴尼一起参加捐赠仪式的还有蒋廷黻的两个女儿玛丽 (Marie) 和莉莲 (Lillian)，她们两个回忆了二十世纪三十年代费正清夫妇到她们家做客的情形；此外，还有哈佛学院图书馆员克莱恩 (Nancy Cline) 和哈佛燕京图书馆馆长郑炯文 (James Cheng)。新近合并起来的这批档案，现以"蒋廷黻博士 (1895～1965) 档案" (Archives of Dr. Tsiang Tingfu) 为名，藏于哈佛燕京图书馆中，开放供读者使用。

第八章
裴宜理主任时期（1999~2002）

裴宜理（1978 年获密歇根大学博士学位）1999 年接任费正清中心主任。当时已经从教三十多年，但仍精力充沛、日理万机的傅高义退休了。裴宜理出生在中国，成长于日本，她的父亲师从费正清于 1940 年获得硕士学位。1997 年来到哈佛以前，她曾先后在西雅图华盛顿大学的杰克逊学院和加州大学伯克利分校政治系任教。她的学术兴趣主要在中国城乡草根阶层的民众抗议和政治运动方面。她的第一本著作《华北的暴动和革命，1845~1945》(*Rebels and Revolutionaries in North China*, 1845~1945) 1980 年由斯坦福大学出版社出版，详细阐述了农民暴动和共产主义革命之间的关系。其第二本专著《上海罢工：中国工人政治研究》(*Shanghai on*

Strike: The Politics of Chinese Labor) 1993年由斯坦福大学出版社出版，该书研究了中国的工人运动及其与国民党和共产党之间的联系。该书获得了当年美国历史学会的费正清东亚史研究最佳著作奖。

二十世纪九十年代末，裴宜理转向研究当代中国的有关问题。尤其是她在费正清中心从事的草根阶层政治改革项目，历时多年，不但吸引了研究生也吸引了教授们的参与。1999年开始，该项目得到了亚洲中心、哈佛燕京学社、费正清中心之友会的资助，还获得了哈本会计师事务所（Halpern Associates）的一笔慷慨捐赠。2004年10月，作为正在进行中的该项目的一部分，在费正清中心举办了一场题为"当代中国草根阶层政治改革"的大型学术会议。这次会议重点讨论了中国今天为了约束地方官员行为的种种努力，包括村民选举、反贪行动、财务透明、媒体曝光、干部提拔标准、非政府组织的压力、当地居民的抗议等等。这次会议的论文，经由裴宜理和戈德曼编辑，已经提交给了"哈佛当代中国书系"出版项目（HCCS）。

2003年，裴宜理的本科母校霍巴特和威廉·史密斯学院（Hobart and William Smith Colleges）宣布它们把新收集的亚洲文献收藏命名为"1969届毕业生裴宜理亚洲图书馆"以表彰这位优秀的校友。这个图书馆获得了已故的普林斯顿大学日本研究学者詹森捐赠的一千二百册图书，以及在纽约州立大学宾汉姆顿分校教授中国课程的塞尔登捐赠的五千册图书，加上该校已有的图书,这个新的亚洲图书馆馆藏超过了三万册,成为了美国小型文科学院中最好的亚洲图书馆之一。①

在傅高义的第二任期,来自首都华盛顿、北京、东京的高层政要不时到访,还成立了亚洲中心负责承办这些高规格的活动。裴宜理决定使中心重新回到它作为一个学术机构的传统角色上去,让学者们和学生们在这里通过研讨会和专题讨论会探讨具有学术价值的议题。但是,对全球和地区战略问题及其他政策议题的分析讨论仍将继续进行。裴宜理对中心的重新定位只是工作重心的调整,而不是一个急转弯。在裴宜理的领导下,中心举办了八个系列专题讨论会,涉及了从历史到性别研究到时事等多个主题。2002年1月,裴宜理组织了好几个国际学术会议,其中之一是史无前例的以"当代西藏的社会、经济和文化变迁"为主题的学术大会。2002年1月召开的这次会议让中国西藏学者和中国学者齐聚一堂。裴宜理还引入了电子版的费正清中心时事通讯报,每学期发送给中心的所有学术联系人。

裴宜理还开创了一些新的活动项目。时至今日,这些项目仍作为中心每年的例行活动定期举行。例如,她为中心的

---

① 1999年,裴宜理接替傅高义担任中心主任。傅高义于2000年退休,当时中心为他举办了退休聚会。因为他在世界范围内与高层人士有着广泛的联系,傅高义仍经常到世界各地参加各种会议、研究项目和公开演讲活动。关于"1969届毕业生裴宜理亚洲图书馆",参见2003年3月31日霍巴特和威廉姆史密斯学院发布的新闻《学校举行首届"教育长国际关系论坛"》(Colleges Host First Provost's Symposium on International Relations)。

博士后研究员提供了组织学术研讨会的机会，得到了绝大多数博士后学者的积极响应。她重新开办了周五主任研讨会（Friday Director's Seminar）〔更为正式的名字是"费正清中心研讨会"（Fairbank Center Seminars），下文"费正清中心举办的主要研讨会"中有介绍〕，让中心学者们介绍自己的研究工作。她还发起了由中心主办的中国春节宴会，这至今仍是每个学年中面向所有哈佛中国研究专家的一大亮点活动。从她开始，中心的年度报告封面印装精美，并且在中心学术联系人中广为发送。裴宜理还付出了很大的努力，欢迎人文学者、古代中国研究专家和研究当代中国的社会科学家一道参加到中心的学术生活中来。

裴宜理把费正清中心和亚洲中心的工作人员分开了，还在费正清中心新设了一个助理主任职位。范佩尔特（Stefanie Van Pelt）在傅高义担任主任时来到中心工作。2001年，裴宜理提名她为助理主任，在这个职位上她一直工作到2003年。她是康奈尔大学的毕业生，1993年至1996年在中国工作了四年，其中包括在江西的南昌大学工作了一段时间。

裴宜理担任主任时非常幸运，赶上了美国经济快速增长的泡沫时期，投资回报率很高。在她担任主任的第一年，裴宜理为筹集资金花费了很多心血，把原来的"企业委员会"（Corporate Committee）改组为"费正清中心之友"会，还在政府和民间双管齐下寻求资助。她也主持大幅改组了中心的财务管理办公室。到了她在任的第二年，中心长期运作基金的收益大幅猛增。1997 财年，长期运作基金给中心提供了 40.5593 万美元的运营经费；到了 2001 财年，基金产生的收益翻了两倍多，达到了 153.7006 万美元；在 2002 财年，基金收益也达到了 99.5821 万美元。中心基金的高收益率，加上中心执委会的支持，为裴宜理扩展中心现有各项事业的规模提供了可能。①

拓展博士后项目

裴宜理拓展的核心项目是博士后项目。从 1981 年孔飞力重组了博士后项目后，中心每年资助二至三位学者来中心做博士后访学。这个项目的资金来源是中心长期运作基金中王氏文字处理机的发明者王安博士捐赠的部分。1996 年，傅高义宣布王安博士后奖助金（An Wang Post-doctoral Fellowship）有两个名额可供申请；而此前几年，这样的名额每年仅有一个。1999~2000 学年，裴宜理已经有能力使中心招收三个王安博士后研究员了。此外，她还用中心自己的资金新增了两个博士后名额。从那时起，中心每年招收的博士后学者数量较以往大为增加。2004 年伊维德担任主任时，共有八人获得了费正清中心提供的博士后奖助金，其中包括六名王安博

---

① 费正清中心的年度报告都会提到来自长期运作基金的可用收益。报告中提到的可用收益通常由两部分构成。一部分是哈佛大学指定用于中心日常活动的那部分收益，即由长期运作基金的本金所产生的利息收益的 3%（尽管 2000 年至 2002 年经济泡沫期间，哈佛也授权中心使用基金利息收益的 5% 甚至 7%）；另一部分来自前一年预算中结余部分的利息收益。在 2005~2006 财年，东亚研究理事会下五项基金的收益达到 29.1314 万美元，来自费正清中心东亚研究中心二十二个长期运作基金的收益达到 63.9103 万美元，总的可用收益为 93.417 万美元。

士后、一名由蒋经国基金会配比资助的台湾研究博士后、一名哈佛燕京学社资助的 2004~2005 年度中国图书馆学和印刷文化研究方面的博士后。

更多年轻学者的到来给中心增添了活力,尤其是在费正清中心搬离哈佛校园那三年的日子里,这显得更为可贵。这些年轻学者都已有了各自的研究课题。这些研究课题高度专业化,曾让他们写出了博士论文,到了费正清中心后他们仍旧沉浸其中。他们代表着各自研究领域内的前沿思想和观点,经常探讨诸如萌芽中的女性气质与男性气质、现代中国政体中肉体与权力的关系等等课题。费正清中心还给他们提供机会,让他们组织一次与各自研究领域相关的春季工作坊。他们利用这个机会邀请了各自领域内的世界级权威齐聚剑桥,其中经常包括他们自己的导师和其他一些年轻学者。这些工作坊通常在周末举办,为期两天,白天会有小组讨论,晚上则在哈佛教师俱乐部或本地的饭店安排一场晚宴。这些工作坊中有些已经出版了有分量的学术成果。费正清中心博士后研究员名单请参见本书附录 H。[①]

[①] 此前,莱顿大学已经尝试让博士后组织工作坊。伊维德和赛奇都曾在莱顿大学 (Leiden University) 任教,他们都劝说费正清中心执委会也采取同样的政策。裴宜理担任中心主任时,鼓励博士后研究员组织工作坊的政策开始实施,但直到 2003 年春季,伊维德担任主任时,该项目才得以扩展。博士后研究员在中心组织举办工作坊会耗费他们大量的时间,这在一定程度上和他们来中心要修改毕业论文出版这一主要目的是矛盾的。但是,他们的活力和他们请来的众多专家,都使得中心的生活更加丰富多彩。尽管王安基金早在 1983 年就已经开始用于支持博士后项目,但是直到十多年后的 1994 年中心才正式启用"王安博士后"这个名称。

"费正清中心之友"也在 2000 年形成了今日的格局。1987 年,马若德组织了费正清中心委员会。这是他为了给中心筹集长期运作基金而发起的成效卓著的募款行动的一部分。它每年在纽约召开一次或两次会议,通常会有一个著名专家或若干哈佛学者应邀发表演讲,讨论有关中国的问题。这些会议鼓励了捐款。裴宜理认为,费正清中心的学术生活集中在哈佛和波士顿地区,在纽约举行会议似乎离哈佛活跃的学术研究生活太远了。她希望以在哈佛举办的活动来代替在纽约的活动。费正清中心委员会自身也在发生变化。1996 年,费正清中心委员会有七十四名会员,渐渐地,该会成员发现有其他有意义的活动可以参加,就和委员会渐行渐远了。与此同时,由于有了较为充足的长期运作基金的支持,费正清中心高兴地发现其财务困难已经得到了缓解。2000 年,裴宜理改组费正清中心委员会为"费正清中心之友"会,除了在纽约举行会议外,又增加了在波士顿召开的会议。2004 年,费正清中心之友会有了二十九位个人会员和七个法人会员。时至今日,他们仍旧每年为中心慷慨解囊。[1]

---

[1] 费正清中心之友会目前有以下会员:布罗坎夫人(Mrs. Alice Bolocan)、杰弗瑞夫人(Dr. and Mrs. Jeffrey C. Chu)、科林斯夫人(Mrs. Phyllis D. Collins)、柯立芝先生(Mr. Lawrence Coolidge)、费森登先生(Mr. Hart Fessenden)、格勒特先生及夫人(Mr. and Mrs. Michael Gellert)、古斯先生(Mr. John H. J. Guth)、霍格特先生(Mr. George Hoguet)、霍顿先生(Mr. James R. Houghton)、英格汉姆先生及夫人(Mr. and Mrs. John W. Ingraham)、约翰斯通先生(Mr. C. Bruce Johnstone)、卡尔格林博士(Dr. Joyce K. Kallgren)、克莱恩先生(Mr. Walter C. Klein)、琳达·诺·莱恩夫人(Mrs. Linda Noe Laine)、雷顿先生(Mr. Don

迁出柯立芝楼

当裴宜理任期就要结束的时候，费正清中心和其他所有位于柯立芝楼的研究中心搬离了这栋楼，因为这栋坚固的四层建筑已经计划拆除了，取而代之的将是要容纳国际项目和政府系的两栋新楼。费正清中心已经在柯立芝楼三十九年了。很多已经当上了正教授的中心会员当年就在这栋楼的费正清中心内度过了他们的研究生时代。在这栋红砖楼内，有过很多美好的回忆，有过引以为豪的成就，这些年来很多人也在此交到过不少朋友。柯立芝楼仍然可用；但是，科内夫家族（Knafel family）慷慨捐资且国际项目也需要新的办公空间，这些因素使得哈佛大学决定拆除这栋老楼，在剑桥街两侧建

Layton)、李先生（Mr. Theodore B. Lee)、莱文先生（Mr. Herbert Levin)、麦塔格特先生（Mr. Sandy MacTaggart)、毛肯先生（Mr. Peter Malkin)（毛肯基金会，The Malkin Fund)、小麦考伊先生（Mr. Vasco McCoy Jr.)、保罗·纽豪瑟教授（Professor Paul Neuhauser)、皮尔斯先生（Mr. Daniel Pierce)、小洛克菲勒先生（Mr. David Rockefeller Jr.)、夏皮尔博士（Dr. Stephen Shappell)、西门子先生（Mr. Hardwick Simmons)、索斌夫人（Mrs. Julian M. Sobin)、小斯通先生（Mr. Robert G. Stone Jr.)、魏斯曼先生（Mr. Paul M. Weissman）及魏斯曼家族基金会（The Paul and Harriet Weissman Family Foundation)、维尔茨先生（Mr. James O. Welch Jr.）及维尔茨伉俪基金会（The James and Vedna Welch Foundation)、新泽西邦基公司（Bunge Corporation, New Jersey)、纽约西提盖普公司（Citicap Incorporated, New York)、纽约卡明公司（Coming Incorporated, New York)、加拿大麦克莱伯公司（Maclab Enterprises, Ltd., Canada)、波士顿培基证券（Prudential Securities Incorporated, Boston)、台湾东和钢铁公司（Tung Ho Steel Enterprise Corporation, Taiwan)、纽约美国信托公司（U.S. Trust Corporation, New York)。二十世纪八十年代，在纽约的筹款会每次募集到的资金在3.5万美元至7万美元之间。

设两栋隔街相望的大楼。2002年6月末,费正清中心、亚洲中心、韩国研究所、赖世和研究所都搬到了位于马萨诸塞大道625号的临时办公地点,这里曾是伍尔沃斯5美分10美分店(Woolworth's Five and Ten Cent Store)的所在。其后不久,大型工程机械就开过来拆除柯立芝楼了。那年的秋天,这栋楼已经化为了一片瓦砾被运走了。[①]

[①] 中心2001~2002年度报告第8页中记述了中心从剑桥街1737号迁出一事。当时中心还决定在这年年度报告的封面上放上这栋古老的柯立芝楼的照片。

第九章
伊维德主任时期（2002~2005）

伊维德（1974年获莱顿大学博士学位）常说，在费正清中心的多年历史中，他是第一位被任命为主任的汉学家。汉学家是欧洲学术传统中的一部分，他们通过学习文言和钻研中国古籍，从中发掘中国传统文明对人文领域的贡献。伊维德受教于莱顿大学，又在那里任教三十年，他似乎的确可以说是一位名副其实的汉学家了。在费正清时代，汉学家（"sinologist"）这个词有些泥古不化的意味，指的是那些脑子里装满中国古代的典故和琐事，并在研究中拒绝一切理论框架的学者。在美国这种看法被广泛接受。在它的影响下，费正清中心成了"社会科学家"的家园——在这里，社会科学家关心中国近期的历史发展只是为了更好地理解当代中国发生的事件。而伊维德是担任中心主任的第一个非社会科学学者。他于1999年来到哈佛。2002年接任费正清中心主任的时候,他开玩笑说,任命他担任主任可能会使费正清的灵魂感到不安。实际上,费正清中心执委会欢迎他就任,因为这表明中心向研究中国所有历史时期的学者开放,也向和中国研究有关的所有学科的专家开放。

伊维德是中国传统文学和戏曲研究专家。除了英文以外,他还以中文和荷兰文发表了很多著作。他与奚如谷(Stephen H. West,1972年获密歇根大学博士学位)合作翻译的《月与筝:西厢记》(*The Moon and the Zither: The Story of the Western Wing*,伯克利,加州大学出版社,1991和1995)是中国元代(1271~1368)戏曲家王实甫的作品。这部戏剧探讨了封建礼教思想的束缚。英译本不仅保持了原著的丰富内涵,还加入了伊维德的分析评论。伊维德最近与管佩达(Beata Grant,1987年获斯坦福大学博士学位)合作编辑的《彤管:中国帝制时代妇女作品选》(*The Red Brush: Writing Women of Imperial China*,哈佛大学出版社,2004),强调在整个中国古代始终存在着大量的女作家和诗人,无论就其文学技巧还是渊博的知识而言,她们都和最优秀的男性作家和诗人一样,毫不逊色。尽管在官方的儒家经典中,女性遭到贬低、被认为不如男性,长期以来,中国女性作家的文学贡献还是被历史典籍承认和记载了下来。这本书在丰富的历史和文学语境下,详细描述了中国古代大量未被正确评价的女作家。2004年11月，伊维德六十岁生日的时候，宇文所安（Stephen Owen，1972年获耶鲁大学博士学位）召集了一个题为"中国文学中对人物形象的塑造"的学术会议，表彰伊维德的学术贡献。这次会议探讨了在戏曲和白话文学等早期叙事作品中人物形象的塑造。和伊维德一样，宇文所安是研究中国古代文学的学者，也是费正清东亚研究中心执委会成员。①

伊维德任期的一大特色是其海纳百川的包容性。各个学科背景的学者都踊跃参加费正清中心的活动，有的在"中国时事工作坊"（China Current Events Workshop）上向大家通报中国发生的最新事件（有时仅仅是几个小时前发生的），也有的在中国宗教研讨会（Seminar on Chinese Religions）上辩论中国最早的考古发现及其意义。2003~2004学年的费正清中心年度报告列出了中心举办的超过八十七次的研讨活动。所有这些活动都向公众免费开放。

2003年，薛龙（1974年获密歇根大学博士学位）加入了中心，担任了助理主任。1980年至1997年，薛龙在东京生活，在那里他说着一口流利的日语，并担任了一个国际出版项目的主管。他的工作是管理专门出版英文期刊和参考书的出版

---

① 在1956年至1972年的很多年度报告中，费正清都提到要重视对古代中国的研究。伊维德1999年应邀加盟哈佛。张松在《环球时报》（2004年8月6日，第15版）发表的《美培养"中国通"途径多》一文中，谈到了伊维德。这篇文章介绍了美国的中国研究现况。宇文所安获得博士学位后在耶鲁大学任教十年，1982年加盟哈佛。他出版了十多本有关中国古代诗歌和文学的专著。

商在亚洲各地的市场。因为这项工作，薛龙经常要在东亚各地旅行，拜访散布于东亚各地的业务代表办公室。对于像他这样对中国文化、朝鲜文化和日本文化都很感兴趣的人而言，这种旅行也是一项福利。二十世纪七十年代，他最早在阿灵顿得州大学（University of Texas at Arlington）任教；决定重返学术界后，他于1997年回到美国。从那时起，他就一直待在哈佛大学。他最近的著作《中国军阀时代的文治政府：传统、现代化与满洲》(Civil Covernmet in Warlord China: Tradition, Modermization and Marchuria) 2002年由朗格出版社出版。该书重新探讨了二战前中国在满洲的政治经济活动，提出二十世纪二十年代中国正处在军阀混战中，但是满洲地区仍然有着惊人的经济建设和基础设施建设。①

位于中央广场的费正清中心

2002年夏至2005年夏，伊维德担任中心主任时，中心临时搬到剑桥中央广场办公。哈佛大学长期租用了马萨诸塞大道625号一栋砖楼。这栋楼横跨了整整一个街区，从二十世纪三十年代到1998年，这里是中央广场附近的一家大店伍尔沃斯百货商店（Woolworth's Department Store）的所在。沃尔格林药房（Walgreens Drug Store）现在仍在该楼一层

---

① 1986年至1994年的八年间，薛龙还在东京担任日本亚洲协会（Asiatic Society of Japan）主席。这个组织1872年成立于横滨，在日本享有盛誉，其成员都积极努力为协会工作。他1997年来到哈佛。加盟费正清中心前，他在哈佛燕京学社工作。

营业。当时，哈佛大学已把第四层拿来作为威德纳图书馆处理订单和为其馆藏图书编目的场所，而把整个第三层分给了亚洲中心、韩国研究所、赖世和研究所、戴维斯俄罗斯和欧亚研究中心和费正清中心。费正清中心分得了西边颇大一块办公空间。起初，很多人都心怀恐惧，觉得费正清中心被发配到了远离主校园、满是沙砾的中央广场旁的人行道上，那里游手好闲的人与整日瞎逛商店的人混在一起。

可以想象，当所有区域研究中心的工作人员发现他们其实喜欢上了这个地方时，他们多么高兴！他们发现这里不仅购物方便，而且附近还有各国口味的饭店，方便出去午餐。楼内费正清中心的办公空间十分明亮，窗户很大、走廊宽敞，显得整洁而舒适。当时还担心，学者们不愿意跑到远离哈佛园（Harvard Yard）的这个"东校园"来参加中心的研讨会，因此，中心开始在其所有的午间讲座上提供免费的午餐。精彩的演讲、有趣的主题、中心工作人员的大力宣传，还有免费的午餐，所有这一切使得这里的每一场研讨会都吸引了相当多的听众。

伊维德开创的项目中有一项是主任午餐会。从2004年起，每个周三中午在1号讨论室举行。所有博士后和访问学者都努力参加这个午餐会，也经常会有几位中心会员参加。伊维德以比较随意的方式主持午餐会，讨论的话题非常自由宽泛，但最后都以学术和研究问题收尾。借着这个时机，中心的来访者也会介绍大家认识，他们也常常会给在场人士做一个即兴发言。这成了一个受到中心所有学术联系人欢迎的活动，对加强中心与大家的联系贡献良多。①

2005年6月，伊维德任期结束，马若德接任了中心新一届主任。

---

① 因为打算建设一条穿过剑桥街、连通两栋政府和国际研究中心（CGIS）大楼的隧道，大楼的建设成为哈佛大学的一个重要议题。剑桥中部各社区协会的居民认为这两栋大楼毗邻社区地段，会使自己受到影响。他们反对修建隧道，认为这会让他们几个月不得安宁。哈佛提出了一个价值一千万美元的基础设施建设方案作为补偿。这个计划包括植树、修建新的社区公园、复建当地建筑等。经过数月的紧张谈判，当地居民拒绝接受这项补偿，因此，哈佛决定撤回补偿计划，放弃修建隧道。这些事情在《哈佛红》（2002年7月12日）上有报道，题目是《隧道谈判破裂》，作者是道根（Lauren Dorgan）；相关报道也见于《哈佛公报》（2003年2月6日）上，题目是《政府和国际中心建设项目放弃隧道、继续施工》。这两栋建筑都被称为政府和国际研究中心，北楼也被称为科内夫中心（Knafel Center）。

费正清中心举办的主要研讨会

自傅高义于二十世纪七十年代初开始在一个学年中举办多个系列研讨会之后，中心就尝试着举办多种类型的系列研讨会、大型学术会议和工作坊等，在一年之中同时开展多个系列的学术活动。筹建一个新的系列研讨会并不罕见，因为常常有一两个关键人物会给予积极支持并助其成功。当这些关键人物转而关注新的问题，或者当他们的教学任务要求他们将时间和精力花在新的方面时，他们的研讨会最后就会被取消。像之前由马若德在1985年发起的中国-印度研讨会就是其中一例。该研讨会每月举行一次，一直持续到1988年的春天，参加者中包括一些杰出的印度研究专家，如专擅南亚资本主义和政治经济学的鲍斯（Sugata Bose，1982年获剑桥大学博士学位）和将伦理纳入经济学研究的诺贝尔奖

得主森 (Amartya Sen, 1959 年获剑桥大学博士学位), 如今这两位学者均在哈佛任教。作为亚洲一个主要的文明古国，印度的经验有待当今学者进一步理解。费正清中心致力于引入印度研究，旨在将其作为研究中国的一个可能的参照系。今天，哈佛大学亚洲中心取代费正清中心在这个方向上继续努力。[①]

费正清中心利用各种方式在最大的范围内发布消息，尽可能将定期举办的系列研讨会和工作坊通知到更多的人。这包括在亚洲中心的《亚洲快报》(*Asia Bulletin*) 中与亚洲有关的在线活动日程上发布信息、在《哈佛公报》(*Harvard Gazette*) 的每周活动栏发布消息、在校园内张贴海报，以及向各类联系人列表广发电子邮件。在每学年的任何一个星期，这些系列中至少有一个会举办活动。每个系列的研讨会或工作坊都会预先指定一个协调人，负责该系列在这一学年的活动；中心还会给它们分配一笔小额预算以补贴其日常开支。目前，费正清中心一共举办十个系列的研讨会和工作坊。每个系列都行之有年，有着自己引以为豪的历史。

新英格兰中国研讨会 (New England China Seminar)

毫无疑问，这些系列研讨会中持续时间最长的是新英格

[①] 南亚研究项目 (South Asia Initiative, SAI) 在亚洲中心 2003~2004 年度报告 (第 155 页注解①中涉及) 中有介绍 (第 15 页)。孔飞力和马若德担任费正清东亚研究中心主任期间的年度报告中也曾论及 1985 年至 1988 年举办的中国-印度系列研讨会。

兰中国研讨会。该研讨会由傅高义发起，创立于1971年，到2005年为止已举办了三十四年。这个系列研讨会在创办之初由柯文负责（当时称为"新英格兰地区中国研讨会"），1977年以来则转由戈德曼负责组织。戈德曼一直都以充沛的精力和忘我的精神努力为研讨会安排主讲人。研讨会一般是下午晚些时候开始第一场演讲，晚餐后再进行第二场。之所以将研讨会安排在一天中较晚的时候，其目的是鼓励新英格兰各地的学者和有兴趣的市民赶来参加。研讨会的主题通常比较宽泛，偏重当代议题。如今，新英格兰中国研讨会可以自豪地宣称自己拥有一批每场必到的忠实听众。再算上来自哈佛校内的新加入者，这个研讨会总是能吸引规模可观的听众。这个系列研讨会不仅从费正清东亚研究中心得到资金，而且它还通过哈佛大学东亚国家资源中心（National Resource Center for East Asia）从美国教育部获得资助。

中国午餐会 (China Lunchtime Seminar)

中国午餐会是中心目前最活跃的系列研讨会之一。它创立的初衷是趁着一些学者短期到访哈佛或附近地区的时候，邀请他们于午餐时间给费正清中心的听众演讲。午餐会的前身是1967年由傅高义发起的有关中国教育和发展的午餐研讨会。它在1972年已发展成常规化的星期五午餐研讨会(Friday lunch seminars)，由戈德曼组织。在前十年中，这些都是非正式的聚会，主要讨论中国时事，特别关注的是"文化大革命"和二十世纪八十年代早期中国逐渐恢复常态的蛛丝马迹。由于越来越多的学者走访中心，午餐会之外又增加了一个周四专题讨论会（Thursday colloquia series）；其主题也更加广泛，涵盖了到访的学者自己的专业领域，不过重点仍在现代中国研究上。午餐会在 1987 年更名为东亚专题讨论会系列（Thursday colloquia series）。直到 2000 年，裴宜理（她当时与戈德曼合作主持该研讨会）选定"中国午餐会"作为研讨会的名称。午餐会目前在任意工作日举行，只要有一个合适的主讲人即可。现在，中国午餐会不但欢迎主讲人讨论当代地缘政治或经济问题，也同样欢迎他们讨论有关古代中国和人文方面的主题。在 2003~2004 学年，费正清中心主办了二十二次的中国午餐会。戈德曼目前仍是这个午餐会的组织者。

中国时事工作坊（China Current Events Workshop）

中国时事工作坊在某种程度上可追溯到东亚研究中心最早的岁月，那时中心还在费正清的主持下。1963 年美国国防部、1964 年美国空军相继给予中心大笔捐助支持当代中国研究。这个最早的当代中国研究计划后来基本上是按照课题基金的概念展开的。在这个理念下，资金一方面用于资助各种研究课题，另一方面用于资助该课题的研究人员报告他们的研究进展。1963 年，该计划命名为"当代中国研究"（Contemporary Chinese Studies），不过仍然是围绕研究课题展开的。我们如今所知的中国时事工作坊则采用一系列讲座和小组讨论的形式，这是由"每月评论"（The Month in Review）这个系列研讨会演变而来。举办"每月评论"是为了把握当前中国大陆内部政治事务的脉动。该系列开始于1989年春马若德的任内，这也正好符合他对当代中国事务的兴趣。这个系列由斯图尔特（Gwendolyn Stewart，1995年获哈佛大学博士学位）组织。斯图尔特的研究兴趣主要集中于中国和俄罗斯的政治领导人；他还是一名摄影记者，自1975年以来他的作品被很多出版物采用。一直以来，斯图尔特不断得到其他学者的协助，如研究中国农村政治的专家崔大伟（1983年获密歇根大学博士学位）、目前任教于波士顿大学的中国政治精英研究专家傅士卓（Joseph Fewsmith，1980年获芝加哥大学博士学位），以及主持费正清东亚研究中心台湾研究工作坊（详见下文）的戈迪温（Steven Goldstein）。早年，在斯图尔特和崔大伟在刚开始组织中国时事工作坊的时候，该工作坊有一个副标题，叫做"每月评论"，这是参照了密歇根大学当时正在举办的一个研讨会的成功模式。

中国时事工作坊每学年大约举行六次，每次通常有两个主讲人。它持之以恒地以批判的眼光来审视中国时事。目前的合作负责人有经济史学家高鹏程（1982年获密歇根大学博士学位）。高鹏程于2004年开始协助该研讨会的工作，他与拉里（Diana Lary）合著的《燕子和定居者：中国北方的大迁徙》（*Swallows and Settlers: The Great Migration from North*

China，密歇根大学安娜堡分校中国经济研究中心，2000）讲述了二十世纪三十到五十年代，山东劳动力闯关东求职谋生的故事。①

费正清中心研讨会 (Fairbank Center Seminars)

1985年，费正清中心研讨会在孔飞力的任期内创办。这个研讨会每周一次，安排在周五下午3点30分到5点30分，每次有一名特邀的演讲人。它很快成为当时费正清中心每周学术活动的高潮，总能吸引一大群感兴趣的学者。每次研讨会后通常会提供葡萄酒。二十世纪九十年代后期，裴宜理将其重新定位为"主任研讨会"（Director's Seminar），由费正清中心主任向发表演讲的学者发出个别邀请。她还给每场演讲安排一位评论员（通常是费正清中心执委会的成员）。现在，这个系列研讨会仍在举办，一般每隔一周举行一次。在裴宜理和伊维德担任主任的时期，这个研讨会主要用于邀请中心的博士后和访问学者介绍他们正在进行的研究工作。由于发言者由主任特邀，这个系列研讨会在中心内部仍常常被称为"主任研讨会"。这个研讨会大约在下午晚些时候举办（目前安排在4点左右开始），演讲之后还会有一个非正式的招待会。

---

① 高鹏程从1982年起就是中心的研究会员，傅士卓则是1992年成为费正清中心研究会员的。二十世纪九十年代初，高鹏程和斯图尔特一起主持中国时事工作坊。

中国人文研讨会 (China Humanities Seminar)

中国人文研讨会是一个行之有年的系列研讨会,得到了费正清中心、东亚语言与文明系的赞助,还得到了来自美国教育部第六类(US Department of Education Title VI)基金、福格美术馆(Fogg Museum)、东亚地区研究硕士项目(Regional Studies-East Asia)的资金支持。该研讨会周一下午在位于神学街(Divinity Avenue)2号的哈佛燕京学社办公楼举行,那里也是东亚语言与文明系办公室的所在。这个系列的研讨会邀请那些从人文学科、文学或艺术视角研究古代中国的学者发表学术演讲。它的前身是1986年中心在马若德任期内发起的古代中国研讨会(China Pre-modern Seminars)。该研讨会涉及的主题向来十分广泛,涵盖了古代中国的各个方面。早年,在中国人文研讨会演讲的学者有倪德卫(1953年获哈佛大学博士学位)和罗溥洛(Paul Ropp,1974年密歇根大学毕业)两位。他们分别于1987年和1989年在该研讨会上受邀演讲。倪德卫是研究商代甲骨文的专家,一直研究这种具有几千年历史的目前在中国发现的最古老的文字。罗溥洛所关注的则是十九世纪的女权主义问题。他的最新著作《谪仙:探寻中国的农家女诗人双卿》(Banished Immortal: Searching for Shuangjing, China's Peasant Woman Poet,安娜堡:密歇根大学出版社,2001)写的是一位生活于清代中国的女诗人。双卿是否真有其人,不得而知。

她可能是一位生活在没受过教育的农村人中间，却极具诗歌天赋的感性才女，但也可能是男性诗人为了释放他们的性幻想而虚构出来的一位农家女诗人。

性别研究工作坊（Gender Studies Workshop）

二十世纪八十年代，性别研究才成为一个专门的学术领域，但就在二十世纪八十年代末，中国研究领域就已经有了一批围绕性别问题开展研究的学者。1992年2月，哈佛在这一领域的兴趣结出了硕果。一些学者在哈佛召开了一场具有开创意义的学术会议，题为"从性别角度看中国：女人、文化和国家"（Engendering China: Women, Culture, and the State）。会议由哈佛大学、卫斯理女子学院（Wellesley College）和麻省理工学院（MIT）共同举办。会议反响强烈：包括来自海外的众多学者在内，共有四百多位学者参加了这次会议。这次会议在马若德任期内的成功举办，加上华琛的建议，促成了1992年性别研究工作坊的创办。受邀参加该工作坊核心小组的是那些研究"女权主义"问题及其对中国妇女的影响的学者。起初的组织者包括华如璧（1982年获伦敦经济学院博士学位）、柯临清（1986年获宾夕法尼亚大学博士学位）和罗溥洛。华如璧与伊佩霞（Patricia Ebrey）合作编写的《婚姻和中国社会中的不平等》（Marriage and Inequality in Chinese Society，伯克利：加州大学出版社，1991）是研究从古至今中国历史上妇女的角色和社会对妇女的态度的开创性成果之一。柯临清研究的是积极从政的中国女性，正像她的著作《从性别角度看中国革命：二十世纪二十年代的激进女性、共产主义政治和群众运动》(*Engendering the Chinese Revolution: Radical Women, Communist Politics, and Mass Movements in the 1920s*, 伯克利：加州大学出版社，1995)中反映出来的那样。罗溥洛如前所述，是男性美国学者中研究中国帝制时期女性角色的先锋人物。魏爱莲曾是性别研究工作坊的主要推动者之一，现在仍是这一活动的主要组织者之一。她1981年以来一直担任费正清中心的研究会员，并于1988年以来担任了赖世和研究所的研究会员。多年来，她担任了东亚研究本科专业（East Asian Studies program）的指导教师〔head tutor，前文提到的怀特（Corky White）①也曾在这个岗位上工作了几年〕。前注提到的魏爱莲与蔡九迪、刘禾最近编写的《中国的写作与物质性：韩南纪念文集》受到了欢迎。叶维丽（Weili Ye，1989年获耶鲁大学博士学位）1999年作为组织者加入。她在麻省大学波士顿分校任教，她的著作《以中国之名追寻现代性：中国学生在美国，1900~1927》(*Seeking Modernity in China's Name: Chinese Students in the United States, 1900~1927*, 斯坦福大学出版社，2001) 描写了二十世纪早期来到美国的中国学生的经历。性别研究工作坊得到了美国

---

① 这里的 Corky White 与前文提及的怀特（Merry White）是同一个人。——译者注

教育部的资助。①

台湾研究工作坊（Taiwan Studies Workdshop）

台湾研究工作坊从 1992 年开始组织活动。当时，华琛担任中心主任。二十世纪八十年代以来，尤其是 1987 年解严并着手建设开放性的民主体制后，台湾发生了很大变化。这些变化不仅让台湾的经济和文化引起了世人的瞩目，也激发了学术界对台湾历史与现状各方面的研究兴趣。华琛担任主任时，中心从蒋经国基金会获得资金资助了台湾研究工作坊。2005 年，蒋经国基金会又提供了配比基金，用于支持中心创办的台湾研究博士后项目。台湾研究工作坊的第一位主持人是柯伟林。现在，这个系列工作坊由戈迪温（1982 年获哥伦比亚大学博士学位）主持。戈迪温在史密斯学院（Smith College）任教，是研究中美关系、当代中国问题、台湾问题的专家。最近，他与爱德蒙（Richard Louis Edmonds）合作编写出版了《二十世纪台湾回顾》（*Taiwan in the Twentieth*

---

① 1992 年的这次会议出了一本同名的书《从性别角度看中国：女性、文化和国家》（麻州剑桥：哈佛大学出版社，1994）。这本书在哈佛当代中国书系中编号为十（本书中另有提及）。这卷书的编者是这次会议的组织者：吉尔马丁（Christina Gilmartin）、贺萧（Gail Hershatter）、罗菲尔（Lisa Rofel）和泰勒·怀特（Tyrene White）。这次会议在中心 1991～1992 年度报告第 5 页中有记述。贺萧在其文献综述《研究现状：二十世纪漫长岁月中的中国女性》（*State of the Field: Women in China's Long Twentieth Century*）（见《亚洲研究杂志》（*Journal of Asian Studies*，2004 年 11 月，第 991 页至 1065 页）中，着重强调了女性研究的迅速发展。1992 年 10 月 5 日为筹办性别研究工作坊召开了一次组织会议，该会议的备忘录副本现存于哈佛档案馆费正清东亚研究中心的文件档中。

Century: A Retrospective View，纽约：剑桥大学出版社，2001）。这部书最初曾作为《中国季刊》的一期专刊面世，它以宽广的视野分析了包括日据时代在内整个二十世纪中台湾在各个方面发生的变化。过去四年里，这个工作坊的核心学者多次赴台湾和中国大陆与当地领导人和意见领袖探讨台湾问题。回到费正清中心时，他们会就当前两岸关系和紧张状态进行分析并在公开的会议上发表报告。华安澜（Alan Wachman，1992年获哈佛大学博士学位）一直以来也是这个工作坊的活跃分子。他在塔夫茨大学（Tufts University）弗莱彻学院（Fletcher School）任教，著有《台湾：民族认同和民主化》（Taiwan: National Identity and Democratization）一书。该书1994年由夏普出版社在纽约州阿蒙克（Armonk）出版。①

新英格兰东亚艺术史研讨会（New England East Asian Art History Seminar）

1993年，新英格兰东亚艺术史研讨会开始举办。这也是发生在华琛担任中心主任的时期。自从开办以来，卜寿珊

---

① 2005年初前往中国大陆与台湾的代表团成员中包括：戈迪温、傅士卓、江忆恩和陆柏彬。这些人本书都已提及。柯伟林也曾参加过此前的访问活动。2005年的代表团成员还有：普林斯顿大学的柯庆生（Thomas J. Christensen）、耶鲁大学史汀生中心主任容安澜（Alan Romberg）、塔夫茨大学弗莱彻学院华安澜。有关台湾研究工作坊的介绍，参见布朗《资助台湾研究的机构：一份选择性的概览》（第42页注解①曾引，第287页至290页）。

(Susan Bush) 一直都是这个研讨会的组织者。卜寿珊是中国十一至十二世纪文人画的研究专家。她研究中国文人是如何理解绘画的，以及他们认为如何才能创作出精美的佳作。她与时学颜（Hsio-yen Shih）共同编写了《早期中国画记》(*Early Chinese Texts on Painting*，哈佛大学出版社，1985）。这个系列研讨会经常在周六下午举行，地点有时在哈佛燕京学社的活动室，有时则选在波士顿一带的某个博物馆。选择在这些地方聚会可以方便参与者观看幻灯片和相关藏品。这个系列研讨会也得到了美国教育部的资助。

中国宗教研讨会 (Seminar on Chinese Religions)

中国宗教研讨会于2002年开办，当时伊维德担任中心主任。普鸣（Michael Puett）和魏乐博（Robert Weller）是这个研讨会的组织者。普鸣是研究中国早期哲学思想和宇宙观的专家。他最近的著作《成神：中国早期的宇宙观、祭祀和化神》(*Become a God: Cosmology, Sacrifice, and Self-Divinization in Early China*，哈佛大学出版社，2002），运用取自中国商代甲骨文的证据和其他古代文献探讨了中国早期对天人关系的理解。普鸣的研究工作表明中国历史早期的学者和官员对于神和天的性质缺乏强烈的共识，进行着激烈的争论。可是后世的中国文献模糊了这一点，刻画出一个个看似泾渭分明、相互对立的意识形态阵营。魏乐博（1980年获约翰霍普金斯大学博士学位）的研究兴趣是中国大陆和台湾的环境、宗教和非政府组织。除了关于中国宗教的研究作品外，他还写过一本选题迥异的书——《别样的公民性：中国文化和民主前瞻》(Alternate Civilities: Chinese Culture and the Prospects for Democracy)。该书1999年和2001年两次由西景出版社（Westview Press）于科罗拉多州波尔德（Boulder）出版，比较了中国大陆的公民社会和1987年解严前后台湾的公民社会。他得出结论，认为民主事实上可以从过去盛行于中国的威权体制中成长起来。1990年以来，他一直在波士顿大学任教。这个系列研讨会也得到了来自美国教育部的资金支持。

中国商业研讨会（China Business Seminar）

傅高义和裴宜理担任主任时，中国商业研讨会非常活跃。2005年春以来，该研讨会又恢复了活动。这个研讨会不仅探讨历史和学术问题，也会讨论商界的从业人士所感兴趣的问题。它的主要组织者是在哈佛商学院执教的雷影娜·阿布拉米（Regina Abrami，2002年获加州伯克利大学博士学位）。她主要研究中国和越南企业家精神的政治渊源，也是研究国际劳动权利和贸易的专家。马尔科姆·李德尔（Malcolm Riddell）担任雷影娜的助手，他曾在亚洲多年，是主营亚洲市场的李德尔咨询和投资公司（RiddellTseng）的董事长。

《费正清中心通讯》(*Fairbank Center News*)

2003年,伊维德恢复了《费正清中心通讯》的出版,这是一份每年秋季和春季各出版一次的新闻简报。这上面有新来的博士后学者和访问学者的照片等资料,也有将要召开的会议的通知。出版这个通讯是为了增强费正清中心学者们的归属感。

哈佛大学的越南研究

从费正清时代开始，中心就大力支持越南研究。这一学术传统一直延续到了今天。当费正清在东亚研究中心1970~1971年度报告中论及新办的越南研究项目时，他提到了一位就要开始对威德纳图书馆所藏的有关现代越南的文献资料进行编目的年轻毕业生。这个学生名叫谭可泰(Hue-Tam Ho Tai)，看上去费正清对她抱有期许良多。谭可泰（1977年获哈佛大学博士学位）1979年被正式任命为哈佛教员。从那时起，她一直待在哈佛，几乎单枪匹马地推进着哈佛的越南研究项目。她早年的研究关注的是越南的激进政治思想及其对革命政治的影响。她最近的作品是她主编的一部论文集，题为《记忆的国度：在后社会主义时代的越南重塑历史》(*The Country of Memory: Remaking the Past in Late*

Socialist Vietnam，伯克利：加州大学出版社，2001）。在这部论文集中，众多学者重新审视了越南最近那段充满战争、灾难和英雄主义的历史。这些学者探讨了诸如对越南民族精神的论述、怀旧情绪的衍生等主题。谭可泰总结说，在这种对越南历史的重新审视中蕴含着群体感和缅怀之心。①

尽管吴才德离去使费正清十分难过（参见本书上文"费正清主任时期"的结尾部分"越南战争时期的哈佛"），谭可泰的出现也使他倍感欣慰。她1986年加入了费正清中心执委会，至今仍在其中效力。可以说，随着谭可泰被任命为哈佛教授和中心的越南研究项目不断取得新的进展，费正清早年对中心的所有愿望都实现了。日本研究和朝鲜半岛研究在中心内部经过了一段时间的培育，现在它们也都在哈佛内发展成了自成一体的研究领域，有了一批杰出的核心学者，建立了专门的研究机构。②

---

① 1962年5月24日东亚研究中心执委会会议记录中（第2页）第一次提到要帮助康奈尔大学发展其越南研究领域。1966~1967中心年度报告上（第4页），费正清第一次提到吴才德。另见费正清自传第391页至393页，此处费正清回忆了他在二十世纪六十年代初（更准确地说，应该是二十世纪六十年代中期）招聘吴才德时的情况。2001年，吴才德作为赖世和年度讲座的主讲人受邀回到哈佛。他的主题是《中国、越南和朝鲜与世界历史的演变》(*China, Vietnam, and Korea and the Rise of World History*)。费正清在中心1970~1971年度报告上（第22页至23页）两度提到中心的越南研究，他两次都赞扬了吴才德并宣布开设新的越南语课程。

② 参见中心1970~1971年度报告第23页。并见1994年冬季刊《费正清中心新闻》(*Fairbank Center News*) 所载《谭可泰：哈佛研究越南问题的领袖》(*Hue-Tam Ho Tai: Leader in Vietnamese Studies at Harvard*) 一文。

费正清中心执行委员会

写作本书时，中心执委会达到了成立五十年来的最大规模，共有二十六名委员。这反映了裴宜理和伊维德所追求的包容性。他们希望把尽可能多的学者都融入中心的管理中来。最近加入执委会的六位委员是怀默霆（Martin King Whyte）、李惠仪（Wai-yee Li）、黄正德（C.T. James Huang）、欧立德（Mark Elliott）、王德威（David Der-Wei Wang）、汪悦进（Eugene Wang）。

怀默霆（1971年获哈佛大学博士学位）是一位社会学家，在密歇根大学任教多年。他的兴趣包括成人式和代际关系。2003年密歇根大学安娜堡分校中国研究中心出版了他最近编写的《中国革命和代际关系》（*China's Revolutions and Intergenerational Relations*）一书，他的研究兴趣在这部书中得到了很好的体现。现在，他正在中国指导一个全国调研课题，探讨公众对不平等的态度和对分配正义的看法。怀默霆对美国婚姻模式的研究也为他赢得了学界尊重，尽管他在这方面的研究可能不甚为中国研究专家所知。他的著作《约会、性爱和婚姻》(Dating, Mating, and Marriage) 1990 年由纽约阿尔丁出版社（Aldine de Gruyter）出版。这本书奠定了他在这个研究方向上的学术声望，至今仍是美国社会学课程的必读书目。2000 年，他受聘为哈佛教员，同年加入了费正清中心执委会。

李惠仪 (1987 年获普林斯顿大学博士学位) 是一位比较文学方面研究的专家，在东亚语言与文明系任教。她是香港人，2000 年来到哈佛，当时她在普林斯顿已经获得终身教职。她的作品《中国早期历史写作中过去的可读性问题》(The Readability of the Past in Early Chinese Historiography) 2005 年由哈佛大学出版社出版。这本书研究了中国文化传统的奠基之作《左传》。书中叙述了那个时期互相角力的各个王国之间的关系，还记载了当时的自然灾害和著名官员的言论。她于 2000 年加入中心执委会。

黄正德 (1982 年获麻省理工学院博士学位) 是一位语言学家。他的专长是自然语言句法以及语义和句法的关系，研究重点在汉语和其他东亚语言。他的著作《汉语逻辑关系和语法理论》(Logical Relations in Chinese and the Theory of Grammar) 1998 年由加兰德（Garland Publishing）出版社在纽约出版。该书探讨了有关汉语句法的诸多问题,例如词序、结构、量化、疑问、指涉等等。它采用一般性通用语法框架,并以实际语言分析建构了一项句法与语义的接口理论。2001年,他受聘为哈佛教员,并于 2002 年加入了中心执委会。

欧立德（1993 年获伯克利加州大学博士学位）是研究满族的专家。他最近的研究成果《满洲之道：八旗制度与清代的族群认同》(The Manchu Way: The Eight Banners and Ethnic Identity in Late Imperial China) 2001 年由斯坦福大学出版社出版。该书从八旗驻军及其强烈的族群认同感出发,以崭新又有说服力的视角考察清代的历史。这部著作使他成为该领域最具原创性思想的学者之一。2003 年,他成为哈佛教员,并于同年加入了中心执委会。

王德威, 1982 年获威斯康星大学麦迪逊分校（University of Wisconsin Madison）博士学位, 2005 年春季加入了中心执委会。他的专业领域包括晚清、现代和当代中国文学、比较文学理论和文学批评。他最近的著作《历史这个妖魔：二十世纪中国的历史、暴力和小说》(The Monster That Is History: History, Violence, Fictional Writing in Twentieth Century China) 2004 年由加州大学出版社在伯克利出版。该书收录了八篇互相关联的专题论文,从常常以革命和进步的名义进行的暴力、恐怖和死亡的角度,对中国二十世纪文学史进行了沉思。他 2004 年成为哈佛教员,并于同年[1]加入

---

[1] 原文如此。——译者注

中心执委会。

汪悦进（1997年获得哈佛大学博士）在获得了艺术史系终身教职后，于2005年春加入了中心执委会。他研究佛教造像。汪悦进的《塑造〈法华经〉——中国中古佛教的视觉文化》(Shaping the Lotus Sutra: Buddhist Visual Culture in Medieval China) 2005年由华盛顿大学出版社在西雅图出版。[①]

[①] 王德威来到哈佛后不久，《哈佛公报》上有过关于他的一篇报道，题目是"王从文学角度研究历史"(Wang trains a literary lens on history) (2004年11月4日，第3页至4页)。

费正清中心的职员

费正清中心来访者首先遇到的是中心前台工作人员理查德·福斯特（Richard Foster），他是中心的事务助理，负责为千头万绪的中心事务排定日程、为中心举办的各种会议和研讨会提供后勤服务；一般而言，他就是要给费正清中心这台机器加油润滑，让它能够顺利运行。他从罗得岛设计学院（Rhode Island School of Design）毕业后，于2000年来到了中心工作。中心的项目主管是田文浩。她是哥伦比亚大学的公共卫生硕士，1998年来到中心工作。她出生在台湾，精通英语和汉语，负责中心的博士后项目、访问学者事务、研究会员事务，以及中心的其他各种项目。她热情的工作给中心增添了活力。

按照裴宜理担任主任期间做出的安排，一些工作人员同时为费正清东亚研究中心、哈佛亚洲中心及韩国研究所三个机构工作。这是一个相当成功的安排，它使得与亚洲研究相关的所有区域研究中心能够共享同一支精干的工作团队，同时得益于他们精湛的办事能力，而不必在每个中心内部重复招聘类似的工作人员。这与泽默负责的中心出版项目的运作模式相似：该项目也是由与亚洲研究相关的所有区域研究中心共同资助的。麦克霍恩是中心的财务和行政主任。她从西蒙斯学院（Simmons College）获得了工商管理硕士学位，1998年来到哈佛工作，2000年开始在费正清中心工作。麦克霍恩负责起草中心的年度预算，并为中心的主要支出项目提供建议和咨询。她也负责管理亚洲中心和韩国研究所的财务。中心的日常财务收支则由克里斯托弗处理。她有会计师从业证书，曾先后就职于哈佛薪资办公室和哈佛国际发展研究所。2000年，她来到费正清中心工作。

费正清中心的网站和出版物（目前主要是《费正清中心通讯》(Fairbank Center News)、年度报告和主要学术会议的海报）由一位网络和出版专家负责，他也同时负责亚洲中心的此类事务。1996年至2004年担任这一工作的专家是乌纳·帕特里克（Oona Patrick）。她毕业于布朗大学，是一位作家，已有作品出版。2004年，她离开了中心去发展自己的创作事业。现任的出版专家是王梅琳。她毕业于马萨诸塞艺术学院平面设计专业，1998年以来便从事图书出版和设计工作。2002~2003学年，她曾在中国苏州担任了九个月的小学英语教师；2004年，她来到中心工作。

结 束 语

2005年不仅迎来了费正清中心的五十周年华诞，同年，中心也喜迁新居，为中心的发展史揭开了新的篇章。中心一直以来持续关注着的一系列重要问题也一同被带入了这座新的办公楼内。在这些问题中，首要的是：如何保持中心的学术活力；加强博士后项目的建设，从而为中国研究领域培养出新一代的领军人才；改善图书馆和其他设施建设，以便让那些不断提供新的视野、活跃学术气氛的研究生和访问学者拥有更加充实的学术体验；通过举办何种会议邀请外面的学者来此交流，并激发和强化特定学术领域的研究；究竟对出版项目应提供多少资助；中心能够对短期来访的学者提供多大的支持力度；如何最好地利用现有的空间完成所有这些任务。多年来，每个主任对这些目标的轻重取舍都有所不同；

早年，中心的工作目标还会受到资金波动的影响。这些目标之间如何协调和如何实现在中心发展的每个时期都各不相同，它们决定着中心各个时期的特色。

最近的学术进展让我们不得不追问，东亚研究作为一个学术领域是否已经处于"后学科"阶段（post-disciplinary stage）。在这个阶段，学术问题已经不再被单一学科的方法论所限制。一些传统的学科已经形成了强烈的理论偏见，结果使得这些领域的学者们希望建构出一套不受某一特定地域的特定语言和文化限制的理论框架。例如，经济学界和人类学界的许多人强烈地认为，构建通用的理论范式是十分重要的；这些学科中的很多学者对于那些将研究范围限定在一个单一的文化或语言区内的套路不屑一顾。今天，学者们觉得他们已经与"区域研究中心"这个打着冷战烙印的学术概念渐行渐远。在这样的学术环境中，致力于中国和越南研究的费正清中心该扮演怎样的角色呢？这一问题也许会困扰一些人，但是对很多学者来说，费正清中心一如既往地充满活力、振奋人心，这个问题看上去对中心的运行模式并没有带来任何实际的影响。

费正清中心刚刚搬入新址，它正在探索如何利用这个新的办公空间。中心的办公空间对塑造中心的氛围起着至关重要的作用。当年中心还在敦斯特街的时候，中心的氛围温馨、放松却充满凝聚力。柯立芝楼没有敦斯特街那么气派，但空间无比宽敞。随着1973年赖世和日本研究所的成立、1981年韩国研究所的成立和1998年亚洲中心的成立,费正清中心的办公空间不断减小,但是目标明确、办事高效的气氛仍然保持了下来。柯立芝楼咖啡厅内的长桌子是学者们每日午餐聚会的地方,参加聚会的既有周边的学者也有远道而来的访客。

2002年至2005年,中心搬到了马萨诸塞大道625号。这个临时处所也不错,没有预想中的那种流放在外的感觉。中心的空间突然宽敞了许多:在同一个楼层上有了三个面积不小的研讨室供三个研究中心协调使用;甚至还有一个吃午餐的地方,有一个小厨房和几张(虽然只是很少的几张)长桌子,可供学者们在此举行午餐讨论会。众多学者不辞辛苦,赶来中心参加学术活动或者使用中心出色的图书馆资源。在中央广场的三年间,中心始终保持着它的活力和凝聚力。

现在,中心迁入了新落成的政府和国际研究大楼。在一楼有了研讨室,地下一层有了演讲厅,中心有信心一如既往地举办大量的学术报告和研讨会。此外,从事中国研究的学者和学术联系人也将继续他们的即兴午餐会,尽管他们要穿过剑桥街到政府和国际研究北楼的餐厅享用午餐。

现在可以松一口气,拿一句令人鼓舞的话来结束本书的写作了。有了过去五十年间历届主任和学者们殚精竭虑的努力、有了充足的资金保障、有了中国研究学术圈的强大支持,中心的学者们期待着迎来更加鼓舞人心、更加生机盎然的下一个五十年。

附录 A

费正清的学生

这份费正清学生的名单本着贪多务得的原则，包括了尽可能多的人。我查阅了 1954 年至 1980 年从历史系或历史与东亚语言项目获得博士学位且从事中国研究的毕业生的记录。这份名单就是以此为基础编辑出来的。另外，我也参考了 1987 年费正清中心的工作人员为庆祝费正清八十华诞而准备的学生名单。这份名单还包括那些受到费正清深刻影响和热心鼓励的部分学生——尽管费正清可能并不在他们的论文指导委员会名单中，但他们仍然认为自己是费正清的学生。

1. 诺曼（Egerton Herbert Norman），1940
2. 斯韦什尔（Frank Earl Swisher），1941
3. 濮友真（Eugene Powers Boardman），1947

4. 库布林（Hyman Kublin），1947

5. 芮鹤寿（Arthur Wright），1948

6. 列文森（Joseph R. Levenson），1949

7. 任以都（E-Tu Zen Sun），1949

8. 詹森（Marius Jansen），1950

9. 莫菲（Rhoads Murphey），1950

10. 史华慈（Benjamin Schwartz），1950

11. 芮玛丽（Mary Clabaugh Wright），1950

12. 斯坦利（Charles Johnson Stanley），1951

13. 卡尔森（Ellsworth Clayton Carlson），1952

14. 阿尔波特（Albert Chan），1954

15. 刘广京（Liu Kwang-Ching），1956

16. 费维恺（Albert Feuerwerker），1957

17. 张馨保（Chang Hsin-pao），1958

18. 瑟伯斯（Father Joseph S. Sebes），1958

19. 白利（Jackson Bailey），1959

20. 克雷格（Albert M. Craig），1959

21. 莫里森（Esther Morrison）（拉德克利夫学院），1959

22. 索特（Richard P. Soter），1959

23. 瓦格纳（Edward W. Wagner），1959

24. 乔治（George Akita），1960

25. 法夸尔（David M. Farquhar），1960

26. 程英万（Cheng Ying-Wan），1960

27. 杨仲卿（Choe Ching Young），1960

28. 柯文（Paul A. Cohen），1961

29. 入江昭（Akira Iriye），1961

30. 托马斯（James C. Thomas），1961

31. 贾祖麟（Jerome B.Grieder），1962

32. 余英时（Yu Ying-shih），1962

33. 易劳逸（Lloyd Eastman），1963

34. 易杜强（John Warren Israel），1963

35. 曼考尔（Mark Mancall），1963

36. 玛丽莲（Marilyn Blatt Young）1963

37. 戈德曼（ Merle Goldman），1964

38. 孔飞力（Philip A. Kuhn），1964

39. 珀金斯（Dwight Perkins），1964

40. 瓦伦丁（Valentin Rabe），1964

41. 芮效卫（David T. Roy），1965

42. 杨格（Ernest P. Young），1965

43. 雪莉（Shirley Stone Garrett），1966

44. 郝延平（Hao Yen-ping），1966

45. 康无为（Harold L. Kahn），1966

46. 兰金（Mary Backus Rankin），1966

47. 劳伦斯（Lawrence Hao Chang），1967

48. 德切尔（Martina Deuchler），1967

49. 瓦特古列（Walter E. Gourlay），1967

50. 埃里斯·乔佛（Ellis Joffe），1967

51. 墨子刻（Thomas Metzger），1967

52. 卫思韩（John Elliot Wills Jr.，或译"魏而思""魏思韩"），1967

53. 阿谢德（Samuel Adrian Miles Adshead），1968

54. 范德（Edward Lewis Farmer），1968

55. 傅礼门（Edward Friedman），1968

56. 罗伯特（Roberto M. Paterno），1968

57. 柏莱士（Don Price），1968

58. 罗友枝（Evelyn Sakakida Rawski），1968

59. 石约翰（John Schrecker），1968

60. 吴才德（Alexander B. Woodside），1968

61. 海亚特（Irwin T. Hyatt Jr.），1969

62. 卡干（Richard Kagan），1969

63. 王业键（Wang Yeh-chien），1969

64. 邦克（Gerald E. Bunker）1970

65. 陈富美（Chen Fu-mei），1970

66. 谢文森（Winston Hsieh），1970

67. 路康乐（Edward J.M. Rhoads），1970

68. 席保德（Peter Seybolt），1970

69. 特里尔（Ross Terrill），1970

70. 威特姆（Eric Widmer），1970

71. 龙夫威（Fredrick W. Drake）1971

72. 爱理克（Robert Irick），1971
73. 黎安友（Andrew James Nathan），1971
74. 韦斯特（Philip West），1971
75. 惠灵顿（Wellington Kim-kong Chang），1972
76. 戈拉斯（Peter John Golas），1971
77. 罗斯基（Thomas Rawski），1973
78. 巴尼特（Suzanne W. Barnett），1973
79. 海福德（Charles W. Hayford），1973
80. 蒲池典子（Noriko Kamachi），1973
81. 萨里（Jon Leonad Saari），1973
82. 西格尔（Louis T. Sigel），1973
83. 史伯明（Douglas G. Spelman），1973
84. 居蜜（Wiens Mi Chu），1973
85. 墨慈加（Harold Dart Metzgar Jr.），1974
86. 吴汉泉（Sarasin Viraphol），1974
87. 艾恺（Guy Alitto），1975
88. 李明珠（Lillian M. Li），1975
89. 苏特（Robert G. Sutter），1975
90. 欧达伟（David Arkush），1976
91. 林培瑞（E. Perry Link），1976
92. 桑福德（James C. Sanford），1976
93. 查德拉（Vipan Chandra），1977
94. 兰德（Christopher Clark Rand），1977

95. 金介甫（Jeffrey Kinkley），1977
96. 陆惠风（Loh Wai-fong），1978
97. 安诺（Ruth Soule Arnon）1978
98. 克拉克（Donald N. Clark），1978
99. 理查德（Richard L.K. Jung），1979
100. 麦克唐纳（Graeme McDonald），1979
101. 兰比尔·沃勒（Ranbir Vohra），1979
102. 伯纳（Joey Bonner），1980
103. 傅佛果（Joshua Fogel）（哥伦比亚大学），1980
104. 盖博坚（Robert Kent Guy），1980
105. 柯伟林（William Kirby），1981
106. 林霨（Arthur Waldron），1981
107. 魏爱莲（Ellen Widmer），1981
108. 卡干（Leigh Bristol-Kagan），1982
109. 霍华德（Howard R. Spendelow），1982
110. 平野健一郎（Kenichiro Hirano），1983
111. 卜正民（Timothy Brook），1984
112. 王国斌（R. Bin Wong），1984
113. 茅莱尔（James Robert Morrell），1989

附录 B

哈佛当代中国书系

1. 金介甫（Jeffrey C. Kinkley），编辑并作引言. 后毛泽东时代：中国的文学与社会，1978-1981 (*After Mao: Chinese Literature and Society*, 1978-1981)，1985.

2. 裴宜理、黄佩华，Christine Wong，合编并作引言. 后毛时代中国改革的政治经济学分析 (*The Political Economy of Reform in Post-Mao China*)，1985.

3. 戈德曼，齐慕实，李可柔（Carol Lee Hamrin），合编. 中国的知识分子和国家：追寻新的关系 (*China's Intellectuals and the State: In Search of a New Relationship*)，1987.

4. 傅佛果（Joshua A. Fogel），艾思奇对中国马克思主义发展的贡献 (*Ai Ssu-ch'is Contribution to the Development of Chinese Marxism*)，1987.

5. 斯丹凝（Denis Fred Simen），戈德曼，合编．后毛时代的中国科学技术（*Science and Technology in Post-Mao China*），1989．

6. 马若德，齐慕实，吴文津（Eugene Wu），合编．毛主席的秘密讲话：从"百花齐放"到"大跃进"（*The Secret Speeches of Chairman Mao: From the Hundred Flowers to the Great Leap Forward*），1989．

7. 戴慧思（Deborah Davis），傅高义，合编并作引言．天安门事件前夜的中国社会：改革的影响（*Chinese Society on the Eve of Tiananmen: The Impact of Reform*），1990．

8. 约瑟夫（William A. Joseph），黄佩华（Christine Wong），崔大伟（David Zweig），合编并作引言．新视角下的文化大革命》（*New Perspectives on the Cultural Revolution*），1991．

9. 魏爱莲（Ellen Widmer），王德威（David Wang），合编．从五四到六四：二十世纪中国小说和电影（*From May Fourth to June Fourth: Fiction and Film in Twentieth-Century China*），1993年．

10. 柯临清（Christina K. Gilmartin），贺萧（Gail Hershatter），罗丽莎（Lisa Rofel），泰勒·怀特（Tyrene White），合编．从性别角度看中国：女人、文化和国家（*Engendering China: Women, Culture, and the State*），1994．

11. 魏昂德（Andrew G. Walder），编．转变中的邹平：

华北农村的改革进程（*Zouping in Transition: The Process of Reform in Rural North China*），1998.

12. 戈德曼，马若德，合编．后毛时代中国改革的悖论（*The Paradox of China's Post-Mao Reform*），1999.

13. 戈德曼，裴宜理，合编．现代中国公民权含义的改变（*Changing Meaning of Citizenship in Modern China*），2002.

附录 C

赖世和系列讲座

赖世和系列讲座始于 1985 年，是为了纪念哈佛大学荣休大学教授（University Professor Emeritus）赖世和（Edwin Reischauer）而举办的。赖世和教授有关日本的著作及其担任美国驻日大使的经历令他为人熟知。他曾经给好几代哈佛本科生开课讲授中国和朝鲜历史。赖世和讲座就是为了纪念赖世和教授对哈佛东亚研究作出的杰出贡献。讲座也意图恢复——至少是部分恢复——东亚文明的整体感（the sense of an East Asian Civilization），这种整体感也是从赖世和大使本人的平生经历中体现出来的。赖世和讲座也希望它的主讲人能够尽可能地探讨今天的东亚在多大程度上仍可视为一个单一的文明。

赖世和讲座鼓励主讲人的选题至少涉及两个属于东亚文明体的国家。赖世和讲座也鼓励他们深入讨论新观点，以期哈佛大学出版社或可出版这些新的成果。

已经举办的赖世和讲座主要有：

1986年11月4日至6日：狄百瑞（William Theodore De Bary），"东亚：伟大的对话：东亚文明的四个阶段"（East Asia: The Great Dialogue: Four Stages of East Asian Civilization）

1988年3月16日至18日：詹森（Marius Jansen），"德川时期的日本和中国"（Tokugawa Japan and China）

1988年10月26日至28日：罗伯特·斯卡拉皮诺（Robert Scalapino），"发展的政治"（The Politics of Development）

1989年11月15日至17日：入江昭（Akira Iriye），"中日关系中的权力、文化和经济，1880–1980"（Power, Culture, and Economics in Chinese-Japanese Relations）

1990年10月31日至11月2日：傅高义（Ezra Vogel），"东亚的工业化"（The Spread of Industrialization in East Asia）

1993年4月7日至9日：高居翰（James Cahill），"中国和日本的诗意画"（"Poetic Painting" in China and Japan）

1994年4月6日至8日：罗友枝（Evelyn Rawski），"东

亚的统治仪式"(Rituals of Rulership in East Asia)

1995年3月9日至11日：德切尔（Martina Deuchler），"从东亚视角看阶级地位和性别在朝鲜传统社会形成过程中的作用"(Class Status and Gender in the Formation of Traditional Korean Society: An East Asian Perspective)

1997年3月5日至7日：王赓武（Wang Gungwu），"华人的关系纽带与东南亚"(The Chinese Connection and Southeast Asia)

1998年4月1日至3日：韩升洲（Han Sungjoo），"日渐浮现的三角关系：夹在中美之间的朝鲜与韩国"(The Emerging Triangle: The Two Koreas Between China and the United States)

1999年4月28日至30日：施坚雅（G. William Skinner），"家庭与生殖：三个文化的故事"(Family and Reproduction: A Tale of Three Cultures)

2000年4月12日至14日：孔华润（Warren I. Cohen），"'美国世纪'中的东亚和美国：政治和文化"(East Asia and the United States in the "American Century": Politics and Culture)

2001年3月7日至11日：吴才德（Alexander Woodside），"中国、越南和朝鲜与世界史的风险"(China, Vietnam, and Korea and the Risks of World History)

2002年邀请的主讲人艾伦·惠庭（Allen Whiting）因病

未能成行。

2003年4月23日至25日：巫鸿（Wu Hung），"黄泉艺术：步入东亚坟墓史"（Art of the Yellow Spring: Toward a History of East Asian Tombs）

2004年4月21日至23日：克雷格（Albert Craig），"福泽谕吉：解读历史"（Fukuzawa Yukichi: Interpreting History）

2005年4月20日至22日：滨下武志（Hamashita Takeshi），"变迁中的东亚地区和地区主义（十五世纪至二十世纪）：朝贡体制的转变和海上亚洲"（Changing Regions and Regionalism in East Asia, Fifteenth to the Twentieth Centuries: Transformation of the Tributary System and Maritime Asia）

附录 D

哈佛大学出版社赖世和讲座系列出版物

狄百瑞（William Theodore De Bary）. 东亚文明：五个阶段的对话（*East Asian Civilizations: A Dialogue in Five Stages*），1998.

詹森（Marius Jansen）. 德川时期的中国（*China in the Tokugawa World*），1992.

罗伯特·斯卡拉皮诺（Robert Scalapino）. 发展的政治：二十世纪亚洲之我见（*The Politics of Development: Perspectives on Twentieth-Century Asia*），1989.

入江昭（Akira Iriye）. 全球背景下的中国与日本（*China and Japan in the Global Setting*），1992.

傅高义（Ezra Vogel）.亚洲四小龙：东亚的工业化（*The Four Little Dragons: the Spread of Industrialization in East Asia*），1991.

高居翰（James Cahill）.中国和日本的诗意画（*The Lyric Journey: Poetic Painting in China and Japan*），1996.

王赓武（Wang Gungwu）.海外华人：从乡土中国到追求自治（*The Chinese Overseas: from Earthbound China to the Quest for Autonomy*），2000.

孔华润（Warren I. Cohen）.亚洲的美国世纪（*The Asian American Century*），2002.

附录 E

纽豪瑟纪念系列讲座

从 1958 年至 1981 年 10 月，查尔斯·纽豪瑟担任了美国中央情报局的资深情报分析专家。他在中央情报局的职业生涯横跨了中国的大跃进、"文化大革命"一直到"文化大革命"后初期。1966 年至 1967 年，正当文革处于最为暴力的时期，纽豪瑟在费正清东亚研究中心待了一年研究文革的起因。这一年度讲座于 1988 年由查尔斯·纽豪瑟的兄弟保罗·纽豪瑟慷慨捐资举办，旨在保持政府、决策层、情报部门和学界的沟通。

已经举办的纽豪瑟纪念讲座主要有：

1989 年 10 月 19 日：霍尔布鲁克（Richard Holbrooke），

负责东亚和太平洋地区事务的前助理国务卿,"危机中的共产主义:中国和俄国"(Communism in Crisis:China and Russia)。

1990年10月25日:奥克森伯格(Michel Oksenberg),密歇根大学中国研究中心主任、政治学教授,"中国研究专家与美国的中国政策:影响多大、益处几何?"(Academic China Specialists and American China Policy:How Great and Beneficial an Influence?)。

1993年4月30日:卜励德(Nicholas Platt),美国驻巴基斯坦伊斯兰共和国大使,"从巴基斯坦视角看美国的南亚和中亚政策"(United States Policy Toward South and Central Asia:The Perspective from Pakistan)。

1996年3月8日:傅瑞伟(Charles Freeman),美国驻沙特大使、项目国际公司(Projects International Associates, Inc.[①])董事长,"中美关系展望"(Prospects for U.S. China Relations)。

1997年3月21日:包道格(Douglas Paal),亚太政策中心(Asia Pacific Policy Center)主任,"日益笼罩在中国阴影下的亚洲新趋势"(New Trends in Asia as China's Shadow Lengthens)。

1998年4月23日:蓝普顿(David M. Lampton),约

[①]原文误作"Project International Association"——译者注

翰·霍普金斯大学高等国际研究院中国研究部主任,"克林顿时期我们从中美关系经营中学到了什么?"(What Have We Learned About Managing U.S.-China Relations in the Clinton Years?)。

1999年3月3日:苏葆立(Robert L. Suettinger),布鲁金斯研究所外交政策研究方向访问学者、前国家情报委员会东亚情报官,"值得坚持的观点"(Arguments Worth Having)。

2000年4月21日:白恩时(Michael T. Byrnes),罗克韦尔中国公司首席代表、罗克韦尔自动化公司副总裁,"中美军事关系——美国能赢得什么?"(The Sino-U.S. Military Relationship: What can the U.S. Get Out of It?)。

2000年11月21日:鲍泰利(Pieter Bottelier),约翰·霍普金斯大学高等国际研究院兼职教授、国际战略研究中心访问学者、前世界银行驻华代表处首席代表,"中国经济改革和美国的安全"(China's Economic Reforms and American Security)。

2001年11月14日:芮效俭(J. Stapleton Roy),前美国驻华大使、前美国国务院负责情报和研究事务的助理国务卿,"理解中国:我们面临的挑战"(The Challenge of Comprehending China)。

2002年11月20日:李侃如(Kenneth Lieberthal),密歇根大学政治学教授、威廉·戴维森研究所中国研究中心主任、威廉·戴维森工商管理讲座教授,"中国国内政治与中美关系"

(Chinese Domestic Politics and US-China Relations).

2003年10月30日：谢淑丽（Susan Shirk），加州大学圣迭戈分校全球冲突与合作研究所研究主任，"大众传媒、民族主义和中国的外交政策"（Mass Media, Nationalism, and Chinese Foreign Policy）.

2004年12月8日：所罗门（Richard Solomon），美国和平研究所主任，"转变：对中国五十年的观察"（Transformations: Five Decades of China Watching）.

2005年10月9日：李洁明（James R. Lilley），1989—1991年间任美国驻华大使，"我们所不知道的中国：我看美国对中国大陆和台湾的情报工作"（What We Don't Know About China: A Personal Account of American Intelligence on the PRC and Taiwan）.

附录 F

费正清中心执行委员会成员（2005年）

安守廉（William P. Alford），史汀生法学讲座教授、哈佛大学法学院东亚法律研究项目主任

包弼德（Peter K. Bol），哈佛学院教授、哈佛大学东亚语言与文明系中国历史教授、哈佛国家资源中心东亚部主任

柯文（Paul A. Cohen），卫斯理学院历史学荣休教授、哈佛大学费正清中心特聘研究员

欧立德（Mark C. Elliott），哈佛大学东亚语言与文明系中国史和中亚史教授

戈德曼（Merle Goldman），波士顿大学历史学荣休教授、哈佛大学费正清中心会员

黄正德（C. T. James huang），哈佛大学语言学系语言学教授

伊维德（Wilt L.Idema），哈佛大学东亚语言与文明系中国文学教授

江忆恩（A.Iain Johnston），哈佛大学政府系老詹姆斯·阿尔伯特·诺州长、琳达·诺·莱恩暨克里斯特尔·诺·莱恩·凯利"世界事务中的中国"讲座教授

柯伟林（William C. Kirby），哈佛大学历史系伊迪丝与本杰明·盖辛格历史学讲座教授、哈佛大学文理学院院长

凯博文（Arthur Kleinman），哈佛大学医学院莫德与莉莲·普雷斯利医疗人类学讲座教授暨精神病学教授、人类学教授、哈佛大学皮博迪人类学与民族学博物馆医疗人类学处处长

孔飞力（Philip Kuhn），哈佛大学历史系弗朗西斯·李·希金森历史学讲座教授

李惠仪（Wai-Yee Li），哈佛大学东亚语言与文明系中国文学教授

马若德（Roderick MacFarquhar），哈佛大学政府系勒罗伊·B.威廉斯历史与政治学讲座教授

麦肯（David McCann），哈佛大学东亚语言与文明系韩国基金会韩国文学讲座教授、韩国研究所主任

宇文所安（Stephen Owen），哈佛大学东亚语言与文明系詹姆斯·布赖恩特·科南比较文学与中国文学讲座教授

珀金斯（Dwight H. Perkins），哈佛大学经济系哈罗德·希钦斯·伯班克政治经济学讲座教授

裴宜理（Elizabeth J. Perry），哈佛大学政府系亨利·罗索斯基政府学讲座教授

苏珊·法尔（Susan Pharr），哈佛大学政府系赖世和日本政治讲座教授、赖世和日本研究所主任

普鸣（Michael Puett），哈佛大学东亚语言与文明系中国史教授、哈佛大学东亚语言与文明系主任

陆伯彬（Robert S. Ross），波士顿学院政治学系政治学教授、哈佛大学费正清中心特聘研究员

赛奇（Anthony Saich[①]），哈佛大学肯尼迪政府学院大宇公司国际事务讲座教授、肯尼迪政府学院商业与政府研究中心亚洲项目部主任兼教职主席、肯尼迪政府学院中国公共政策项目主任兼教职主席、哈佛大学亚洲中心主任

谭可泰（Hue-Tam Ho Tai），哈佛大学历史系中越历史肯尼思·扬讲座教授、哈佛大学东亚地区研究项目委员会主席

杜维明（Tu Weiming），哈佛大学东亚语言与文明系中国历史、哲学和儒学研究教授、哈佛大学哈佛燕京学社社长

范德康（Leonard W. J. van der Kuijp），哈佛大学梵文和印度学系西藏和喜马拉雅研究教授

傅高义（Ezra Vogel），哈佛大学社会学系亨利·福特二

[①] Anthony Saich 即前文中的 Tony Saich（托尼·赛奇），Tony 是 Anthony 的昵称。——译者注

世社会科学讲座荣休教授

王德威（David Der-Wei Wang），哈佛大学东亚语言与文明系亨德森中国文学讲座教授

汪悦进（Eugene Yuejin Wang），哈佛大学艺术和建筑史系加德纳·考尔斯艺术与建筑史讲座副教授

华琛（James L. Watson），哈佛人类学系费正清与费慰梅中国社会讲座教授暨人类学教授

怀默霆（Martin K. Whyte），哈佛大学社会学系社会学教授

附录 G

哈佛东亚专著丛书

*1. 梁方仲（Liang Fang-chung）. 一条鞭法（*The Single-Whip Method of Taxation in China*）.

2. 韩丁（Harold C. Hinton）. 晚清漕运制度，1845~1911（*The Grain Tribute System of China*, 1845-1911）.

3. 卡尔生（Ellsworth C. Carlson）. 开平煤矿，1877~1912（*The Kaiping Mines*, 1877-1912）.

4. 赵国钧（Chao Kuo-chün）). 中共农业政策：一项文献研究，1949~1956（*Agrarian Policies of Mainland China: A Documentary Study*, 1949-1956）.

5. 埃德加·斯诺（Edgar Snow）. 红色中华散记（*Random

Notes on Red China, 1936—1945).

6. 比尔 (Edwin George Beal, Jr.). 厘金制度之起源,1835~1864 (The Origin of Likin, 1835—1864).

7. 赵国钧 (Chao Kuo-chün). 中共经济计划与组织:一项文献研究, 1949~1957 (Economic Planning and Organization in Mainland China: A Documentary Study, 1949—1957).

8. 费正清 (John K. Fairbank). 清季史料入门 (Ch'ing Documents: An Introductory Syllabus).

9. 尹海伦 (Helen Yin), 尹宜昌 (Yi-chang Yin). 中国大陆经济统计数据, 1949~1957 (Economic Statistics of Mainland China, 1949—1957).

10. 傅吾康 (Wolfgang Franke). 中国科举制度革废考 (The Reform and Abolition of the Traditional Chinese Examination System).

11. 费维恺 (Albert Feuerwerker), 程舒 (S. Cheng). 中国近代史论著选目 (Chinese Communist Studies of Modern Chinese History).

12. 史坦利 (C. John Stanley). 胡光墉与晚清财政 (Late Ch'ing Finance: Hu Kuang-yung as an Innovator).

13. 蒙思明 (S. M. Meng). 总理衙门的组织与功能 (The Tsungli Yamen: Its Organization and Functions).

14. 邓嗣禹 (Ssu-yu Teng). 太平天国历史学 (Hist-

oriography of the Taiping Rebellion)

15. 刘君若 (Liu, Chun-jo). 近代论争札记：五四及后五四时代期刊论文目录解题 (Controversies in Modern Chinese Intellectual History: An Analytic Bibliography of Periodical Articles, Mainly of the May Fourth and Post-May Fourth Era).

16. 路康乐 (Edward J. M. Rhoads). 中国红军史料注释：1927~1963 (The Chinese Red Army, 1927-1963: An Annotated Bibliography).

17. 黎安友 (Andrew J. Nathan). 中国华洋义赈救灾总会史 (A History of the China International Famine Relief Commission).

18. 景复朗 (Frank H. H. King), 克拉克 (Prescott Clarke). 中国沿海报刊研究指南，1822~1911 (A Research Guide to China-Coast Newspapers, 1822-1911).

19. 乔佛 (Ellis Joffe). 党和军队：职业化和对军官的政治控制，1949~1964 (Party and Army: Professionalism and Political Control in the Chinese Officer Corps, 1949-1964).

20. 平敏男 (音译) (Toshio G. Tsukahira). 日本德川时期的封建统治：参勤交代制度 (Feudal Control in Tokugawa Japan: The Sankin Kōtai System).

21. 刘广京 (Kwang-Ching Liu), 编. 美国教士在华

言行论丛：哈佛研讨会论文集（American Missionaries in China: Papers from Harvard Seminars）.

22. 莫斯利（George Moseley）. 中苏的文化边疆：伊犁哈萨克自治州（A Sino-Soviet Cultural Frontier: The Ili Kazakh Autonomous Chou）.

23. 南森（Carl F. Nathan）. 东三省防疫与政治，1910~1931（Plague Prevention and Politics in Manchuria, 1910-1931）.

24. 贝内特（Adrian Arthur Bennett），傅兰雅（John Fryer）. 西方科学的引入和十九世纪的中国（The Introduction of Western Science and Nineteenth-Century China）.

25. 弗里德曼（Donald J. Friedman）. 离开孤立主义之路：美国不参加日本侵略委员会的活动，1938~1941（The Road from Isolation: The Campaign of the American Committee for Non-Participation in Japanese Aggression, 1938-1941）.

*26. 勒费窝（Edward LeFevour）. 怡和洋行：1842~1895在华活动概述（Western Enterprise in Late Ch'ing China: A Selective Survey of Jardine, Matheson and Company s Operations, 1842-1895）.

27. 查尔斯·纽豪斯（Charles Neuhauser）. 第三世界政治：中国与亚非人民团结理事会，1957~1967（Third World Politics: China and the Afro-Asian People's

Solidarity Organization*, 1957–1967).

28. 孙坤图（Kungtu C. Sun），许内门（Ralph W. Huenemann），协助. 二十世纪前半叶满洲之经济发展（*The Economic Development of Manchuria in the First Half of the Twentieth Century*）.

29. 伯克（Shahid Javed Burki）. 中国人民公社调查，1965（*A Study of Chinese Communes*, 1965）.

30. 范宣德（John Carter Vincent）. 在华治外法权的最后阶段（*The Extraterritorial System in China: Final Phase*）.

31. 马德莱娜（Madeleine Chi）. 战时中国外交：1914～1918（*China Diplomacy*, 1914–1918）.

32. 菲利普斯（Clifton Jackson Phillips）. 清教美国和异教世界：美国公理宗海外传道部的第一个五十年，1810～1860（*Protestant America and the Pagan World: The First Half Century of the American Board of Commissioners for Foreign Missions*, 1810–1860）.

33. 浦嘉珉（James Pusey）. 吴晗：以古讽今（*Wu Han: Attacking the Present Through the Past*）

34. 程英万（Ying-wan Cheng）. 晚清邮驿之演变，1860～1896（*Postal Communication in China and Its Modernization*, 1860–1896）.

35. 图维亚·布鲁门托（Tuvia Blumenthal）. 战后日本

的储蓄（*Saving in Postwar Japan*）.

36. 弗罗斯特（Peter Frost）. 幕末的货币问题（*The Bakumatsu Currency Crisis*）.

*37. 洛克伍德（Stephen C. Lockwood）. 美商琼记洋行在华经商情况的剖析，1858~1862（*Augustine Heard and Company, 1858-1862*）.

38. 坎贝尔（Robert R. Campbell）. 金登干：回忆我的父亲（*James Duncan Campbell: A Memoir by His Son*）.

39. 孔杰荣（Jerome Alan Cohen），编. 中国外交关系动态研究（*The Dynamics of China's Foreign Relations*）.

40. 阿卡莫娃（V. V. Vishnyakova-Akimova），莱文（Steven L. Levine），译. 苏俄顾问游记：我在革命中国的两年，1925~1927（*Two Years in Revolutionary China, 1925-1927*）.

41. 迈兹尼（Meron Medzini）. 德川幕府后期法国的对日政策（*French Policy in Japan During the Closing Years of the Tokugawa Regime*）.

42. 傅高义（Ezra Vogel），萨金特（Margie Sargent），许慧文（Vivienne B. Shue），马修（Thomas Jay Mathews），戴维斯（Deborah S. Davis）. "文化大革命"在各省（*The Cultural Revolution in the Provinces*）.

43. 福赛思（Sidney A. Forsy）. 一个在华的美国传教士团体，1895~1905（*An American Missionary Comm-*

unity in China, 1895-1905).

44. 史华慈（Benjamin I. Schwartz），编. 五四运动反思文集（*Reflections on the May Fourth Movement: A Symposium*）.

45. 曹直亮（Ching Young Choe）. 大院君的统治（1864~1873）：李氏朝鲜的中兴（*The Rule of the Taewongun, 1864-1873: Restoration in Yi Korea*）.

46. 豪尔（W. P. J. Hall）. 日本中国经济研究文献目录，1958-1970（*A Bibliographical Guide to Japanese Research on the Chinese Economy, 1958-1970*）.

47. 葛松（Jack J. Gerson）. 李泰国与中英关系，1854~1864（*Horatio Nelson Lay and Sino-British Relations, 1854-1864*）.

48. 鲍尔（Paul Richard Bohr）. 李提摩太之救荒事业与变法思想（*Famine in China and the Missionary: Timothy Richard as Relief Administrator and Advocate of National Reform*）.

49. 魏根深（Endymion Wilkinson）. 中国近代以前历史研究手册（*The History of Imperial China: A Research Guide*）.

50. 迪恩（Britten Dean）. 中英外交与商业关系，1860~1864（*China and Great Britain: The Diplomacy of Commercial Relations, 1860-1864*）.

51．卡尔森（Ellsworth C. Carlson）．福州教士：1847~1880 (*The Foochow Missionaries*, 1847-1880).

52．王业键（Yeh-chien Wang）．清代田赋的一个估计，1753年与1908年（*An Estimate of the Land-Tax Collection in China*, 1753 and 1908）．

53．佩弗（Richard M. Pfeffer）．中国工商业合同的认识，1949~1963（*Understanding Business Contracts in China*, 1949-1963）．

54．全汉升（Han-sheng Chuan），克劳斯（Richard Kraus）．清中叶的米粮市场与贸易：一篇价格史论文（*Mid-Ching Rice Markets and Trade：An Essay in Price History*）．

55．沃赫拉（Ranbir Vohra）．老舍与中国革命（*Lao She and the Chinese Revolution*）．

56．萧良林（Liang-lin Hsiao）．中国国际贸易统计手册，1864~1949（*China's Foreign Trade Statistics*, 1864-1949）．

57．徐丁丽霞（Lee-hsia Hsu Ting）．现代中国政府对新闻的控制1900~1949（*Government Control of the Press in Modern China*, 1900-1949）．

58．瓦格纳（Edward W. Wagner）．李朝士祸：李氏朝鲜早期的政治冲突（*The Literati Purges：Political Conflict in Early Yi Korea*）．

59. 金永万（Joungwon A. Kim）．分裂的韩国：发展的政治，1945~1972（*Divided Korea: The Politics of Development, 1945-1972*）．

60. 蒲地典子（Noriko Kamachi），费正清（John K. Fairbank），市古宙三（Chuzo Ichiko）．日本近代中国研究书目指南续编（1953-1969）：日本历史学和社会科学领域有关19世纪与20世纪中国的研究成果（*Japanese Studies of Modern China Since 1953: A Bibliographical Guide to Historical and Social-Science Research on the Nineteenth and Twentieth Centuries, Supplementary Volume for 1953-1969*）．

61. 吉布斯（Donald A. Gibbs），李云晨（Yun-chen Li）．中国现代文学研究文献和翻译资料目录，1918~1942（*A Bibliography of Studies and Translations of Modern Chinese Literature, 1918-1942*）．

62. 施中和（Robert H. Silin）．领导与价值：台湾大型企业的组织（*Leadership and Values: The Organization of Large-Scale Taiwanese Enterprises*）．

63. 庞百腾（David Pong）．伦敦公共档案馆藏清代广东省档案指南（*A Critical Guide to the Kwangtung Provincial Archives Deposited at the Public Record Office of London*）．

*64. 龙夫威（Fred W. Drake）．徐继畬及其〈瀛寰志略〉

(*China Charts the World: Hsu Chi-yu and His Geography of* 1848).

65. 布朗（William A. Brown），安乃安（Urgrunge Onon），译注. 蒙古人民共和国历史（*History of the Mongolian People's Republic*）

66. 范德（Edward L. Farmer）. 明初两京制度（*Early Ming Government: The Evolution of Dual Capitals*）

67. 郭适（Ralph C. Croizier）. 郑成功与中国的民族主义：历史、神话和英雄（*Koxinga and Chinese Nationalism: History, Myth, and the Hero*）.

68. 土居健郎（Doi Takeo），泰勒（William J. Tyler），译. 夏目漱石的心理世界（*The Psychological World of Natsume Sōseki*）.

69. 威德默（Eric Widmer）. 俄罗斯馆：十八世纪的俄国东正教北京传道团（*The Russian Ecclesiastical Mission in Peking During the Eighteenth Century*）.

70. 刘易士（Charlton M. Lewis）. 中国革命的序幕：清末湖南新潮，1891~1907（*Prologue to the Chinese Revolution: The Transformation of Ideas and Institutions in Hunan Province, 1891–1907*）.

71. 陶博（Preston Torbert）. 康雍乾内务府考：组织结构和基本功能研究，1662~1796（*The Ch'ing Imperial Household Department: A Study of Its Organization and*

Principal Functions, 1662-1796).

72. 柯文（Paul A. Cohen），石约翰（John E. Schrecker），编. 中国十九世纪改革之研究（*Reform in Nineteenth-Century China*）.

73. 谢格森（Jon Sigurdson）. 小工业与农业（*Rural Industrialism in China*）.

74. 赵冈（Kang Chao）. 中国棉纺织业的发展（*The Development of Cotton Textile Production in China*）.

75. 瓦伦丁（Valentin Rabe）. 美国在华传教团的大本营：1880～1920（*The Home Base of American China Missions, 1880-1920*）.

76. 吴汉泉（Sarasin Viraphol）. 朝贡与谋利：中国与暹罗的贸易，1652～1853（*Tribute and Profit: Sino-Siamese Trade, 1652-1853*）.

77. 萧启庆（Ch'i-ch'ing Hsiao）. 元代军事制度（*The Military Establishment of the Yuan Dynasty*）.

78. 蔡梅曦（Meishi Tsai）. 二十五年来新中国小说（1949～1974）文献提要（*Contemporary Chinese Novels and Short Stories, 1949-1974: An Annotated Bibliography*）.

79. 陈锦江（Wellington K. K. Chan）. 清末现代企业与官商关系（*Merchants, Mandarins and Modern Enterprise in Late Ch'ing China*）.

*80. 景甦，罗崙，魏根深（Endymion Wilkinson），译并

作引言.清代山东经营地主的社会性质(*Landlord and Labor in Late Imperial China: Case Studies from Shandong by Jing Su and Luo Lun*).

81.琦南(Barry Keenan).杜威与中国:民国初年的教育改革和政治权力(*The Dewey Experiment in China: Educational Reform and Political Power in the Early Republic*).

82.海登(George A.Hayden).元明杂剧中之包公案(*Crime and Punishment in Medieval Chinese Drama: Three Judge Pao Plays*).

83.徐相喆(Sang-Chul Suh).韩国经济的增长与结构转变:1910~1940(*Growth and Structural Changes in the Korean Economy, 1910—1940*).

84.道尔(J.W. Dower).帝国及其余波:吉田茂和日本的历程,1878~1954(*Empire and Aftermath: Yoshida Shigeru and the Japanese Experience, 1878—1954*).

85.科尔库特(Martin Collcutt).五山:中世日本的临济宗寺院(*Five Mountains: The Rinzai Zen Monastic Institution in Medieval Japan*).

86.金光锡(Kwang Suk Kim),罗默(Michael Roemer).经济成长和结构调整(*Growth and Structural Transformation*).

87.克鲁格(Anne O. Krueger).外贸与外援在发展中的

角色（The Developmental Role of the Foreign Sector and Aid）.

88. 米尔斯（Edwin S. Mills），宋丙洛（Byung-Nak Song）. 城市化与城市问题（Urbanization and Urban Problems）.

89. 潘性纨（Sung Hwan Ban），文八龙（Pal Yong Moon），珀金斯（Dwight H. Perkins）合编. 农村开发（Rural Development）

90. 麦吉恩（Noel F. McGinn），斯诺德格拉斯（Donald R. Snodgrass），金荣奉（Yung Bong Kim），金信福（Shin-Bok Kim），金基暎（Quee-Young Kim）. 韩国的教育和发展（Education and Development in Korea）

91. 琼斯（Leroy P. Jones），司空壹（Il SaKong）. 经济发展中的政府、商界和企业家精神：以韩国为例（Government, Business, and Entrepreneurship in Economic Development: The Korean Case）.

92. 梅森（Edward S. Mason），珀金斯（Dwight H. Perkins），金光锡（Kwang Suk Kim），科尔（David C. Cole），金满堤（Mahn Je Kim）等. 韩国的经济和社会现代化（The Economic and Social Modernization of the Republic of Korea）.

93. 雷佩托（Robert Repetto），权泰焕（Tai Hwan Kwon），金善雄（Son-Ung Kim），金大泳（Dae Young Kim），斯洛

博达 (John E. Sloboda), 唐纳森 (Peter J. Donaldson), 韩国的经济发展、人口政策和人口转型 (*Economic Development, Population Policy, and Demographic Transition in the Republic of Korea*).

*94. 柯博文 (Parks M. Coble Jr.). 江浙财阀与国民政府：1927~1937 (*The Shanghai Capitalists and the Nationalist Government, 1927-1937*).

95. 蒲地典子 (Noriko Kamachi). 中国的改革：黄遵宪和日本模式 (*Reform in China: Huang Tsun-hsien and the Japanese Model*).

96. 威驰 (Richard Wich). 中苏危机政治：对政治变迁和政治沟通的研究 (*Sino-Soviet Crisis Politics: A Study of Political Change and Communication*).

*97. 李明珠 (Lillian M. Li). 近代中国蚕丝业及外销（1842-1937年）(*China's Silk Trade: Traditional Industry in the Modern World, 1842-1937*).

*98. 欧达伟 (R. David Arkush, 或译作大卫·阿古什). 费孝通传 (*Fei Xiaotong and Sociology in Revolutionary China*).

99. 格罗斯伯格 (Kenneth Alan Grossberg). 日本的文艺复兴时代：室町幕府的政治 (*Japan's Renaissance: The Politics of the Muromachi Bakufu*).

*100. 浦嘉珉 (James Reeve Pusey). 中国与达尔文 (*China*

and Charles Darwin).

*101. 田浩 (Hoyt Cleveland Tillman). 功利主义儒家：陈亮对朱熹的挑战 (Utilitarian Confucianism: Chen Liang's Challenge to Chu Hsi).

102. 斯坦利 (Thomas A. Stanley). 大杉荣：大正时期的无政府主义与自我的创造性 (sugi Sakae, Anarchist in Taishō Japan: The Creativity of the Ego).

103. 欧中坦 (Jonathan K. Ocko). 丁日昌与同治年间的江苏吏治改革，1867~1870 (Bureaucratic Reform in Provincial China: Ting Jih-ch'ang in Restoration Kiangsu, 1867-1870).

104. 里德 (James Reed). 传教思想与美国东亚政策，1911~1915 (The Missionary Mind and American East Asia Policy, 1911-1915).

105. 沃特斯 (Neil L. Waters). 日本地方上的实用主义者：川崎地区从幕府末期到明治时期的转变 (Japan's Local Pragmatists: The Transition from Bakumatsu to Meiji in the Kawasaki Region).

106. 科尔 (David C. Cole), 朴英哲 (Yung Chul Park). 韩国的金融发展，1945~1978 (Financial Development in Korea, 1945-1978).

107. 巴尔 (Roy Bahl), 金迪教 (Chuk Kyo Kim), 朴宗淇 (Chong Kee Park). 韩国现代化进程中的公共财政

(*Public Finances During the Korean Modernization Process*).

108. 雷伊 (William D. Wray). 三菱和日本邮船株式会社 (1870-1914)：日本船舶行业的商业战略 (*Mitsubishi and the N.Y.K., 1870-1914: Business Strategy in the Japanese Shipping Industry*).

109. 许内门 (Ralph William Huenemann). 龙与铁马：中国铁路经济学 1876~1937 (*The Dragon and the Iron Horse: The Economics of Railroads in China, 1876-1937*).

*110. 艾尔曼 (Benjamin A. Elman). 从理学到朴学：中华帝国晚期思想与社会变化面面观 (*From Philosophy to Philology: Intellectual and Social Aspects of Change in Late Imperial China*).

111. 李欧娜 (Leonard, Jane Kate). 魏源——中国重新发现海洋世界 (*Wei Yuan and China's Rediscovery of the Maritime World*).

112. 邝兆江 (Luke S. K. Kwong). 1898 年的百日巨变：人物、政治和思想 (*A Mosaic of the Hundred Days: Personalities, Politics, and Ideas of 1898*).

113. 卫思韩 (John E. Wills, Jr., 或译"魏而思"或"魏思韩"). 使团与幻觉：康熙年间的荷兰与葡萄牙使节，1666~1687 (*Embassies and Illusions: Dutch and Portuguese Envoys to K'ang-hsi, 1666-1687*).

114. 傅佛果（Joshua A. Fogel）. 政治与汉学：内藤湖南（1866~1934）研究（*Politics and Sinology: The Case of Naitō Konan (1866–1934)*）.

115. 金介甫（Jeffrey C. Kinkley），编. 后毛泽东时代：中国的文学与社会，1978~1981（*After Mao: Chinese Literature and Society, 1978–1981*）.

116. 格斯尔（C. Andrew Gerstle）. 循环的想象：近松门左卫门剧作中的成规（*Circles of Fantasy: Convention in the Plays of Chikamatsu*）.

117. 戈登（Andrew Gordon）. 日本劳工关系的演变：1853~1955年的重工业（*The Evolution of Labor Relations in Japan: Heavy Industry, 1853–1955*）.

118. 伽德纳（Daniel K. Gardner）. 朱熹与〈大学〉：道学对儒家经典的反思（*Chu Hsi and the "Ta Hsueh": Neo-Confucian Reflection on the Confucian Canon*）.

119. 神田（Christine Guth Kanda）. 神像：八幡神的意象及其发展》（*Shinzō: Hachiman Imagery and Its Development*）.

120. 博根（Robert Borgen）. 菅原道真与平安时代早期的日本朝廷（*Sugawara no Michizane and the Early Heian Court*）.

*121. 洪长泰（Chang-tai Hung）. 到民间去：1918~1937年的中国知识分子与民间文学运动（*Going to the

People: Chinese Intellectuals and Folk Literature, 1918-1937).

122. 库苏马诺（Michael A. Cusumano）.日本的汽车工业：日产和丰田的技术与管理（The Japanese Automobile Industry: Technology and Management at Nissan and Toyota）.

123. 万志英（Richard von Glahn）.溪峒之国：宋代四川边疆的扩张、定居和开化（The Country of Streams and Grottoes: Expansion, Settlement, and the Civilizing of the Sichuan Frontier in Song Times）.

124. 卡特（Steven D. Carter）.通往小松原之路：对百韵连歌的古典解读（The Road to Komatsubara: A Classical Reading of the Renga Hyakuin）.

*125. 布鲁纳（Katherine F. Bruner），费正清（John K. Fairbank），司马富（Richard T. Smith）.步入中国清廷仕途：赫德日记，1854～1863（Entering China's Service: Robert Hart's Journals, 1854-1863）.

126. 若林正（Bob Tadashi Wakabayashi）.日本近世的排外主义与西学：1825年的"新论"（Anti-Foreignism and Western Learning in Early-Modern Japan: The "New Theses" of 1825）.

127. 平井淳子（音译）（Atsuko Hirai）.个人主义与社会主义：河合荣治郎（1891～1944）的生平与思想（Individualism

and Socialism: The Life and Thought of Kawai Eijirō (1891–1944)).

128. 魏爱莲 (Ellen Widmer). 乌托邦的边缘：〈水浒后传〉与明朝遗民之文学 (The Margins of Utopia: "Shui-hu hou-chuan" and the Literature of Ming Loyalism).

129. 盖博坚 (R. Kent Guy). 皇帝的四库：乾隆晚期的学者与国家 (The Emperor's Four Treasuries: Scholars and the State in the Late Chien-lung Era).

130. 濮德培 (Peter C. Perdue). 耗尽地力：湖南政府与农民，1500~1850 (Exhausting the Earth: State and Peasant in Hunan, 1500–1850).

131. 陈毓贤 (Susan Chan Egan). 洪业传：季世儒者洪煨莲，1893-1980 (A Latterday Confucian: Reminiscences of William Hung (1893–1980)).

*132. 刘子健 (James T.C. Liu). 中国转向内在：两宋之际的文化内向 (China Turning Inward: Intellectual-political Changes in the Early Twelfth Century).

*133. 柯文 (Paul A. Cohen). 在传统与现代性之间：王韬与晚清改革 (Between Tradition and Modernity: Wang T'ao and Reform in Late Ch'ing China).

134. 中井 (音译) (Kate Wildman Nakai). 幕府政治：新井白石和德川统治的基石 (Shogunal Politics: Arai Hakuseki and the Premises of Tokugawa Rule).

*135. 柯博文（Parks M. Coble）. 走向"最后关头"：中国民族国家构建中的日本因素，1931-1937 (*Facing Japan: Chinese Politics and Japanese Imperialism*, 1931-1937).

136. 萨里（Jon L. Saari）. 儿时的遗产：在危机中长大的中国人，1890-1920 (*Legacies of Childhood: Growing Up Chinese in a Time of Crisis*, 1890-1920).

137. 威迪恩（Susan Downing Videen）. 平中物语 (*Tales of Heichū*).

138. 森冈海因茨（Heinz Morioka），佐佐木美代子（音译）（Miyoko Sasaki）. 落语：日本的民间叙事艺术 (*Rakugo: The Popular Narrative Art of Japan*).

*139. 傅佛果（Joshua A. Fogel）. 中江丑吉在中国 (*Nakae Ushikichi in China: The Mourning of Spirit*).

140. 吴才德（Alexander Barton Woodside）. 越南与中国模式：十九世纪上半叶越南政府和中国政府的比较研究 (*Vietnam and the Chinese Model: A Comparative of Vietnamese and Chinese Government in the First Half of the Nineteenth Century*).

141. 埃利森（George Elison）. 破提宇子：日本近世的基督教形象 (*Deus Destroyed: The Image of Christianity in Early Modern Japan*).

142. 雷伊（William D. Wray），编. 工业企业管理：以日本战前经验为例 (*Managing Industrial Enterprise: Cases*

from Japan's Prewar Experience).

143. 瞿同祖 (T'ung-tsu Ch'ü). 清代地方政府 (Local Government in China Under the Ch'ing).

144. 安琪道盖 (Marie Anchordoguy). 计算机有限公司：日本对 IBM 的挑战 (Computers, Inc.: Japan's Challenge to IBM).

145. 莫罗尼 (Barbara Molony). 技术与投资：战前日本的化学工业 (Technology and Investment: The Prewar Japanese Chemical Industry).

146. 贝里 (Mary Elizabeth Berry). 丰臣秀吉 (Hideyoshi).

147. 海因 (Laura E. Hein). 为增长加油：战后日本的能源革命与经济政策 (Fueling Growth: The Energy Revolution and Economic Policy In Postwar Japan).

148. 叶文心 (Wen-Hsin Yeh). 疏离的学院：民国时期的文化与政治, 1919~1937 (The Alienated Academy: Culture and Politics in Republican China, 1919-1937).

149. 杜磊 (Dru C. Gladney). 中国穆斯林：中华人民共和国内的族群民族主义 (Muslim Chinese: Ethnic Nationalism in the People's Republic).

150. 戈德曼 (Merle Goldman), 柯文 (Paul A. Cohen), 编. 跨越文化的思想：献给史华慈先生的中国思想论文集 (Ideas Across Cultures: Essays on Chinese Thought in Honor of Benjamin I. Schwartz).

151. 波拉切克（James M. Polacheck）. 内部的鸦片战争（*The Inner Opium War*）.

152. 伯恩斯坦（Gail Lee Bernstein）. 日本的马克思主义者：河上肇传（1879–1946）（*Japanese Marxist: A Portrait of Kawakami Hajime*, 1879–1946）.

*153. 易劳逸（Lloyd E.Eastman）. 流产的革命：国民党统治下的中国，1927~1937（*The Abortive Revolution: China Under Nationalist Rule*, 1927–1937）.

154. 梅森（Mark Mason）. 美国跨国公司和日本：日本资本管制的政治经济学分析，1899~1980（*American Multinationals and Japan: The Political Economy of Japanese Capital Controls*, 1899–1980）.

*155. 司马富（Richard J. Smith），费正清（John K. Fairbank），布鲁纳（Katherine F. Bruner）. 赫德与中国早期现代化：赫德日记，1863~1866（*Robert Hart and China's Early Modernization: His Journals*, 1863–1866）.

156. 田边（George J. Tanabe, Jr.）. 记梦僧明惠：镰仓初期佛教中的幻想与知识（*Myōe the Dreamkeeper: Fantasy and Knowledge in Early Kamakura Buddhism*）.

157. 法里斯（William Wayne Farris）. 天武：日本军事演化史，500~1300（*Heavenly Warriors: The Evolution of Japan's Military*, 500–1300）.

*158. 邵玉明（Yu-ming Shaw）. 传教士、教育家、大使：

司徒雷登与中美关系 (*An American Missionary in China： John Leighton Stuart and Chinese-American Relations*).

159. 帕雷斯 (James B. Palais). 古代朝鲜的政治与政策 (*Politics and Policy in Traditional Korea*).

160. 任达 (Douglas R. Reynolds). 新政革命与日本：中国，1898~1912 (*China，1898-1912：The Xinzheng Revolution and Japan*).

161. 汤普森 (Roger R. Thompson). 清末立宪时期的谘议局，1898~1911 (*China's Local Councils in the Age of Constitutional Reform，1898-1911*).

162. 约翰斯顿 (William Johnston). 现代流行病：日本肺结核病史 (*The Modern Epidemic：History of Tuberculosis in Japan*).

163. 威普瑞斯 (Constantine Nomikos Vaporis). 打破壁垒：日本近世的旅行和国家 (*Breaking Barriers：Travel and the State in Early Modern Japan*).

164. 伊尔麦拉·日地谷－基尔什纳赖特（音译）(Irmela Hijiya-Kirschnereit). 自我表达的仪式：作为文学样式和社会文化现象的私小说 (*Rituals of Self-Revelation：Shishōsetsu as Literary Genre and Socio-Cultural Phenomenon*).

165. 巴克斯特 (James C. Baxter). 从石川县看日本明治时期的统一 (*The Meiji Unification Through the Lens*

of Ishikawa Prefecture).

166. 海文斯 (Thomas R. H. Havens). 财富的缔造者：二十世纪日本的堤氏家族和西武集团 (Architects of Affluence: Tsutsumi Family and the Seibu-Saison Enterprises in Twentieth-Century Japan).

167. 钱伯斯 (Anthony Hood Chambers). 密窗：谷崎润一郎小说里的理想世界 (The Secret Window: Ideal Worlds in Tanizaki's Fiction).

168. 艾瑞克森 (Steven J.Ericson). 汽笛声：明治时期日本的铁路与国家 (The Sound of the Whistle: Railroads and the State in Meiji Japan).

169. 戈布尔 (Andrew Edmund Globle). 建武：后醍醐天皇的革命 (Kenmu: Go-Daigo's Revolution).

170. 莱特 (Denise Potrzeba Lett). 追求地位：韩国城市新中产阶级的形成 (In Pursuit of Status: The Making of South Korea's "New" Urban Middle Class).

171. 杨咪咪 (Mimi Hall Yiengpruksawan). 平泉：十二世纪日本的佛教艺术与地区政治 (Hiraizumi: Buddhist Art and Regional Politics in Twelfth-Century Japan).

172. 井上 (音译) (Charles Shirō Inouye). 似花非花：日本小说家兼剧作家泉镜花 (1873~1939) 评传 (The Similitude of Blossoms: A Critical Biography of Izumi Kyōka (1873-1939), Japanese Novelist and Playwright).

173. 拉兹（Aviad Raz）. 乘坐黑船：日本和东京的迪斯尼乐园（Riding the Black Ship: Japan and Tokyo Disneyland）.

174. 米利（Deborah J. Milly）. 贫穷、平等和增长：战后日本经济需要中的政治（Poverty, Equality, and Growth: The Politics of Economic Need in Postwar Japan）.

175. 陶恒（See Heng Teow）. 从比较分析视角看日本对中国的文化政策，1918~1931（Japan's Cultural Policy Toward China, 1918-1931: A Comparative Perspective）.

176. 傅君励（Michael A. Fuller）. 文言文入门（An Introduction to Literary Chinese）.

177. 迪克森（Frederick R. Dickinson）. 战争与国家再造：一战中的日本，1914~1919（War and National Reinvention: Japan in the Great War, 1914-1919）.

178. 索尔特（John Solt）. 琢磨深意：北园克卫（1902~1978）的诗歌和诗学（Shredding the Tapestry of Meaning: The Poetry and Poetics of Kitasono Katsue (1902-1978)）.

179. 普拉特（Edward E. Pratt）. 日本的原工业精英：豪农的经济基础（Japan's Protoindustrial Elite: The Economic Foundations of the Gōnō）.

180. 榊敦子（Atsuko Sakaki）. 重置文本的语境：近代日本小说中的叙事表演（Recontextualizing Texts: Narrative Performance in Modern Japanese Fiction）.

181. 朴淳圆（音译）(Soon-Won Park). 殖民统治下工

业化和朝鲜劳工：小野田水泥厂（Colonial Industrialization and Labor in Korea: The Onoda Cement Factory）.

182. 金咨炫（音译）（JaHyun Kim Haboush），德切尔（Martina Deuchler）. 李氏朝鲜晚期的文化和国家（Culture and the State in Late Chosŏn Korea）.

*183. 贾志扬（John W. Chaffee）. 天潢贵胄：宋代宗室史（Branches of Heaven: A History of the Imperial Clan of Sung）.

184. 申基旭（Gi-Wook Shin），罗宾逊（Michael Robinson），编. 朝鲜的殖民现代性（Colonial Modernity in Korea）.

185. 许南麟（Nam-lin Hur）. 德川幕府晚期的祈祷和戏剧：浅草寺和江户社会（Prayer and Play in Late Tokugawa Japan: Asakusa Sensōji and Edo society）.

186. 司昆仑（Kristin Stapleton）. 文明进程中的成都：中国的城市改革，1895~1937（Civilizing Chengdu: Chinese Urban Reform, 1895-1937）.

187. 裴衡逸（音译）（Hyung Il Pai）. 建构"朝鲜"的起源：朝鲜半岛国家形成理论中的考古、历史写作和种族神话批判（Constructing "Korean" Origins: A Critical Review of Archaeology, Historiography, and Racial Myth in Korean State Formation Theories）.

188. 拉佩特（Brian D. Ruppert）. 灰中宝珠：日本中世

早期的佛舍利与权力（*Jewel in the Ashes: Buddha Relics and Power in Early Medieval Japan*）.

189．苏文瑜（Daruvala Susan）.周作人和中国人对现代性的另一种回应（*Zhou Zuoren and an Alternative Chinese Response to Modernity*）.

190．李中清（James Z. Lee）.边疆地区的政治经济学：1250至1850年的中国西南（*The Political Economy of a Frontier: Southwest China*, 1250–1850）.

191．史密斯（Kerry Smith）.危机时刻：日本、大萧条和乡村振兴（*A Time of Crisis: Japan, the Great Depression, and Rural Revitalization*）.

192．刘易斯（Michael Lewis）.若即若离：富山地区的国家权力与地方政治，1868～1945（*Becoming Apart: National Power and Local Politics in Toyama*, 1868–1945）.

193．柯伟林（William C. Kirby），林满红（Man-houng Lin），石锦（James C. Shih），皮大卫（David A. Pietz），编.民国时期中国的政治和经济：学者手册（*State and Economy in Republican China: A Handbook for Scholars*）

194．乔治（Timothy S. George）.水俣：战后日本的污染和民主斗争（*Minamata: Pollution and the Struggle for Democracy in Postwar Japan*）.

195．苏基朗（Billy K. L. So）.刺桐梦华录，946～1368

(*Prosperity, Region, and Institutions in Maritime China: The South Fukien Pattern*, 946—1368).

196. 松坂义久（音译）(Yoshihisa Tak Matsusaka). 日据满洲的诞生, 1904～1932 (*The Making of Japanese Manchurria*, 1904—1932).

197. 艾梅岚 (Maram Epstein). 竞争的话语：明清小说中的正统性、本真性及所生成之意义 (*Competing Discourses: Orthodoxy, Authenticity, and Engendered Meanings in Late Imperial Chinese Fiction*).

198. 梅尔霍普特 (Curtis J. Milhaupt), 拉姆塞 (J. Mark Ramseyer), 杨麦克 (Michael K. Young) 等, 编. 社会、经济和政治语境下的日本法律：相关文献选读 (*Japanese Law in Context: Readings in Society, the Economy, and Politics*).

199. 井口治夫 (Haruo Iguchi). 未竟的事业：鲇川义介和美日关系, 1937～1952 (*Unfinished Business: Ayukawa Yoshisuke and U.S.-Japan Relations*, 1937—1952).

200. 皮尔斯 (Scott Pearce), 斯皮罗 (Audrey Spiro), 伊沛霞 (Patricia Ebrey). 中华大地重建过程中的文化和权力, 200～600 (*Culture and Power in the Reconstitution of the Chinese Realm*, 200—600).

201. 川岛（音译）(Terry Kawashima). 书写边缘：日本平安和镰仓时代对性别的文本建构 (*Writing Margins: The*

Textual Construction of Gender in Heian and Kamakura Japan).

*202. 黄卫总 (Martin W. Huang). 中华帝国晚期的欲望与小说叙述 (Desire and Fictional Narrative in Late Imperial China).

*203. 陆伯彬 (Robert S. Ross), 姜长斌 (Jiang Changbin), 编). 1954–1973 年的中美关系——缓和之前: 冷战冲突与克制的再探讨 (Re-examining the Cold War: U.S.-China Diplomacy, 1954–1973).

*204. 王冠华 (Guanhua Wang). 寻求正义: 1905 年至 1906 年的抵制美货运动 (In Search of Justice: The 1905–1906 Chinese Anti-American Boycott).

205. 史嘉柏 (David Schaberg). 一个模式化的过去: 中国早期史学的形式与思想 (A Patterned Past: Form and Thought in Early Chinese Historiography).

206. 矢野 (音译) (Christine Yano). 渴望之泪: 日本流行歌曲中的思乡和国家 (Tears of Longing: Nostalgia and the Nation in Japanese Popular Song).

207. 米列娜 (Milena Dolezelova-Velingerova), 克劳 (Oldrich Kral), 孙广仁 (Graham Sander), 编. 文化资本的挪用: 中国的五四工程 (The Appropriation of Cultural Capital: China's May Fourth Project).

208. 休伊 (Robert N. Huey). 〈新古今集〉的诞生 (The

Making of "Shinkokinshū").

209. 巴特勒 (Lee Butler). 日本的天皇和贵族 (1467~1680): 东山再起与浴火重生 (*Emperor and Aristocracy in Japan, 1467–1680: Resilience and Renewal*).

210. 欧苏珊 (Suzanne Ogden). 中国民主的端倪 (*Inklings of Democracy in China*).

211. 若夫 (Kenneth J.Ruoff). 国民的天皇: 民主和日本君主制, 1945~1995 (*The People's Emperor: Democracy and the Japanese Monarchy, 1945–1995*).

212. 苏源熙 (Haun Saussy). 话语的长城: 文化中国历险记 (*Great Walls of Discourse and Other Adventures in Cultural China*).

213. 拉兹 (Aviad E.Raz). 感情起了作用: 日本和美国的规范型控制、组织和文化 (*Emotions at Work: Normative Control, Organizations, and Culture in Japan and America*).

214. 柯瑞佳 (Rebecca E. Karl), 沙培德 (Peter Zarrow), 编. 戊戌变法再探: 晚清的政治和文化变迁 (*Rethinking the 1898 Reform Period: Political and Cultural Change in Late Qing China*).

215. 欧罗克 (Kevin O'Rourke). 朝鲜时调选译 (*The Book of Korean Shijo*).

216. 傅高义 (Ezra F.Vogel), 编. 美中日三角关系的黄金时代，1972~1989（*The Golden Age of the U.S.-China-Japan Triangle*，1972-1989）．

217．魏伟森（Thomas A. Wilson），编．圣地之上：文化、社会、政治与孔子信仰的形成（*On Sacred Grounds: Culture, Society, Politics, and the Formation of the Cult of Confucius*）．

218．苏堂栋（Donald S. Sutton）．完美的步法：招魂法师与二十世纪台湾的中国宗教（*Steps of Perfection: Exorcistic Performers and Chinese Religion in Twentieth-Century Taiwan*）．

219．杨大庆（Daqing Yang）．帝国的技术：电信和日本的扩张主义，1895~1945（*Technology of Empire: Telecommunications and Japanese Expansionism*，1895-1945）．

220．白谦慎（Qianshen Bai）．傅山的世界：十七世纪中国书法的嬗变（*Fu Shan's World: The Transformation of Chinese Calligraphy in the Seventeenth Century*）．

221．史乐民（Paul Jakov Smith），万志英（Richard von Glahn），编．中国历史上的宋元明变革（*The Song-Yuan-Ming Transition in Chinese History*）．

222．韩瑞业（Rania Huntington）．异类：狐狸与中华帝国晚期的叙事文学（*Alien Kind: Foxes and Late Imperial Chinese Narrative*）．

223．桑德（Jordan Sand）．近代日本的房屋和家庭：

建筑、室内空间和资产阶级文化，1880～1930 (*House and Home in Modern Japan: Architecture, Domestic Space, and Bourgeois Culture*, 1880–1930).

*224. 葛凯 (Karl Gerth). 制造中国：消费文化与民族国家的创建 (*China Made: Consumer Culture and the Creation of the Nation*).

225. 杨晓山 (Yang Xiaoshan). 私人领域的嬗变：唐宋诗词中的居处玩好 (*Metamorphosis of the Private Sphere: Gardens and Objects in Tang-Song Poetry*).

226. 米特勒 (Barbara Mittler). 一份为中国而办的报纸？1872年至1912年上海新闻媒介的权力、认同与变迁 (*A Newspaper for China? Power, Identity, and Change in Shanghai's News Media*, 1872–1912).

227. 马家宜 (Joyce A. Madancy). 林钦差留下的麻烦：十九世纪二十年代至二十世纪二十年代福建省的贸易和禁烟 (*The Troub-lesome Legacy of Commissioner Lin: Trade and Opium Suppression in Fujian Province*, 1820s to 1920s).

228. 梅约翰 (John Makeham). "述"者与"作"者：〈论语〉的注释研究 (*Transmitters and Creators: Chinese Commentators and Commentaries on the Analects*).

229. 柯丽莎 (Elisabeth Koll). 从棉纺织厂到商业帝国：近代中国地区性企业的崛起 (*From Cotton Mill to*

Business Empire: The Emergence of Regional Enterprises in Modern China).

230. 邓津华（Emma Teng）. 想象中的台湾地理：中国人在台游记和图像资料研究，1683~1895（Taiwan's Imagined Geography: Chinese Colonial Travel Writing and Pictures, 1683-1895）.

231. 伊维德（Wilt Idema），管佩达（Beata Grant）. 彤管：中国帝制时代妇女作品选（The Red Brush: Writing Women of Imperial China）.

232. 莱斯（Eric C. Rath）. 能剧的精神：演员及其艺术（The Ethos of Noh: Actors and Their Art）.

233. 雷莎蓓（Elizabeth Remick）. 建构地方政权：民国和后毛泽东时代的中国（Building Local States: China During the Republican and Post-Mao Eras）.

*234. 司徒琳（Lynn Struve），编. 世界历史时间中清的形成（译者按：中译本作为《世界时间与东亚时间中的明清变迁（下卷）》出版）（The Qing Formation in World-Historical Time）.

235. 默尔曼（D. Max Moerman）. 一方乐土：熊野朝圣和古代日本的宗教面貌（Localizing Paradise: Kumano Pilgrimage and the Religious Landscape of Premodern Japan）.

*236. 安东篱（Antonia Finnane）. 说扬州：1550年至

1850年的一座中国城市 (Speaking of Yangzhou: A Chinese City, 1550—1850).

237. 帕莱特 (Brian Platt). 焚与建：日本的学校教育与国家的形成, 1750~1890 (Burning and Building: Schooling and State Formation in Japan, 1750—1890).

238. 伯恩斯坦 (Gail Bernstein), 戈登 (Andrew Gordon), 中井 (音译) (Kate Wildman Nakai), 编. 近代日本的公共领域和私人生活, 1600~1950：克雷格纪念文集 (Public Spheres, Private Lives in Modern Japan, 1600—1950: Essays in Honor of Albert M. Craig).

239. 巫鸿 (Wu Hung), 蒋人和 (Katherine R. Tsiang). 中国视觉文化中的身体和面部 (Body and Face in Chinese Visual Culture).

240. 多德 (Stephen Dodd). 书写家乡：近代日本文学中对故乡的表现 (Writing Home: Representations of the Native Place in Modern Japanese Literature).

241. 贝杜维 (David Anthony Bello). 鸦片与帝国之界限：1729年至1850年中国内地之禁烟活动 (Opium and the Limits of Empire: Drug Prohibition in the Chinese Interior, 1729—1850).

242. 海瑞特 (Hosea Hirata). 诱惑的话语：历史、罪恶、欲望与现代日本文学 (Discourses of Seduction: History, Evil, Desire, and Modern Japanese Literature).

243. 黄敬文（音译）(Kyung Moon Hwang). 超越出身：现代韩国形成过程中的社会地位 (Beyond Birth: Social Status in the Emergence of Modern Korea).

244. 道特 (Brian R. Dott). 身份的反观：中华帝国晚期的泰山朝圣 (Identity Reflections: Pilgrimages to Mount Tai in Late Imperial China).

245. 麦克纳利 (Mark McNally). 证道：日本"本土学术"史上的冲突与实践 (Proving the Way: Conflict and Practice in the History of Japanese Nativism).

246. 巫永平 (Yongping Wu). 经济发展的政治解释：政权生存、官僚政治和私营企业与台湾的经济成长，1950～1985 (A Political Explanation of Economic Growth: State Survival, Bureaucratic Politics, and Private Enterprises in the Making of Taiwan's Economy, 1950–1985).

247. 金圭贤（音译）(Kyu Hyun Kim). 充满憧憬与争论的时代：日本明治早期的议会制与全国性公共领域 (The Age of Visions and Arguments: Parliamentarianism and the National Public Sphere in Early Meiji Japan).

248. 尼特 (Zvi Ben-Dor Benite). 圣教东传录：中华帝国晚期穆斯林文化史 (The Dao of Muhammad: A Cultural History of Muslims in Late Imperial China).

249. 王德威 (David Der-wei Wang)，商伟 (Shang Wei)，编. 王朝危机与文化创新：从晚明到晚清以降 (Dy-

nastic Crisis and Cultural Innovation: From the Late Ming to the Late Qing and Beyond).

250. 伊维德（Wilt L. Idema），李惠仪（Wai-yee Li），魏爱莲（Ellen Widmer），编．清初文学中的创伤与超越（Trauma and Transcendence in Early Qing Literature）．

251. 莫罗尼（Barbara Molony），乌诺（Kathleen Uno），编．性别视角下的日本近现代史（Gendering Modern Japanese History）．

252. 青柳宏（Hiroshi Aoyagi）．八百万个微笑的岛屿：当代日本的偶像表演与造星产业（Islands of Eight Million Smiles: Idol Performance and Symbolic Production in Contemporary Japan）．

253. 李惠仪（Wai-yee Li）．中国早期历史写作中过去的可读性问题（The Readability of the Past in Early Chinese Historiography）．

254. 柯伟林（William C. Kirby），陆伯彬（Robert S. Ross），宫力（Gong Li），编．美中关系正常化：一部国际史（Normalization of U.S.-China Relations: An International History）．

255. 中村（音译）（Ellen Gardner Nakamura）．务实的追求：高野长英、高桥景作与十九世纪日本的西医（Practical Pursuits: Takano Chōei, Takahashi Keisaku, and Western Medicine in Nineteenth-Century Japan）．

256. 百斯特 (Jonathan W. Best). 百济王国史暨〈三国史记·百济本纪〉译注 (*A History of the Early Korean Kingdom of Paekche, together with an annotated translation of The Paekche Annals of the Samguk sagi*).

257. 潘亮 (Liang Pan). 日本外交和安全决策中的联合国因素 (1945~1992): 国家安全、政党政治和国际地位 (*The United Nations in Japan's Foreign and Security Policymaking, 1945-1992: National Security, Party Politics, and International Status*).

258. 白思奇 (Richard Belsky). 万方在京: 清末北京的同乡、空间与权力 (*Localities at the Center: Native-Place, Space, and Power in Late Imperial Beijing*).

259. 李慈 (Zwia Lipkin). "于国无益": 南京国民政府时期的"社会问题"和社会工程, 1927—1937 (*"Useless to the State": "Social Problems" and Social Engineering in Nationalist Nanjing, 1927-1937*).

260. 加德纳 (William O. Gardner). 广告塔: 二十世纪二十年代日本的现代主义和现代性 (*Advertising Tower: Japanese Modernism and Modernity in the 1920s*).

261. 宇文所安 (Stephen Owen). 中国早期古典诗歌的形塑 (*The Making of Early Chinese Classical Poetry*).

262. 包华石 (Martin J. Powers). 图案与人物: 中国周秦时代的装饰、社会与自我 (*Pattern and Person: Ornament,*

Society, and Self in Classical China).

263. 谢菲姿 (Anne M. Shields). 精雕一集：〈花间集〉文化背景与诗学实践 (Crafting a Collection: The Cultural Contexts and Poetic Practice of the Huajian ji (Ccollection from among the Flowers)).

*264. 宇文所安 (Stephen Owen). 晚唐：九世纪中叶的中国诗歌, 827~860 (Chinese Poetry of the Mid-Ninth Century, 827-860).

265. 费雪若 (Sara L. Friedman). 亲密政治：中国东南部的婚姻、市场与国家权力 (Intimate Politics: Marriage, the Market, and State Power in Southeastern China).

266. 伊佩霞 (Patricia Buckley Ebrey), 毕嘉珍 (Maggie Bickford). 徽宗和北宋末年的中国：文化政治与政治文化 (Emperor Huizong and Late Northern Song China: The Politics of Culture and the Culture of Politics).

267. 袁书菲 (Sophie Volpp). 世间大舞台：中国十七世纪的舞台人物 (Worldly Stage: The Figue of the Theater in Seventeenth-Century China).

268. 魏爱莲 (Ellen Widmer). 美人与书：十九世纪中国的女人和小说 (The Beauty and the Book: Women and Fiction in Nineteenth-Century China).

269. 麦哲维 (Steven B. Miles). 学海堂：十九世纪广州的阶层流动与身份认同 (The Sea of Learning: Mobility

and Identity in Nineteenth-Century Guangzhou).

270. 林满红（Lin Man-houng）.（中国之逆转：世界银荒与嘉道咸秩序，1808~1856（*China Upside Down: Currency, Society, and Ideologies*, 1808-1856）.

271. 艾朗诺（Ronald Egan）. 美的问题：北宋的美学思想与追求（*The Problem of Beauty: Aesthetic Thought and Pursuits in Northern Song Dynasty China*）.

272. 赫培林（Mark Halperin）. 伽蓝之外：宋代士人眼中的佛教，960~1279（*Out of the Cloister: Literati Perspectives on Buddhism in Sung China*, 960-1279）.

273. 邓海伦（Helen Dunstan）. 国或商？十八世纪四十年代的中国政治经济和政治过程（*State or Merchant?: Political Economy and Political Process in 1740s China*）.

274. 桑禀华（Sabina Knight）. 时光的心灵：二十世纪中国小说中的道德能动性（*The Heart of Time: Moral Agency in Twentieth-Century Chinese Fiction*）.

* 2005 年已有中译本出版。

附录 H

费正清中心的博士后

白彬菊 (Beatrice Bartlett), 1981、1982

波纳 (Joey Bonner), 1981

郑培凯 (Pei-kai Cheng), 1981

怀特贝克 (Judith Whitbeck), 1981

叶山 (Robin D. S. Yates), 1981、1982

欧大年 (David Paulson), 1982

黄佩华 (Christine Wong) 1982

布莱克 (Alison H Black), 1984

万志英 (Richard von Glahn), 1984

崔大伟 (David Zweig), 1984

叶文心（Wen-Hsin Yeh），1986

汤若杰（Roger R. Thompson），1987

沈迈克（Michael Schoenhals），1988

李少敏（Shaomin Li），1989

怀特（Tyrene White），1989

威廉姆斯（Philip Williams），1990

叶维理（Weili Ye），1993

关文斌（Man Bun Kwan），1994

拉夫（Gregory Ruf），1995

胡世凯（Shikai Hu），1996

麦柯丽（Melissa Macauley），1996

文德安（Anne Underhill），1996

吴国光（Guoguang Wu），1996

郑永年（Zheng Yongnian），1997

罗杰（Roger Hart），1997

宋金勇（Jin Young Song），1997

谭睦瑞（Murray Scot Tanner），1997

曾玛莉（Margherita Zanasi），1997

高健（Jian Gao），1998

郭小林（Xiaolin Guo），1998

何汉德（John Herman），1998

蓝梦林（Patricia M.Thornton），1998

刘晓原（Xiaoyuan Liu），1999

王菊（Ju Wang），1999

吴介民（Jieh-min Wu），1999

孙隆基（Yuehtsen Chung），2000

丁兆然（Jay Dautcher），2000

福格斯（Alexander Des Forges），2000

李静君（Ching Kwan Lee）2000

戈得昌（Suzanne Zhang-Gottschang），2000

弗里德曼（Sara Friedman），2001

顾昕（Xin Gu），2001

帕克（Albert Park），2001

雷莎蓓（Elizabeth Remick），2001

雅可布（Jacob Eyferth），2002

奈特（Deirdre Sabina Knight），2002

拉夫金（Felicity Lufkin），2002

沈爽（Shuang Shen），2002

王丽萍（Liping Wang），2002

雷凯丝（Cathryn Clayton），2003

卡尔普（Robert Culp），2003

豪克斯（Shelley Drake Hawks），2003

欧爱莲（Eileen Otis），2003

罗安尼（Anne Reinhart），2003

罗鹏（(Carlos Rojas），2003

邵丹（Dan Shao），2003

沈秀华（Hsiu-hua Shen），2003

周越（Adam Yuet Chau），2004

丹尼斯（Joseph Dennis），2004

魏希德（Hilde-De Weerdt），2004

戈德斯密特（Asaf Goldchmidt），2004

何忆南（Yinan He），2004

林郁沁（Eugenia Lean），2004

张倩雯（Rebecca Nedostup），2004

陈凯文（Calvin Chen），2005

陈曦（Xi Chen），2005

迪米特罗夫（Martin Dimitrov），2005

费保罗（Paul Festa），2005

宋明炜（Mingwei Song），2005

吴盛青（Shengqing Wu），2005

图书在版编目（CIP）数据

哈佛大学费正清中心五十年史：1955～2005 /（美）薛龙著；路克利译.
—北京：新星出版社，2012.2
ISBN 978-7-5133-0427-6

I.①哈… II.①薛… ②路… III.①中国学－研究中心－概况－美国－1955～2005
IV.①G327.28 ②K207.8

中国版本图书馆CIP数据核字（2011）第223512号

The Fairbank Center for East Asian Research at Harvard University: a fifty year history, 1955-2005
By Ronald Suleski, Copyright © 2005 by the President and Fellows of Harvard College
Simplified Chinese edition copyright © 2011 New Star press
All rights reserved

著作权登记图字：01-2011-6473

哈佛大学费正清中心五十年史（1955～2005）

（美）薛龙 著；路克利 译

责任编辑：高微茗
责任印制：韦　舰
装帧设计：九　一

出版发行：新星出版社
出 版 人：谢　刚
社　　址：北京市西城区车公庄大街丙3号楼　100044
网　　址：www.newstarpress.com
电　　话：010-88310888
传　　真：010-65270449
法律顾问：北京市大成律师事务所

读者服务：010-88310800　service@newstarpress.com
邮购地址：北京市西城区车公庄大街丙3号楼　100044

印　　刷：北京昊天国彩印刷有限公司
开　　本：910×1230　1/32
印　　张：9.5
字　　数：199千字
版　　次：2012年2月第一版　2012年2月第一次印刷
书　　号：ISBN 978-7-5133-0427-6
定　　价：29.80元

版权专有，侵权必究；如有质量问题，请与出版社联系更换。